Dentro de la ballena

George Orwell

Dentro de la ballena

Escritos sobre política y literatura
(1936-1946)

Traducción de Martín Carvajal

Ariel

Primera edición: abril de 2026

© de la traducción, EDITORIAL GORLA, Buenos Aires, Argentina, 2024, 2026

Traducción a cargo de Martín Carvajal, 2024

Los editores agradecen a la Editorial Gorla la colaboración en la traducción y la cesión de los textos incluidos

© Editorial Planeta, S. A., 2026
Avda. Diagonal, 662-664, 08034 Barcelona
Editorial Ariel es un sello editorial de Planeta, S. A.
www.ariel.es
www.planetadelibros.com

ISBN: 978-84-344-4049-4
Depósito legal: B. 24.762-2026

Impreso en España

Índice

Nota editorial

Decía Cioran que todo éxito es un malentendido y hay pocos ejemplos tan claros de ello como la figura y la obra de George Orwell. Su consagración como uno de los escritores más brillantes del siglo XX fue lenta en vida, pero implacable tras su muerte. Justificada a la luz de sus dos obras más conocidas, *Rebelión en la granja* y *1984*, esta no puede entenderse sin la producción ensayística de crítica literaria y política cuyo origen se encuentra en sus intentos por acercarse, quizá movido por un extraño impulso de redención de clase, a lo más bajo del estrato social. Primero en los barrios del lumpen de Londres y París, luego a las casas de los mineros del norte de Inglaterra y, por último, su experiencia en el frente de Aragón como miliciano del POUM. La primera experiencia dio como resultado *Sin blanca en París y Londres* (1933), la segunda *El camino a Wigan Pier* (1937) y de la última nacería *Homenaje a Cataluña* (1938), el testimonio de su paso por la Barcelona de las Jornadas de Mayo y un alegato en favor de la verdad periodística, la libertad y una firme denuncia del totalitarismo. Tal vez, fueron estas las principales columnas que sustentaron su obra: la firme convicción de que se puede contar toda la verdad sin traicionar el instinto literario inseparable de la defensa de la dignidad y libertad humanas.

A diferencia de los escritores de la generación anterior, cuya frivolidad señala Orwell en algunas de sus páginas más afiladas, su escritura está profundamente enraizada en la época que la cobija y sabe que no puede separarse de ella. No hay debate posible; la existencia de un arte que no sea político resulta no solo ingenuo sino ridículo e irresponsable a la luz de los bombardeos que empiezan a tener lugar ya en el 1936. Sin embargo, Orwell es también deudor del experimentalismo de las vanguardias y de su admirado Joyce. Tanto los ejercicios periodísticos como los ensayos breves de crítica literaria y cultural aquí reunidos son un brillante ejemplo de que la síntesis entre la obsesión estilística y formal del modernismo, y la responsabilidad civil de un arte *engagé* con las injusticias de su tiempo no solo es posible sino necesaria. Así, cuando en «Por qué escribo» afirma que «lo que más he deseado los últimos diez años es convertir la escritura política en un arte», evidencia que la luz del faro que guía su producción ensayística marca esa dirección. *Homenaje a Cataluña* es, acaso, el mayor ejemplo de este deseo cuyo embrión se encuentra, sin lugar a dudas, en algunas de las más brillantes intervenciones intelectuales de la primera mitad del siglo. Es por esto que es imprescindible reivindicar y volver a estos artículos, pues sin ellos no puede entenderse la que, con toda seguridad, sea la obra de mayor influencia política del siglo xx.

El antiimperialismo y la denuncia de la violencia política del totalitarismo soviético son las patas principales de su pensamiento, en cuya base se encuentra lo que Bruce Bégout llamó la «militancia a favor de la decencia ordinaria». Supo sostener una mirada escéptica nada fácil respecto las grandes utopías ideológicas en disputa durante la década de 1930 (liberalismo, comunismo y nacional-socialismo). Las fuentes de su coherencia se deben a la incomodidad de una figura que, fagocitada por unos y apropiada por otros, sigue sin dejarse apresar fácilmente. De esta manera y fiel a cierto individualismo propio de la clase en que se educó, Orwell se convirtió en avivador del mito de la desilusión ideológica y en ferviente militante del antiintelectualismo. La experiencia como agente de la Policía Imperial Británica en Birmania durante los años veinte y lo vivido en Barcelona y Aragón al inicio de la Guerra Civil marcaron profundamente los motivos de su obra y su controvertido e insobornable posicionamiento intelectual. Sin tapujos, defiende las virtudes políticas de la hipocresía y, ya tras la experiencia española, cuestiona y enmienda el triunfalismo antifascista cuya dudosa victoria se cifra en el restablecimiento de una democracia liberal fielmente erigida sobre dinámicas de explotación capitalistas. En Orwell no se trata nunca de acercarse o de desvelar una Verdad con matices cuasi religiosos, sino de iluminar lo que de mentira hay en las verdades que nos contamos.

La selección de textos que presenta esta edición pretende ser una representación clara y suficiente de estos grandes temas como son el antiimperialismo y la denuncia de la dominación («Disparando a un elefante», «Derramando las habas españolas», «Una mirada retrospectiva a la guerra española», «Wells, Hitler y el Estado Mundial», entre otros), pero también su ferviente crítica a la intelectualidad inglesa («El león y el unicornio»), la denuncia de la tibieza moral del escritor («Dentro de la ballena»), el ataque a una concepción estrecha y belicista del nacionalismo («El espíritu deportivo» o «Notas sobre el nacionalismo») o la amenaza a la libertad del escritor («La prevención de la literatura») entre otros. Además, se añaden algunos ejemplos de cierta fijación, característica del humor inglés, por añadir a lo costumbrista una certera crítica cultural como en «Recuerdos de librería» o cierta elevación existencial como en «Algunas reflexiones sobre el sapo común».

Nuestra capacidad para comprender los años cruciales de la historia europea, aquellos años en los que el tiempo pareció condensarse y la experiencia se vistió de negro, se vería incompleta, amputada, sin la lúcida mirada de alguien que vivió los acontecimientos desde primera línea, pero tuvo la capacidad de distanciarse para poder relatar cerca del fuego de lo acontecido sin quemarse. Antes que la verdad del *gulag* epitomizara la experiencia de la utopía soviética, supo ver los peligros del compromiso exacerbado. Como Camus, su querido Koestler, Semprún o Heller, prefirió la valentía de la soledad de quien no teme denunciar las injusticias, a la cobardía de quien busca la adulación y, lejos de donde se aprieta el gatillo, proclama.

Los motivos para proponer una nueva antología de Orwell son obvios, pero de una vigencia estremecedora. Han pasado más de ochenta años desde que escribiera las primeras líneas de los artículos aquí reunidos, pero estos siguen ejerciendo una fuerza incuestionable para iluminar nuestro presente. En un momento en el que la ceguera ideológica y la incapacidad para cultivar un cierto sentido de la historia y de la acción humanas están a la orden del día, es imprescindible recuperar la práctica intelectual de Orwell y entenderla como un brillante ejercicio de lo que Edward Said llamó «crítica secular». Un ejercicio de humanismo que realza la vida y se opone constantemente a la dominación y el abuso para velar por la libertad y las potencialidades del saber humano.

ESTEVE POCH VIOLAN

Recuerdos de librería (1936)

Cuando trabajé en una librería de segunda mano —tan fácil de imaginar, si no se trabaja en una, como una especie de paraíso donde encantadores señores mayores hojean eternamente entre folios encuadernados en becerro—, lo que más me llamó la atención fue la rareza de la gente realmente aficionada a los libros. Nuestra tienda tenía un *stock* excepcionalmente interesante, pero dudo que el diez por ciento de nuestros clientes distinguieran un buen libro de uno malo. Los esnobs de la primera edición eran mucho más comunes que los amantes de la literatura, pero los estudiantes orientales que regateaban por libros de texto baratos eran aún más comunes, y las mujeres de mente vaga que buscaban regalos de cumpleaños para sus sobrinos eran las más comunes de todas.

Muchas de las personas que acudían a nosotros eran del tipo que serían una molestia en cualquier sitio, pero que tienen oportunidades especiales en una librería. Por ejemplo, la querida anciana que «quiere un libro para un inválido» (una petición muy común), y la otra querida anciana que leyó un libro tan bonito en 1897 y se pregunta si puede encontrarle un ejemplar. Desgraciadamente, no recuerda el título ni el nombre del autor ni de qué trataba el libro, pero sí que tenía una cubierta roja. Pero aparte de estas, hay dos tipos de plagas muy conocidas por las que todas las librerías de segunda mano están embrujadas. Una es la persona decadente que huele a cortezas de pan viejo y que viene todos los días, a veces varias veces al día, e intenta venderte libros sin valor. La otra es la persona que pide grandes cantidades de libros por los que no tiene la menor intención de pagar. En nuestra tienda no vendíamos nada a crédito, pero reservábamos libros, o los encargábamos si era necesario, para personas que quedaban en recogerlos más tarde. Apenas la mitad de los que nos encargaban libros volvían. Al principio me desconcertaba. ¿Por qué lo hacían? Llegaban y exigían algún libro raro y caro, nos hacían prometer una y otra vez que se lo guardaríamos, y luego desaparecían para no volver jamás. Pero muchos de ellos, por supuesto, eran paranoicos inconfundibles. Solían hablar de sí mismos de manera grandilocuente y contar las historias más ingeniosas para explicar cómo habían podido salir de casa sin dinero; historias que, en muchos casos, estoy seguro de que ellos mismos creían. En una ciudad como Londres siempre hay un montón de lunáticos no del todo certificables caminando por las calles, y tienden a gravitar hacia las librerías, porque una librería es uno de los pocos lugares donde se puede pasar el rato durante mucho tiempo sin gastar dinero. Al final uno llega a conocer a estas personas casi de un vistazo. A pesar de su gran labia, hay algo apolillado y sin rumbo en ellos. Muy a menudo, cuando tratábamos con un paranoico evidente, apartábamos los libros que nos pedía y los volvíamos a colocar en las estanterías en cuanto se marchaba. Me di cuenta de que ninguno de ellos intentaba nunca llevarse los libros sin pagarlos; bastaba con pedirlos; les daba, supongo, la ilusión de que estaban gastando dinero de verdad.

Como la mayoría de las librerías de segunda mano, teníamos varios negocios secundarios. Vendíamos máquinas de escribir de segunda mano, por ejemplo, y también sellos, es decir, sellos usados. Los coleccionistas de sellos son una raza extraña, silenciosa, parecida a los peces, de todas las edades, pero solo del sexo masculino; las mujeres, al parecer, no ven el peculiar encanto de engomar trozos de papel de colores en álbumes. También vendíamos horóscopos de seis peniques compilados por alguien que afirmaba haber predicho el terremoto japonés. Estaban en sobres cerrados y yo nunca los abrí, pero las personas que los compraban a menudo volvían y nos contaban lo «ciertos» que habían sido sus horóscopos (sin duda, cualquier horóscopo parece «verdadero» si te dice que eres muy atractivo para el sexo opuesto y que tu peor defecto es la generosidad). Hicimos mucho negocio con los libros infantiles, sobre todo con los «restos». Los libros modernos para niños son bastante horribles, sobre todo cuando los ves en masa. Personalmente, preferiría darle a un niño un ejemplar de Petronius Arbiter que de *Peter Pan*, pero incluso Barrie me parece varonil y sano comparado con algunos de sus imitadores posteriores. En Navidad pasamos diez días febriles luchando con tarjetas y calendarios navideños, que son cosas fastidiosas de vender, pero un buen negocio mientras dura la temporada. Me interesaba ver el cinismo brutal con que se explota el sentimiento cristiano. Los vendedores ambulantes de las empresas de tarjetas de Navidad solían venir con sus catálogos ya en junio. Recuerdo una frase de una de sus facturas. Era: «2 doc. Niño Jesús con conejos».

Pero nuestra principal actividad era una biblioteca de préstamo, la habitual biblioteca de «dos peniques sin depósito», con quinientos o seiscientos volúmenes, todos de ficción. ¡Cómo les deben gustar esas bibliotecas a los ladrones de libros! Es el delito más fácil del mundo tomar prestado un libro en una tienda por dos peniques, quitarle la etiqueta y venderlo en otra tienda por un chelín. Sin embargo, los libreros suelen considerar que les compensa más que les roben un cierto número de libros (solíamos perder una docena al mes) que ahuyentar a los clientes exigiéndoles un depósito. Nuestra tienda se encontraba exactamente en la frontera entre Hampstead y Camden Town, y nos frecuentaban todo tipo de personas, desde barones hasta conductores de autobús. Probablemente, los suscriptores de nuestra biblioteca eran una muestra representativa del público lector londinense. Por lo tanto, vale la pena señalar que, de todos los autores de nuestra biblioteca, el que mejor «salió» fue ¿Priestley? ¿Hemingway? ¿Walpole? ¿Wodehouse? No, Ethel M. Dell, con Warwick Deeping en un buen segundo lugar y Jeffrey Farnol, debería decir, en tercero. Las novelas de Dell, por supuesto, son leídas únicamente por mujeres, pero por mujeres de todo tipo y edad y no, como cabría esperar, solo por solteronas melancólicas y gordas esposas de tabaqueros. No es cierto que los hombres no lean novelas, pero sí es cierto que hay ramas enteras de la ficción que evitan. A grandes rasgos, lo que podríamos llamar la novela *media* —la novela ordinaria, buena mala, de Galsworthy y agua, que es la norma de la novela inglesa— parece existir solo para las mujeres. Los hombres leen o bien las novelas que es posible respetar, o bien novelas policíacas. Pero su consumo de novelas de detectives es tremendo. Que yo sepa, uno de nuestros suscriptores leyó cuatro o cinco novelas de detectives cada semana durante más de un año, además de otras que consiguió en otra biblioteca. Lo que más me sorprendió fue que nunca leyó el mismo libro dos veces. Al parecer, todo aquel espantoso torrente de basura (calculé que las páginas leídas cada año cubrirían casi tres cuartos de acre) quedaba almacenado para siempre en su memoria. No se fijaba en los títulos ni en los nombres de los autores, pero con solo echar un vistazo a un libro podía saber si «ya lo había leído».

En una biblioteca de préstamo se ven los gustos reales de la gente, no los pretendidos, y una cosa que llama la atención es lo completamente en desuso que están los novelistas ingleses «clásicos». Es simplemente inútil poner a Dickens, Thackeray, Jane Austen, Trollope, etc., en una biblioteca de préstamo ordinaria; nadie los saca. Ante la mera visión de una novela del siglo XIX, la gente dice: «¡Oh, pero eso es *viejo*!», y huyen inmediatamente. Sin embargo, siempre es bastante fácil vender Dickens, al igual que siempre es fácil vender Shakespeare. Dickens es uno de esos autores que la gente «siempre quiere» leer y, como la Biblia, es ampliamente conocido de segunda mano. La gente sabe de oídas que Bill Sikes* era un ladrón y que el señor Micawber** era calvo, igual que saben de oídas que Moisés se encontró en un cesto de juncos y vio las «partes traseras» del Señor. Otra cosa que se nota mucho es la creciente impopularidad de los libros americanos. Y otra —los editores se pelean por esto cada dos o tres años— es la impopularidad de los relatos cortos. El tipo de persona que pide al bibliotecario que elija un libro para él casi siempre empieza diciendo «no quiero historias cortas», o «no deseo historias pequeñas», como solía decir un cliente alemán nuestro. Si se les pregunta por qué, a veces explican que es demasiado pesado acostumbrarse a un nuevo grupo de personajes con cada historia; les gusta «meterse» en una novela que no exija más reflexión después del primer capítulo. Sin embargo, creo que la culpa es más de los escritores que de los lectores. La mayoría de los relatos cortos modernos, ingleses y americanos, carecen por completo de vida y valor, mucho más que la mayoría de las novelas. Los relatos cortos que son relatos son bastante populares, *vide* D. H. Lawrence, cuyos relatos cortos son tan populares como sus novelas.

¿Me gustaría ser librero de *métier*? En general, a pesar de la amabilidad de mi jefe y de algunos días felices que pasé en la tienda, no.

Con una buena estrategia y el capital adecuado, cualquier persona culta debería ser capaz de ganarse la vida con una

---

* William «Bill» Sikes es un personaje ficticio y uno de los principales antagonistas de la novela *Oliver Twist* (1838), de Charles Dickens. Sikes es un criminal malicioso de la banda de Fagin y un ladrón y asesino despiadado.

** Wilkins Micawber es un personaje ficticio de la novela *David Copperfield* (1850), de Charles Dickens. Se le identifica tradicionalmente con la creencia optimista de que «algo surgirá».

pequeña librería. A menos que uno se dedique a los libros «raros», no es un oficio difícil de aprender, y se parte con ventaja si se sabe algo sobre el interior de los libros. (La mayoría de los libreros no lo saben. Para conocerlos, se puede echar un vistazo a los periódicos especializados, donde anuncian sus ofertas. Si no ves un anuncio de *Decline and Fall*, de Boswell, seguro que verás uno de *The Mill on the Floss*, de T. S. Eliot.) Además, es un oficio humano que no se puede vulgarizar más allá de cierto punto. Las multinacionales nunca podrán exprimir al pequeño librero independiente como han exprimido al comerciante de ultramarinos y al lechero. Pero las horas de trabajo son muy largas —yo solo trabajaba a tiempo parcial, pero mi jefe me imponía una jornada de setenta horas semanales, aparte de las constantes expediciones fuera de horario para comprar libros— y es una vida insana. Por regla general, una librería es terriblemente fría en invierno, porque si hace demasiado calor las ventanas se empañan, y un librero vive de sus ventanas. Y los libros desprenden más polvo y son más desagradables que cualquier otra clase de objetos que se haya inventado hasta ahora, y la tapa de un libro es el lugar donde toda mosca azul prefiere morir.

Pero la verdadera razón por la que no me gustaría dedicarme al comercio de libros de por vida es que mientras estuve en él perdí mi amor por los libros. Un librero tiene que decir mentiras sobre los libros, y eso le produce una aversión por ellos; aún peor es el hecho de estar constantemente quitándoles el polvo y llevándolos de aquí para allá. Hubo un tiempo en que realmente amaba los libros; amaba verlos, olerlos y sentirlos, quiero decir, al menos si tenían cincuenta años o más. Nada me gustaba tanto como comprar un lote de libros por un chelín en una subasta campestre. Hay un sabor peculiar en los maltrechos libros inesperados que uno encuentra en ese tipo de colección: poetas menores del siglo XVIII, gacetillas anticuadas, extraños volúmenes de novelas olvidadas, números encuadernados de revistas femeninas de los años sesenta. Para una lectura ocasional —en el baño, por ejemplo, o a última hora de la noche, cuando estás demasiado cansado para irte a la cama, o en algún cuarto de hora antes de comer— no hay nada como un número atrasado del *Girl's Own Paper*. Pero en cuanto empecé a trabajar en la librería, dejé de comprar libros. Vistos en masa, de cinco o diez mil a la vez, los libros eran aburridos e incluso ligeramente enfermizos. Hoy en día compro alguno de vez en cuando, pero solo si es un libro que quiero leer y no me pueden prestar, y nunca compro basura. El dulce olor del papel en descomposición ya no me atrae. Está demasiado asociado en mi mente con clientes paranoicos y botellas azules muertas.

Disparando a un elefante (1936)

En Moulmein, en la baja Birmania, fui odiado por un gran número de personas, la única vez en mi vida que he sido lo bastante importante como para que me ocurriera esto. Yo era oficial de la subdivisión de policía de la ciudad y, de una manera mezquina y sin rumbo, el sentimiento antieuropeo era muy enconado. Nadie tenía agallas para provocar un motín, pero si una mujer europea iba sola por los bazares probablemente alguien escupiría jugo de betel sobre su vestido. Como agente de policía, yo era un objetivo obvio y me ponían el cebo siempre que parecía seguro hacerlo. Cuando un ágil birmano me ponía la zancadilla en el campo de fútbol y el árbitro (otro birmano) miraba para otro lado, la multitud gritaba con horribles carcajadas. Esto ocurrió más de una vez. Al final, las caras amarillas y burlonas de los jóvenes que me salían al encuentro en todas partes, los insultos que me lanzaban cuando me encontraba a una distancia prudencial, me ponían de los nervios. Los jóvenes sacerdotes budistas eran los peores de todos. Había varios miles de ellos en la ciudad y ninguno parecía tener otra cosa que hacer que pararse en las esquinas y burlarse de los europeos. Todo esto era desconcertante y perturbador. Por aquel entonces ya había tomado la decisión de que el imperialismo era un mal y que cuanto antes dejara mi trabajo y saliera de él, mejor. Teóricamente —y en secreto, por supuesto— estaba a favor de los birmanos y en contra de sus opresores, los británicos. En cuanto al trabajo que estaba haciendo, lo odiaba con más amargura de la que puedo expresar. En un trabajo como ese se ve de cerca el trabajo sucio del Imperio. Los míseros prisioneros acurrucados en las apestosas jaulas de los calabozos, los rostros grises y acobardados de los convictos de larga duración, las nalgas llenas de cicatrices de los hombres que habían sido apaleados con bambúes, todo ello me oprimía con un intolerable sentimiento de culpa. Pero no podía relativizar nada. Era joven y mal educado y había tenido que pensar mis problemas en el silencio absoluto que se impone a todo inglés en el este. Ni siquiera sabía que el Imperio Británico estaba muriendo, y menos aún que era mucho mejor que los imperios más jóvenes que iban a suplantarlo. Todo lo que sabía era que estaba atrapado entre mi odio al imperio al que servía y mi rabia contra las pequeñas bestias de espíritu maligno que intentaban hacer imposible mi trabajo. Con una parte de mi mente pensaba en el Raj británico como una tiranía inquebrantable, como algo que se aferraba, *in saecula saeculorum*, a la voluntad de pueblos postrados; con otra parte creía que la mayor alegría del mundo sería clavar una bayoneta en las tripas de un sacerdote budista. Sentimientos como estos son los subproductos normales del imperialismo; pregúntenle a cualquier funcionario anglo-indio si pueden pillarlo fuera de servicio.

Un día ocurrió algo que, de manera indirecta, fue esclarecedor. Fue un incidente insignificante en sí mismo, pero me hizo ver mejor que antes la verdadera naturaleza del imperialismo, los verdaderos motivos por los que actúan los gobiernos despóticos. Una mañana temprano, el subinspector de la comisaría de policía de la otra punta de la ciudad me llamó por teléfono y me dijo que un elefante estaba asolando el bazar. ¿Podría venir y hacer algo al respecto? No sabía lo que podía hacer, pero quería ver lo que ocurría y me subí a un poni y me puse en marcha. Llevé mi rifle, un viejo Winchester del 44 demasiado pequeño para matar a un elefante, pero pensé que el ruido podría ser útil en caso de *terror.* Varios birmanos me pararon por el camino y me contaron las andanzas del elefante. No se trataba, por supuesto, de un elefante salvaje, sino de uno manso al que le había sobrevenido un *must.** Lo habían encadenado, como se hace siempre con los elefantes mansos cuando les llega su ataque de *must,* pero la noche anterior había roto la cadena y se había escapado. Su *mahout,*** la única persona que podía manejarlo cuando se encontraba en ese estado, había salido en su persecución, pero había tomado la dirección equivocada y ahora se encontraba a doce horas de viaje, y por la mañana el elefante había reaparecido de repente en la ciudad. Los birmanos no tenían armas y estaban indefensos. Ya había destruido la cabaña de bambú de alguien, matado una vaca y asaltado algunos puestos de fruta y devorado el ganado; también se había encontrado con el camión municipal de la basura y, cuando el conductor saltó y se puso en marcha, volcó el camión y le infligió violencia.

El subinspector birmano y algunos agentes indios me esperaban en el barrio donde habían visto al elefante. Era un barrio muy pobre, un laberinto de míseras cabañas de bambú con techo de palma que serpenteaban por una ladera empinada. Recuerdo que era una mañana nublada y sofocante al comienzo de las lluvias. Empezamos a interrogar a la gente sobre el paradero del elefante y, como de costumbre, no conseguimos obtener ninguna información concreta. Así ocurre siempre en Oriente; una historia suena siempre bastante clara a distancia, pero cuanto más te acercas al

* El *must* es un periodo de los elefantes macho, caracterizado por un comportamiento altamente agresivo y acompañado por un gran aumento de hormonas reproductivas. Los niveles de testosterona en un elefante durante el *must* pueden ser hasta 60 veces mayores que cuando no lo tiene.

** Un *mahout* (también conocido como cornaca) es aquella persona que maneja y conoce a un elefante. La palabra *mahout* proviene del hindi *mahaut* y *mahavat,* 'montador de elefantes'.

lugar de los hechos, más vaga se vuelve. Algunos decían que el elefante había ido en una dirección, otros en otra, otros que ni siquiera habían oído hablar de un elefante. Casi había llegado a la conclusión de que todo aquello era una sarta de mentiras, cuando oímos gritos a poca distancia. Hubo un fuerte y escandalizado grito de «¡Vete, niña! ¡Vete ahora mismo!», y una anciana con un interruptor en la mano dobló la esquina de una choza, espantando violentamente a una multitud de niños desnudos. Algunas mujeres más la siguieron, chasqueando la lengua y exclamando; evidentemente había algo que los niños no debían haber visto. Rodeé la cabaña y vi el cadáver de un hombre tirado en el barro. Era un indio, un *coolie** dravidiano negro, casi desnudo, y no podía llevar muerto muchos minutos. La gente decía que el elefante se le había echado encima al doblar la esquina de la cabaña, lo había agarrado con la trompa, le había puesto la pata en la espalda y lo había aplastado contra la tierra. Era temporada de lluvias y el suelo estaba blando, y su cara había marcado una zanja de un palmo de profundidad y un par de metros de largo. Estaba tumbado boca abajo, con los brazos crucificados y la cabeza girada bruscamente hacia un lado. Tenía la cara cubierta de barro, los ojos muy abiertos, los dientes desnudos y sonriendo con una expresión de agonía insoportable. (Por cierto, nunca me digan que los muertos parecen pacíficos. La mayoría de los cadáveres que he visto tenían un aspecto diabólico.) El roce de la pata de la gran bestia le había arrancado la piel de la espalda tan limpiamente como se despelleja a un conejo. En cuanto vi al muerto, envié a un ordenanza a casa de un amigo para que me prestara un rifle de elefante. Ya había devuelto el poni, pues no quería que se volviera loco de miedo y me arrojara si olía al elefante.

---

* Nombre dado por los colonos ingleses de la India y China al trabajador o criado nativo, y que también se usa, en general, para designar al trabajador de origen oriental.

El ordenanza volvió a los pocos minutos con un rifle y cinco cartuchos, y, mientras tanto, habían llegado unos birmanos y nos dijeron que el elefante estaba en los arrozales de abajo, a solo unos cientos de metros. Cuando me puse en marcha, prácticamente toda la población del barrio salió en tropel de las casas y me siguió. Habían visto el rifle y gritaban entusiasmados que iba a dispararle al elefante. No habían mostrado mucho interés por el elefante cuando se limitaba a asolar sus casas, pero ahora que iba a ser abatido era distinto. Para ellos era un poco divertido, como lo sería para un público inglés; además, querían la carne. Aquello me inquietaba vagamente. No tenía intención de disparar al elefante —solo había pedido el rifle para defenderme en caso de necesidad— y siempre es desconcertante que te siga una multitud. Bajé la colina con cara de tonto y sintiéndome como tal, con el rifle al hombro y un ejército de gente cada vez más numeroso pisándome los talones. Al fondo, cuando te alejabas de las cabañas, había una carretera asfaltada y, más allá, un páramo cenagoso de arrozales de mil metros de ancho, aún sin arar, pero empapados por las primeras lluvias y salpicados de hierba gruesa. El elefante estaba a ocho metros de la carretera, con su lado izquierdo hacia nosotros. No reparó en lo más mínimo en la multitud que se acercaba. Arrancaba manojos de hierba, los golpeaba contra las rodillas para limpiarlos y se los metía en la boca.

Me había detenido en el camino. En cuanto vi al elefante supe con toda certeza que no debía dispararle. Disparar a un elefante activo es un asunto muy serio —es comparable a destruir una maquinaria enorme y costosa— y, obviamente, no se debe hacer si es posible evitarlo. Y a esa distancia, comiendo pacíficamente, el elefante no parecía más peligroso que una vaca. Pensé entonces y pienso ahora que su ataque de *must* ya estaba pasando; en cuyo caso se limitaría a deambular inofensivamente hasta que el *mahout* volviera y lo atrapara. Además, no me apetecía en lo más mínimo dispararle. Decidí vigilarlo un rato para asegurarme de que no volviese a volverse salvaje, y luego volver a casa.

Pero en ese momento eché un vistazo a la multitud que me había seguido. Era una muchedumbre inmensa, dos mil como mínimo, que crecía a cada minuto. Bloqueaba la carretera a ambos lados. Miré el mar de caras amarillas por encima de las ropas chillonas, caras todas felices y excitadas por esta diversión, todas seguras de que iba a dispararle al elefante. Me observaban como observarían a un prestidigitador a punto de realizar un truco. No les caía bien, pero con el rifle mágico en mis manos por un momento valía la pena verme. Y de repente me di cuenta de que, después de todo, tendría que disparar al elefante. La gente lo esperaba de mí y tenía que hacerlo; podía sentir sus dos mil voluntades presionándome irresistiblemente. Y fue en ese momento, mientras estaba allí con el rifle en mis manos, cuando comprendí por primera vez la vacuidad, la futilidad del dominio del hombre blanco en el este. Aquí estaba yo, el hombre blanco con su arma, de pie frente a la multitud de nativos desarmados, aparentemente el actor principal de la obra, pero en realidad solo era una marioneta absurda empujada de un lado a otro por la voluntad de aquellos rostros amarillos que estaban detrás. En ese momento percibí que cuando el hombre blanco se convierte en tirano, lo que destruye es su propia libertad. Se convierte en una especie de maniquí hueco que posa, la figura convencionalizada de un *sahib*.* Porque la condición de su gobierno es que se pase la vida intentando impresionar a los «nativos», y por eso en cada crisis tiene que hacer lo que los «nativos» esperan de él. Lleva una máscara y su cara crece para adaptarse a ella. Tenía que dispararle al elefante. Me había comprometido a hacerlo cuando mandé a buscar el rifle. Un *sahib* tiene que actuar como un *sahib*; tiene que parecer decidido, conocer su propia mente

---

* Apelativo honorífico con el que los cipayos se dirigían a los europeos ricos en la época colonial, posponiéndolo al nombre.

y hacer cosas definidas. Recorrer todo aquel camino, fusil en mano, con dos mil personas pisándome los talones, y luego alejarme débilmente, sin haber hecho nada... no, eso era imposible. La multitud se reiría de mí. Y toda mi vida, la vida de todo hombre blanco en el este, fue una larga lucha para que no se rieran de mí.

Pero no quería dispararle al elefante. Lo vi golpear su manojo de hierba contra las rodillas, con ese aire de abuela preocupada que tienen los elefantes. Me pareció que dispararle sería un asesinato. A esa edad no tenía reparos en matar animales, pero nunca había disparado a un elefante y nunca quise hacerlo (de alguna manera, siempre parece peor matar a un animal *grande*). Además, había que tener en cuenta al dueño de la bestia. Vivo, el elefante valía por lo menos cien libras; muerto, solo valdría el valor de sus colmillos; cinco libras, posiblemente. Pero tenía que actuar con rapidez. Me dirigí a algunos birmanos experimentados que habían estado allí cuando llegamos y les pregunté cómo se había comportado el elefante. Todos dijeron lo mismo: no te hacía caso si lo dejabas en paz, pero podía atacarte si te acercabas demasiado.

Tenía perfectamente claro lo que debía hacer. Debía acercarme a unos veinticinco metros del elefante y comprobar su comportamiento. Si cargaba, podía disparar; si no me hacía caso, sería seguro dejarlo hasta que volviera el *mahout*. Pero también sabía que no iba a hacer tal cosa. Tenía mala puntería con el rifle y el suelo era un barro blando en el que uno se hundía a cada paso. Si el elefante embestía y yo le fallaba, tendría tantas posibilidades como un sapo bajo una apisonadora. Pero ni siquiera entonces pensaba en mi pellejo, sino en los rostros amarillos que me observaban. Porque en aquel momento, con la multitud observándome, no tenía miedo en el sentido ordinario, como lo habría tenido si hubiera estado solo. Un hombre blanco no debe asustarse ante los «nativos», y por eso, en general, no tiene miedo. Lo único que pensaba era que, si algo salía mal, aquellos dos mil birmanos me verían perseguido, atrapado, pisoteado y reducido a un cadáver sonriente como aquel indio de la colina. Y si eso ocurría era muy probable que algunos de ellos se rieran. Eso nunca ocurriría. Solo había una alternativa. Metí los cartuchos en el cargador y me tumbé en la carretera para apuntar mejor. La multitud se quedó muy quieta, y un suspiro profundo, bajo y feliz, como el de la gente que ve subir por fin el telón del teatro, salió de innumerables gargantas. Después de todo, iban a divertirse un rato. El rifle era un hermoso aparato alemán con mira en cruz. Yo no sabía entonces que al disparar a un elefante se dispara para cortar una barra imaginaria que va de una oreja a otra. Por lo tanto, como el elefante estaba de lado, debería haber apuntado directamente al agujero de su oreja, pero en realidad apunté varios centímetros por delante, pensando que el cerebro estaría más arriba.

Cuando apreté el gatillo no oí el estruendo ni sentí la patada —nunca se siente cuando un disparo da en el blanco—, pero oí el endiablado rugido de júbilo que surgió de la multitud. En aquel instante, en un tiempo demasiado corto, se hubiera creído, incluso para que la bala llegara hasta allí, que un cambio misterioso y terrible se había producido en el elefante. No se movió ni cayó, pero cada línea de su cuerpo se había alterado. Parecía repentinamente afectado, encogido, inmensamente viejo, como si el espantoso impacto de la bala lo hubiera paralizado sin derribarlo. Por fin, después de lo que pareció mucho tiempo —podrían haber sido cinco segundos, me atrevería a decir—, cayó flácidamente de rodillas. Su boca babeaba. Una enorme senilidad parecía haberse apoderado de él. Uno podría haberlo imaginado con miles de años. Volví a disparar en el mismo lugar. Al segundo disparo no se desplomó, sino que se puso en pie con desesperada lentitud y permaneció débilmente erguido, con las piernas flácidas y la cabeza caída. Disparé una tercera vez. Ese fue el disparo que lo mató. Se podía ver cómo la agonía sacudía todo su cuerpo y le quitaba las últimas fuerzas de las piernas. Pero al caer, por un momento pareció elevarse, pues cuando sus patas traseras se desplomaron bajo él, pareció elevarse como una enorme roca que se desploma, y su tronco se alzaba hacia el cielo como un árbol. Trompeteó por primera y única vez. Y luego se vino abajo, con el vientre hacia mí, con un estruendo que pareció sacudir el suelo incluso donde yo estaba tumbado.

Me levanté. Los birmanos ya corrían a mi lado por el barro. Era evidente que el elefante no volvería a levantarse, pero no estaba muerto. Respiraba muy rítmicamente con largos jadeos y su gran costado subía y bajaba dolorosamente. Tenía la boca abierta de par en par y podía ver las cavernas de la garganta de color rosa pálido. Esperé mucho tiempo a que muriera, pero su respiración no se debilitó. Finalmente disparé los dos tiros que me quedaban en el lugar donde creía que debía estar su corazón. La espesa sangre brotó de él como terciopelo rojo, pero aun así no murió. Su cuerpo ni siquiera se sacudió cuando los disparos le alcanzaron, la torturante respiración continuó sin pausa. Estaba muriendo, muy lentamente y con gran agonía, pero en algún mundo alejado de mí donde ni siquiera una bala podría dañarle más. Sentí que tenía que poner fin a aquel espantoso ruido. Me parecía espantoso ver a la gran bestia tendida allí, sin poder moverse y sin poder morir, y ni siquiera poder acabar con ella. Volví por mi pequeño rifle y le disparé un tiro tras otro en el corazón y en la garganta. Parecía que no causaban ninguna impresión. Los jadeos de tortura continuaron tan constantes como el tictac de un reloj. Al final no pude soportarlo más y me fui. Más tarde supe que tardó media hora en morir. Los birmanos traían *dahs** y cestos, incluso antes de que yo me fuera, y me dijeron que por la tarde habían despojado su cuerpo casi hasta los huesos.

* Espadas birmanas.

Después, por supuesto, hubo interminables discusiones sobre el disparo al elefante. El dueño estaba furioso, pero solo era un indio y no podía hacer nada. Además, legalmente había hecho lo correcto, pues a un elefante loco hay que matarlo, como a un perro rabioso, si su dueño no consigue controlarlo. Entre los europeos la opinión estaba dividida. Los más viejos decían que yo tenía razón, los más jóvenes decían que era una maldita vergüenza matar a un elefante por haber matado a un *coolie*, porque un elefante valía más que cualquier maldito *coolie coringhee*.* Y después me alegré mucho de que hubieran matado al *coolie*, pues eso me daba la razón y un pretexto suficiente para disparar al elefante. A menudo me preguntaba si alguno de los otros se daba cuenta de que lo había hecho era solo para no quedar en ridículo.

---

* *Coringhee* se refiere a los indios (principalmente *telugu*) del sur de la India que emigraron a la Birmania colonial (actual Myanmar) a través del golfo de Bengala en los siglos XIX y XX en busca de sustento. Un *coolie coringhee* es un inmigrante indio que trabaja en la Birmania colonial como obrero no cualificado en los siglos XIX y XX.

Derramando las habas españolas (1937)

La guerra española ha producido probablemente una cosecha más rica de mentiras que cualquier acontecimiento desde la Gran Guerra de 1914-1918, pero honestamente dudo, a pesar de todas esas hecatombes de monjas que han sido violadas y crucificadas ante los ojos de los reporteros del *Daily Mail*, que sean los periódicos profascistas los que han hecho el mayor daño. Son los periódicos de izquierda, el *News Chronicle* y el *Daily Worker*, con sus métodos de distorsión mucho más sutiles, los que han impedido que el público británico capte la verdadera naturaleza de la lucha. El hecho que estos periódicos han ocultado tan cuidadosamente es que el Gobierno español (incluido el Gobierno semiautónomo catalán) teme mucho más a la revolución que a los fascistas. Ahora es casi seguro que la guerra terminará con algún tipo de compromiso, e incluso hay razones para dudar de si el Gobierno, que dejó que Bilbao fracasara sin levantar un dedo, desea ser demasiado victorioso; pero no hay ninguna duda sobre la minuciosidad con la que está aplastando a sus propios revolucionarios. Desde hace algún tiempo está en marcha un reino de terror: supresión por la fuerza de los partidos políticos, censura asfixiante de la prensa, espionaje incesante y encarcelamiento masivo sin juicio. Cuando salí de Barcelona a finales de junio, las cárceles estaban abarrotadas; de hecho, las cárceles normales se habían desbordado hacía tiempo y los prisioneros estaban siendo hacinados en tiendas vacías y en cualquier otro vertedero temporal que pudiera encontrarse para ellos. Pero el punto a destacar es que las personas que están en prisión ahora no son fascistas, sino revolucionarios; están allí no porque sus opiniones estén demasiado a la derecha, sino porque están demasiado a la izquierda. Y los responsables de ponerlos allí son esos terribles revolucionarios ante cuyo mero nombre Garvin tiembla en sus botas de agua: los comunistas.

Mientras tanto, la guerra contra Franco continúa, pero, salvo los pobres diablos de las trincheras del frente, nadie en la España gubernamental piensa en ella como la verdadera guerra. La verdadera lucha es entre la revolución y la contrarrevolución; entre los trabajadores que tratan vanamente de conservar un poco de lo que ganaron en 1936, y el bloque liberal-comunista que se lo está arrebatando con tanto éxito. Es lamentable que tan poca gente en Inglaterra se haya dado cuenta todavía de que el comunismo es ahora una fuerza contrarrevolucionaria; que los comunistas en todas partes están aliados con el reformismo burgués y utilizan toda su poderosa maquinaria para aplastar o desacreditar a cualquier partido que muestre signos de tendencias revolucionarias. De ahí el grotesco espectáculo de los comunistas atacados como malvados «rojos» por intelectuales de derechas que están esencialmente de acuerdo con ellos. Wyndham Lewis, por ejemplo, debería amar a los comunistas, al menos temporalmente. En España, la alianza comunista-liberal ha sido casi completamente victoriosa. De todo lo que los trabajadores españoles ganaron para sí en 1936 no queda nada sólido, excepto algunas granjas colectivas y una cierta cantidad de tierra incautada por los campesinos el año pasado; y presumiblemente incluso los campesinos serán sacrificados más tarde cuando ya no haya necesidad de aplacarlos. Para ver cómo surgió la situación actual, hay que remontarse a los orígenes de la Guerra Civil.

La apuesta de Franco por el poder se diferenció de las de Hitler y Mussolini en que se trataba de una insurrección militar, comparable a una invasión extranjera, y, por lo tanto, no contaba con mucho apoyo de masas, aunque desde entonces Franco ha estado intentando conseguirlo. Sus principales partidarios, aparte de ciertos sectores del Gran Capital, fueron la aristocracia terrateniente y la enorme y parasitaria Iglesia. Obviamente, un levantamiento de este tipo enfrentará a varias fuerzas que no están de acuerdo en ningún otro punto. El campesino y el obrero odian el feudalismo y el clericalismo; pero también lo odia el burgués «liberal», que no se opone en absoluto a una versión más moderna del fascismo, al menos mientras no se llame fascismo. El burgués «liberal» es genuinamente liberal hasta el punto en que sus propios intereses se detienen. Representa el grado de progreso implícito en la frase la *carrière ouverte aux talents* ('una carrera abierta al talento'). Es evidente que no tiene ninguna posibilidad de desarrollarse en una sociedad feudal en la que el obrero y el campesino son demasiado pobres para comprar bienes, en la que la industria está gravada con enormes impuestos para pagar las vestimentas de los obispos y en la que todo trabajo lucrativo se da por supuesto al amigo de la catamita del hijo ilegítimo del duque. De ahí que, frente a un reaccionario tan descarado como Franco, se obtenga durante un tiempo una situación en la que el obrero y el burgués, en realidad enemigos mortales, luchan codo con codo. Esta incómoda alianza se conoce como Frente Popular (o, en la prensa comunista, para darle un atractivo espuriamente democrático, Frente del Pueblo). Es una combinación con tanta vitalidad y tanto derecho a existir como un cerdo con dos cabezas o cualquier otra monstruosidad de Barnum y Bailey.

En cualquier emergencia seria, la contradicción implícita en el Frente Popular está destinada a hacerse sentir. Porque incluso cuando el obrero y el burgués luchan ambos contra el fascismo, no luchan por las mismas cosas; el burgués lucha por la democracia burguesa, es decir, por el capitalismo; el obrero, en la medida en que entiende la cuestión, por el socialismo. Y en los primeros días de la revolución los obreros españoles entendieron muy bien la cuestión. En las zonas en las que el fascismo fue derrotado, no se contentaron con expulsar a las tropas rebeldes de las ciudades; también aprovecharon la oportunidad para apoderarse de tierras y fábricas y establecer los comienzos aproximados de un gobierno obrero mediante comités locales, milicias obreras, fuerzas policiales, etc. Sin embargo, cometieron el error (posiblemente porque la mayoría de los revolucionarios activos eran anarquistas que desconfiaban de todos los parlamentos) de dejar al Gobierno republicano en control nominal. Y, a pesar de los diversos cambios de personal, todos los Gobiernos posteriores habían tenido aproximadamente el mismo carácter burgués-reformista. Al principio esto parecía no importar, porque el Gobierno, especialmente en Cataluña, era casi impotente y la burguesía tenía que pasar desapercibida o incluso (esto seguía ocurriendo cuando llegué a España en diciembre) disfrazarse de obreros. Más tarde, cuando el poder se deslizó de las manos de los anarquistas a las de los comunistas y los socialistas de derecha, el Gobierno pudo reafirmarse, la burguesía salió de su escondite y la vieja división de la sociedad en ricos y pobres reapareció, no muy modificada. A partir de entonces, todos los movimientos, excepto algunos dictados por la emergencia militar, se dirigieron a deshacer el trabajo de los primeros meses de revolución. De los muchos ejemplos que podría elegir, solo citaré uno: la disolución de las antiguas milicias obreras, que estaban organizadas según un sistema genuinamente democrático, con oficiales y hombres recibiendo la misma paga y mezclándose en términos de completa igualdad, y la sustitución por el Ejército Popular (una vez más, en la jerga comunista, «Ejército del Pueblo»), modelado en la medida de lo posible sobre un ejército burgués ordinario, con una casta de oficiales privilegiada, inmensas diferencias de paga, etcétera. Huelga decir que esto se presenta como una necesidad militar, y es casi seguro que contribuye a la eficacia militar, al menos durante un corto periodo. Pero el propósito indudable del cambio era asestar un golpe al igualitarismo. En todos los departamentos se ha seguido la misma política, con el resultado de que solo un año después del estallido de la guerra y la revolución se obtiene lo que en realidad es un Estado burgués ordinario, con, además, un reino del terror para preservar el *statu quo*.

Este proceso probablemente habría llegado menos lejos si la lucha hubiera podido desarrollarse sin interferencias extranjeras. Pero la debilidad militar del Gobierno lo hizo imposible. Frente a los mercenarios extranjeros de Francia se vieron obligados a pedir ayuda a Rusia, y aunque se ha exagerado mucho la cantidad de armas suministradas por Rusia (en mis tres primeros meses en España solo vi un arma rusa, una solitaria ametralladora), el mero hecho de su llegada llevó a los comunistas al poder. Para empezar, los aviones y cañones rusos, y las buenas cualidades militares de las Brigadas Internacionales (no necesariamente comunistas, pero bajo control comunista), elevaron inmensamente el prestigio comunista. Pero, lo que es más importante, como Rusia y México eran los únicos países que suministraban armas abiertamente, los rusos pudieron no solo obtener dinero por sus armas, sino también extorsionar condiciones. En su forma más cruda, las condiciones eran: «Aplasta la revolución o no tendrás más armas». La razón que suele darse para la actitud rusa es que, si Rusia pareciese estar secundando la revolución, el pacto franco-soviético (y la esperada alianza con Gran Bretaña) se vería en peligro; también puede ser que el espectáculo de una auténtica revolución en España despertase ecos no deseados en Rusia. Los comunistas, por supuesto, niegan que el Gobierno ruso haya ejercido presión directa alguna. Pero esto, aunque fuera cierto, apenas tiene importancia, ya que se puede considerar que los partidos comunistas de todos los países llevan a cabo la política rusa; y es cierto que el Partido Comunista Español, más los socialistas de derecha a los que controlan, más la prensa comunista de todo el mundo, han utilizado toda su inmensa y cada vez mayor influencia del lado de la contrarrevolución.

En la primera parte de este artículo he sugerido que la verdadera lucha en España, por parte del Gobierno, ha sido entre la revolución y la contrarrevolución; que el Gobierno, aunque bastante ansioso por evitar ser derrotado por Franco, ha estado aún más ansioso por deshacer los cambios revolucionarios con los que se acompañó el estallido de la guerra.

Cualquier comunista rechazaría esta sugerencia como errónea o deliberadamente deshonesta. Te diría que no tiene sentido hablar de que el Gobierno español aplastó la revolución, porque la revolución nunca se produjo; y que nuestro trabajo en la actualidad es derrotar al fascismo y defender la democracia. Y en este sentido es muy importante ver cómo funciona la propaganda comunista antirrevolucionaria. Es un error pensar que esto no tiene importancia en Inglaterra, donde el Partido Comunista es pequeño y comparativamente débil. Veremos su importancia muy pronto si Inglaterra entra en una alianza con la URSS; o tal vez incluso antes, porque la influencia del Partido Comunista está destinada a aumentar —visiblemente está aumentando— a medida que más y más miembros de la clase capitalista se dan cuenta de que el comunismo de los últimos días está jugando su juego.

En términos generales, la propaganda comunista depende de aterrorizar a la gente con los horrores (bastante reales) del fascismo. También implica fingir —no con tantas palabras, pero sí implícitamente— que el fascismo no tiene nada que ver con el capitalismo. El fascismo es solo un tipo de maldad sin sentido, una aberración, «sadismo de masas», el tipo de cosa que ocurriría si de repente se soltara un manicomio lleno de maníacos homicidas. Presenta el fascismo de esta forma y podrás movilizar a la opinión pública contra él, al menos durante un tiempo, sin provocar ningún movimiento revolucionario. Al fascismo se le puede oponer la «democracia» burguesa, es decir, el capitalismo. Pero mientras tanto hay que deshacerse de la persona molesta que señala que el fascismo y la «democracia» burguesa son *Tweedledum* y *Tweedledee.** Lo haces al principio llamándole visionario impracticable. Le dices que está confundiendo la cuestión, que está dividiendo a las fuerzas antifascistas, que no es momento para frases revolucionarias, que por el momento tenemos que luchar contra el fascismo sin indagar demasiado por qué estamos luchando. Más tarde, si sigue negándose a callarse, cambias de tono y le llamas traidor. Más exactamente, le llamas trotskista.

¿Y qué es un trotskista? Esta terrible palabra —en España en este momento te pueden meter en la cárcel y mantenerte allí indefinidamente, sin juicio, por el mero rumor de que eres trotskista— solo está empezando a circular de un lado a otro en Inglaterra. Más adelante oiremos hablar más de ello. La palabra «trotskista» (o «trotskista-fascista») se utiliza generalmente para designar a un fascista disfrazado que se hace pasar por ultrarrevolucionario para dividir a las fuerzas de izquierda. Pero su peculiar poder deriva del hecho de que significa tres cosas distintas. Puede significar alguien que, como Trotski, deseaba la revolución mundial; o un miembro de la organización real de la que Trotski es jefe (el único uso legítimo de la palabra); o el fascista disfrazado ya mencionado. Los tres significados se pueden extender de uno a otro a voluntad. El significado n.º 1 puede o no llevar consigo el significado n.º 2, y el significado n.º 2

---

* Personajes de la novela *A través del espejo* y *Lo que Alicia encontró allí*, de Lewis Carroll, y de una canción de cuna inglesa anónima. Los nombres fueron tomados de un poema de John Byron y parece que provienen del hecho de enredar con los dedos o agitarlos sin ningún sentido práctico.

casi invariablemente lleva consigo el significado n.º 3. Así: «Se ha oído a XY hablar favorablemente de la revolución mundial; por lo tanto, es trotskista; por lo tanto, es fascista».

En España, hasta cierto punto —incluso en Inglaterra— cualquiera que profese el socialismo revolucionario (es decir, que profese las cosas que el Partido Comunista profesaba hasta hace pocos años) está bajo sospecha de ser un trotskista a sueldo de Franco o Hitler. La acusación es muy sutil, porque, en cualquier caso, a menos que se supiera lo contrario, podría ser cierta. Un espía fascista probablemente se disfrazaría de revolucionario. En España, todo aquel cuyas opiniones estén a la izquierda de las del Partido Comunista, tarde o temprano se descubre que es un trotskista o, al menos, un traidor. Al principio de la guerra, el POUM, un partido comunista de la oposición parecido al ILP inglés, era un partido aceptado y proporcionó un ministro al Gobierno catalán; más tarde fue expulsado del Gobierno; luego fue denunciado como trotskista; luego fue suprimido, y todos los miembros que la policía pudo atrapar fueron encarcelados.

Hasta hace unos meses se decía que los anarcosindicalistas «trabajaban lealmente» al lado de los comunistas. Después, los anarcosindicalistas fueron apartados del Gobierno; después se vio que no trabajaban tan lealmente; ahora están a punto de convertirse en traidores. Después vendrá el turno de los socialistas de izquierda. Caballero, el ex primer ministro socialista de izquierda, hasta mayo de 1937 el ídolo de la prensa comunista, está ya en las tinieblas exteriores, trotskista y «enemigo del pueblo». Y así continúa el juego. El final lógico es un régimen en el que todos los partidos y periódicos de la oposición sean suprimidos y todos los disidentes de alguna importancia estén en la cárcel. Por supuesto, tal régimen será el fascismo. No será lo mismo que el fascismo que Franco impondría, incluso será mejor que el fascismo de Franco hasta el punto de merecer la pena luchar por él, pero será fascismo. Solo que, al estar dirigido por comunistas y liberales, se llamará de otra manera. Un ejército revolucionario a veces puede ganar por entusiasmo, pero un ejército de reclutas tiene que ganar con las armas, y es poco probable que el Gobierno llegue a tener una gran preponderancia armamentística a menos que Francia intervenga o que Alemania e Italia decidan largarse con las colonias españolas y dejar a Franco en la estacada. En general, lo más probable parece un punto muerto.

¿Y tiene el Gobierno la seria intención de ganar? No tiene intención de perder, eso es seguro. Por otra parte, una victoria rotunda, con Franco en fuga y los alemanes e italianos expulsados al mar, plantearía problemas difíciles, algunos de ellos demasiado obvios para que sea necesario mencionarlos. No hay pruebas reales y solo se puede juzgar por los hechos, pero sospecho que a lo que juega el Gobierno es a un compromiso que dejaría la situación de guerra esencialmente en pie. Todas las profecías son erróneas, por lo tanto, esta será errónea, pero me arriesgaré y diré que, aunque la guerra puede terminar muy pronto o puede prolongarse durante años, terminará con España dividida, ya sea por fronteras reales o en zonas económicas. Por supuesto, tal compromiso podría ser reclamado como una victoria por cualquiera de los bandos, o por ambos.

Todo lo que he dicho en este artículo parecería un lugar común en España, o incluso en Francia. Sin embargo, en Inglaterra, a pesar del intenso interés que ha despertado la guerra española, hay muy poca gente que haya oído hablar siquiera de la enorme lucha que se está librando tras las líneas del Gobierno. Por supuesto, esto no es accidental. Ha habido una conspiración bastante deliberada (podría dar ejemplos detallados) para impedir que se comprenda la situación española. Personas que deberían saber más se han prestado al engaño aduciendo que si se dice la verdad sobre España se utilizará como propaganda fascista.

Es fácil ver a dónde conduce tal cobardía. Si al público británico se le hubiera dado un relato veraz de la guerra española, habría tenido la oportunidad de aprender qué es el fascismo y cómo puede combatirse. Tal como están las cosas, la versión del *News Chronicle* del fascismo como una especie de manía homicida propia de los coroneles *Blimps** que bombardean en el vacío económico se ha establecido con más firmeza que nunca. Y así estamos un paso más cerca de la gran guerra «contra el fascismo» (*cf.* 1914, «contra el militarismo») que permitirá que el fascismo, variedad británica, se deslice sobre nuestros cuellos durante la primera semana.

---

* Patrioteros.

Reseña de *Mein Kampf* de Adolf Hitler (1940)

Es un signo de la velocidad a la que se mueven los acontecimientos que la edición sin expurgar de Hurst y Blackett de *Mein Kampf*, publicada hace solo un año, esté editada desde un ángulo pro-Hitler. La intención obvia del prefacio y las notas del traductor es atenuar la ferocidad del libro y presentar a Hitler de la forma más amable posible. En aquella época, Hitler todavía era respetable. Había aplastado al movimiento obrero alemán, y por ello las clases propietarias estaban dispuestas a perdonarle casi todo. Tanto la izquierda como la derecha coincidían en la idea muy superficial de que el nacionalsocialismo no era más que una versión del conservadurismo. Entonces, de repente, resultó que Hitler no era respetable después de todo. Como consecuencia de ello, la edición de Hurst y Blackett se reeditó con una nueva sobrecubierta en la que se explicaba que todos los beneficios se destinarían a la Cruz Roja. Sin embargo, basándose simplemente en las pruebas internas de *Mein Kampf*, es difícil creer que se haya producido ningún cambio real en los objetivos y opiniones de Hitler. Cuando se comparan sus declaraciones de hace un año más o menos con las de quince años antes, lo que llama la atención es la rigidez de su mente, la forma en que su visión del mundo *no* evoluciona. Es la visión fija de un monomaníaco y no es probable que se vea muy afectada por las maniobras temporales de la política del poder. Probablemente, en la mente del propio Hitler, el Pacto ruso-alemán no representa más que una alteración del calendario. El plan establecido en *Mein Kampf* era aplastar primero a Rusia, con la intención implícita de aplastar después a Inglaterra. Ahora, como ha resultado, Inglaterra ha tenido que ser tratada primero, porque Rusia era la más fácil de sobornar de las dos. Pero el turno de Rusia llegará cuando Inglaterra esté fuera de juego; así es, sin duda, como lo ve Hitler. Por supuesto, que resulte así es otra cuestión. Supongamos que el programa de Hitler pudiera llevarse a cabo. Lo que él prevé, dentro de cien años, es un estado continuo de 250 millones de alemanes con mucho «espacio vital» (es decir, que se extienda hasta Afganistán o por ahí), un horrible imperio descerebrado en el que, esencialmente, nunca ocurre nada excepto el entrenamiento de los jóvenes para la guerra y la interminable cría de nueva carne de cañón. ¿Cómo pudo transmitir esta visión monstruosa? Es fácil decir que en una etapa de su carrera fue financiado por los grandes industriales, que veían en él al hombre que aplastaría a socialistas y comunistas. Sin embargo, no le habrían apoyado si no hubiera hablado ya de la existencia de un gran movimiento. Además, la situación en Alemania, con sus siete millones de desempleados, era obviamente favorable para los demagogos. Pero Hitler no podría haber triunfado frente a sus muchos rivales si no hubiera sido por la atracción de su propia personalidad, que uno puede sentir incluso en la torpe redacción de *Mein Kampf*, y que sin duda es abrumadora cuando uno escucha sus discursos. Me gustaría dejar constancia de que nunca me ha podido desagradar Hitler. Desde que llegó al poder —hasta entonces, como casi todo el mundo, me había engañado pensando que no importaba— he reflexionado que sin duda lo mataría si pudiera ponerme a su alcance, pero que no podía sentir ninguna animosidad personal. El hecho es que hay algo profundamente atractivo en él. Uno vuelve a sentirlo cuando ve sus fotografías, y recomiendo especialmente la fotografía que aparece al principio de la edición de Hurst y Blackett, que muestra a Hitler en sus primeros días de *Brownshirt*.* Es una cara patética, como la de un perro, la cara de un hombre que sufre agravios intolerables. De una forma bastante más varonil, reproduce la expresión de innumerables imágenes de Cristo crucificado, y hay pocas dudas de que así es como Hitler se ve a sí mismo. La causa inicial y personal de su agravio contra el universo solo puede adivinarse; pero en cualquier caso el agravio está aquí. Él es el mártir, la víctima, Prometeo encadenado a la roca, el héroe abnegado que lucha sin ayuda contra probabilidades imposibles. Si estuviera matando a un ratón, sabría cómo hacer que pareciera un dragón. Uno siente, como con Napoleón, que está luchando contra el destino, que no puede ganar y, sin embargo, que de alguna manera se lo merece. El atractivo de una pose así es, por supuesto, enorme; la mitad de las películas que uno ve giran en torno a algún tema parecido.

También ha comprendido la falsedad de la actitud hedonista ante la vida. Casi todo el pensamiento occidental desde la última guerra, ciertamente todo el pensamiento «progresista», ha asumido tácitamente que los seres humanos no desean nada más allá de la facilidad, la seguridad y evitar el dolor. En tal visión de la vida no hay lugar, por ejemplo, para el patriotismo y las virtudes militares. El socialista que encuentra a sus hijos jugando con soldados suele enfadarse, pero nunca es capaz de pensar en un sustituto para los soldaditos de plomo; los pacifistas de plomo, de alguna manera, no sirven. Hitler, porque en su propia mente sin alegría lo siente con una fuerza excepcional, sabe que los seres humanos *no* solo quieren comodidad, seguridad, jornadas laborales cortas, higiene, control de la natalidad y, en gene-

---

* Las SA se llamaban coloquialmente camisas pardas (*Braunhemden*) por el color de las camisas de su uniforme, similar a las camisas negras de Benito Mussolini. El uniforme oficial de las SA era una camisa marrón con corbata marrón.

ral, sentido común; también, al menos intermitentemente, quieren lucha y abnegación, por no hablar de tambores, banderas y desfiles de lealtad. Independientemente de lo que puedan ser como teorías económicas, el fascismo y el nazismo son psicológicamente mucho más sólidos que cualquier concepción hedonista de la vida. Probablemente lo mismo puede decirse de la versión militarizada del socialismo de Stalin. Los tres grandes dictadores han reforzado su poder imponiendo cargas intolerables a sus pueblos. Mientras que el socialismo, e incluso el capitalismo de forma más rencorosa, han dicho a la gente «les ofrezco pasar un buen rato», Hitler les ha dicho «les ofrezco lucha, peligro y muerte», y como resultado toda una nación se arroja a sus pies. Quizá más tarde se harten y cambien de opinión, como al final de la última guerra. Después de unos años de matanzas y hambre, «la mayor felicidad para el mayor número» es un buen eslogan, pero en este momento «mejor un final con horror que un horror sin final» es el ganador. Ahora que estamos luchando contra el hombre que lo acuñó, no deberíamos subestimar su atractivo emocional.

Dentro de la ballena (1940)

I

Cuando la novela de Henry Miller, *Trópico de Cáncer*, apareció en 1935, fue recibida con elogios más bien cautelosos, obviamente condicionados en algunos casos por el miedo a parecer que se disfrutaba con la pornografía. Entre las personas que la elogiaron se encontraban T. S. Eliot, Herbert Read, Aldous Huxley, John dos Passos, Ezra Pound... en general, no los escritores que están de moda en este momento. Y de hecho el tema del libro, y hasta cierto punto su atmósfera mental, pertenecen a los años veinte más que a los treinta. *Trópico de Cáncer* es una novela en primera persona, o una autobiografía en forma de novela, según se mire. El propio Miller insiste en que se trata directamente de una autobiografía, pero el ritmo y el método de contar la historia son los de una novela. Es una historia del París americano, pero no en la línea habitual, porque los americanos que aparecen en ella resultan ser gente sin dinero. Durante los años de bonanza, cuando abundaban los dólares y el franco cotizaba a la baja, París se vio invadida por un enjambre de artistas, escritores, estudiantes, diletantes, curiosos, libertinos y simples holgazanes como probablemente nunca se haya visto en el mundo. En algunos barrios de la ciudad, los llamados artistas superaban en número a la población activa; de hecho, se calcula que a finales de los años veinte había hasta 30.000 pintores en París, la mayoría de ellos impostores. La población se había acostumbrado tanto a los artistas que las lesbianas de voz ronca con pantalones de pana y los jóvenes con trajes griegos o medievales podían caminar por las calles sin atraer una mirada, y a lo largo de las orillas del Sena en Notre-Dame era casi imposible abrirse paso entre los taburetes de dibujo. Era la época de los caballos oscuros y los genios olvidados; la frase en boca de todos era *quand je serai lancé* ('cuando tenga éxito'). Resultó que nadie estaba *lancé*, la depresión descendió como otra Edad de Hielo, la multitud cosmopolita de artistas desapareció, y los enormes cafés de Montparnasse, que hace solo diez años estaban llenos hasta altas horas de la madrugada por hordas de farsantes chillones, se han convertido en oscuras tumbas en las que ni siquiera hay fantasmas. Es este mundo —descrito, entre otras novelas, en *Tarr*, de Wyndham Lewis— sobre el que escribe Miller, pero solo se ocupa de la parte inferior del mismo, la franja lumpen-proletaria que ha podido sobrevivir a la depresión porque está compuesta en parte por auténticos artistas y en parte por auténticos sinvergüenzas. Los genios olvidados, los paranoicos que siempre «van a» escribir la novela que hará caer a Proust, están ahí, pero solo son genios en los raros momentos en que no están buscando su próxima comida. En su mayor parte es una historia de habitaciones llenas de bichos en hoteles para trabajadores, de peleas, borracheras, burdeles baratos, refugiados rusos, estafas y trabajos temporales. Y toda la atmósfera de los barrios pobres de París tal y como los ve un extranjero —las callejuelas adoquinadas, el hedor agrio de la basura, los bistrós con sus mostradores de zinc grasiento y sus suelos de ladrillo desgastado, las aguas verdes del Sena, las capas azules de la Guardia Republicana, los urinarios de hierro que se desmoronan, el peculiar olor dulzón de las estaciones de metro, los cigarrillos que se hacen pedazos, las palomas en los Jardines de Luxemburgo— está todo ahí, o al menos la sensación de que está ahí.

A primera vista, ningún material podía ser menos prometedor. Cuando se publicó *Trópico de Cáncer*, los italianos marchaban hacia Abisinia y los campos de concentración de Hitler ya estaban abarrotados. Los focos intelectuales del mundo eran Roma, Moscú y Berlín. No parecía un momento en el que se pudiera escribir una novela de gran valor sobre los vagabundos estadounidenses que beben en el Barrio Latino. Por supuesto, un novelista no está obligado a escribir directamente sobre la historia contemporánea, pero un novelista que simplemente hace caso omiso de los principales acontecimientos públicos del momento es, por lo general, o un lacayo o un simple idiota. La mayoría de la gente supondría que *Trópico de Cáncer* no es más que un libro de los años veinte. En realidad, casi todos los que lo leyeron vieron enseguida que no era nada de eso, sino un libro muy notable. ¿Cómo o por qué notable? Esa pregunta nunca es fácil de responder. Es mejor empezar describiendo la impresión que *Trópico de Cáncer* ha dejado en mi mente.

Cuando abrí por primera vez *Trópico de Cáncer* y vi que estaba lleno de palabras impresentables, mi reacción inmediata fue la de no dejarme impresionar. Creo que la mayoría de la gente haría lo mismo. Sin embargo, al cabo de un tiempo, la atmósfera del libro, además de innumerables detalles, parecía perdurar en mi memoria de un modo peculiar. Un año después se publicó el segundo libro de Miller, *Primavera Negra*. Para entonces... *Trópico de Cáncer* estaba mucho más vívidamente presente en mi mente de lo que había estado cuando lo leí por primera vez. Mi primera sensación sobre *Primavera Negra* fue que mostraba un declive, y es un hecho que no tiene la misma unidad que el otro libro. Sin embargo, al cabo de un año, había muchos pasajes de *Primavera Negra* que también se habían arraigado en mi memoria. Evidentemente, estos libros son de los que dejan un sabor tras de sí, libros que «crean un mundo propio», como suele decirse. Los libros que hacen esto no son necesariamente buenos libros, pueden ser buenos libros malos como *Raffles* o las historias de *Sherlock Holmes*, o libros perversos y morbosos como *Cumbres borrascosas* o *La casa de los postigos verdes*. Pero de vez en cuando aparece una novela que abre un mundo nuevo no revelando lo extraño, sino lo familiar. Lo verdaderamente notable del *Ulises*, por ejemplo, es lo común de su material. Por supuesto, en el *Ulises* hay mucho más que esto, porque Joyce es una especie de poeta y también un pedante elefantiásico, pero su verdadero logro ha sido llevar lo familiar al papel. Se atrevió —porque es una cuestión de audacia tanto como de técnica— a exponer las imbecilidades de la mente interior, y al hacerlo descubrió una América que estaba bajo las narices de todo el mundo. Aquí hay todo un mundo de cosas que suponías incomunicables por naturaleza, y alguien ha conseguido comunicarlas. El efecto es romper, al menos momentáneamente, la soledad en la que vive el ser humano. Cuando lees ciertos pasajes del *Ulises* sientes que la mente de Joyce y tu mente son una, que él sabe todo sobre ti, aunque nunca ha oído tu nombre, que hay un mundo fuera del tiempo y del espacio en el que tú y él están juntos. Y aunque no se parece a Joyce en otros aspectos, hay un toque de esta cualidad en Henry Miller. No en todas partes, porque su obra es muy desigual, y a veces, especialmente en *Primavera Negra*, tiende a deslizarse hacia la simple verborrea o hacia el universo blando de los surrealistas. Pero léanlo durante cinco o diez páginas, y sentirán el peculiar alivio que proviene no tanto de comprender como de ser comprendido. «Él lo sabe todo sobre mí», sientes; «escribió esto especialmente para mí». Es como si pudieras oír una voz que te habla, una voz americana amistosa, sin patrañas, sin propósito moral, simplemente una suposición implícita de que todos somos iguales. Por el momento te has alejado de las mentiras y simplificaciones, de la calidad estilizada y marionetística de la ficción ordinaria, incluso de la ficción bastante buena, y estás tratando con las experiencias reconocibles de los seres humanos.

Pero, ¿qué tipo de experiencia? ¿Qué clase de seres humanos? Miller escribe sobre el hombre de la calle y, por cierto, es una pena que sea una calle llena de hermanos. Esa es la pena por abandonar tu tierra natal. Significa trasladar tus raíces a un suelo menos profundo. El exilio es probablemente más perjudicial para un novelista que para un pintor o incluso un poeta, porque su efecto es sacarle del contacto con la vida laboral y reducir su abanico a la calle, el café, la iglesia, el burdel y el estudio. En general, en los libros de Miller se lee sobre gente que vive la vida de los expatriados, gente que bebe, habla, medita y fornica, no sobre gente que trabaja, se casa y educa a sus hijos; una lástima, porque habría descrito un conjunto de actividades tan bien como el otro. En *Primavera Negra* hay un maravilloso *flashback* de Nueva York, el Nueva York infestado de irlandeses de la época de O. Henry, pero las escenas de París son las mejores y, a pesar de su absoluta inutilidad como tipos sociales, los borrachos y los vagabundos de los cafés están tratados con un sentido del carácter y un dominio de la técnica que no se han visto en ninguna novela reciente. Todos ellos no son solo creíbles, sino completamente familiares; tienes la sensación de que todas sus aventuras te han ocurrido a ti mismo. No es que sean aventuras muy sorprendentes. Henry consigue trabajo con una melancólica estudiante india, consigue otro trabajo en una espantosa escuela francesa durante una ola de frío en la que los baños están congelados, se va de borrachera a Le Havre con su amigo Collins, el capitán de barco, va a los burdeles donde hay maravillosas negras, habla con su amigo Van Norden, el novelista, que tiene la gran novela del mundo en la cabeza, pero nunca se atreve a empezar a escribirla. Su amigo Karl, al borde de la inanición, es recogido por una viuda rica que desea casarse con él. Hay interminables conversaciones a lo Hamlet en las que Karl intenta decidir qué es peor, pasar hambre o acostarse con una anciana. Describe con todo lujo de detalles sus visitas a la viuda, cómo fue al hotel vestido con sus mejores galas, cómo antes de entrar se olvidó de orinar, de modo que toda la velada fue un largo crescendo de tormento, etcétera. Y, al fin y al cabo, nada de eso es cierto, la viuda ni siquiera existe: Karl se la ha inventado para parecer importante. Más o menos, todo el libro sigue esta línea. ¿Por qué estas monstruosas trivialidades son tan absorbentes? Sencillamente porque todo el ambiente resulta muy familiar, porque tienes todo el tiempo la sensación de que esas cosas te están ocurriendo a *ti*. Y se tiene esta sensación porque alguien ha decidido abandonar el lenguaje ginebrino de la novela ordinaria y sacar a la luz la *realpolitik* de la mente interior. En el caso de Miller, no se trata tanto de explorar los mecanismos de la mente como de reconocer los hechos y emociones cotidianos. Porque la verdad es que mucha gente corriente, quizá la mayoría, habla y se comporta de la forma que aquí se describe. La insensible grosería con la que hablan los personajes de *Trópico de Cáncer* es muy rara en la ficción, pero es extremadamente común en la vida real; una y otra vez he oído conversaciones de este tipo de personas que ni siquiera eran conscientes de que estaban hablando con grosería. Cabe señalar que *Trópico de Cáncer* no es un libro para jóvenes. Miller tenía cuarenta y tantos años cuando se publicó, y aunque desde entonces ha producido otros tres o cuatro, es obvio que este primer libro lo había vivido durante años. Es uno de esos libros que maduran lentamente en la pobreza y la oscuridad, por gente que sabe lo que tiene que hacer y, por tanto, es capaz de esperar. La prosa es asombrosa, y en algunas partes de *Primavera Negra* es aún mejor. Desgraciadamente no puedo citarlo; hay palabras impresentables en casi todas partes. Pero consigan *Trópico de Cáncer*, consigan *Primavera Negra* y lean especialmente las primeras cien páginas. Les dará una idea de lo que todavía se puede hacer, incluso a estas alturas, con la prosa inglesa. En ellas, el inglés se trata como una lengua hablada, pero hablada sin miedo, es decir, *sin miedo* a la retórica o a la palabra inusual o poética. El adjetivo ha vuelto, tras diez años de exilio. Es una prosa que fluye, que se hincha, una prosa con ritmos, algo muy diferente de las declaraciones planas y cautelosas y de los dialectos de cafetería que ahora están de moda. Cuando aparece un libro como *Trópico de Cáncer*, es natural que lo primero que llame la atención sea su obscenidad. Dadas nuestras actuales nociones de decencia literaria, no es nada fácil acercarse con desapego a un libro impublicable. O bien uno se escandaliza y se asquea, o se emociona morbosamente, o está decidido por encima de todo a no dejarse impresionar. Esta última es probablemente la reacción más común, con el resultado de que los libros impresentables a menudo reciben menos atención de la que merecen. Está bastante de moda decir que no hay nada más fácil que escribir un libro obsceno, que la gente solo lo hace para que se hable de ellos y ganar dinero, etc., etc. Lo que pone de manifiesto que no es así es que los libros obscenos en el sentido policial-judicial son claramente infrecuentes. Si fuera fácil ganar dinero con palabras obscenas, mucha más gente lo ganaría. Pero, como los libros «obscenos» no aparecen con mucha frecuencia, se tiende a agruparlos, por lo general de forma bastante injustificada. *Trópico de Cáncer* se ha asociado vagamente con otros dos libros, *Ulises* y *Viaje al fin de la noche*, pero en ninguno de los dos casos hay mucho parecido. Lo que Miller tiene en común con Joyce es su voluntad de mencionar los hechos insulsos y miserables de la vida cotidiana. Dejando a un lado las diferencias técnicas, la escena del funeral en *Ulises*, por ejemplo, encajaría en *Trópico de Cáncer*; todo el capítulo es una especie de confesión, una exposición de la espantosa insensibilidad interior del ser humano. Pero ahí acaba el parecido. Como novela, *Trópico de Cáncer* es muy inferior a *Ulises*. Joyce es un artista, en un sentido en el que Miller no lo es y probablemente no desearía serlo, y en cualquier caso intenta mucho más. Explora diferentes estados de conciencia, el sueño, la ensoñación (el capítulo «bronce por oro»), la embriaguez, etc., y los encadena todos en un enorme y complejo patrón, casi como una «trama» victoriana. Miller es simplemente una persona dura que habla de la vida, un hombre de negocios americano corriente con valor intelectual y un don para las palabras. Quizá sea significativo que se parezca exactamente a la idea que todo el mundo tiene de un hombre de negocios americano. En cuanto a la comparación con *Viaje al fin de la noche*, está aún más lejos de la cuestión. Ambos libros utilizan palabras impresentables, ambos son en cierto sentido autobiográficos, pero eso es todo. *Viaje al fin de la noche* es un libro con un propósito, y su propósito es protestar contra el horror y el sinsentido de la vida moderna, de hecho, de la vida. Es un grito de asco insoportable, una voz desde el pozo negro. *Trópico de Cáncer* es casi exactamente lo contrario. La cosa se ha vuelto tan insólita que parece casi anómala, pero es el libro de un hombre que es feliz. También lo es *Primavera Negra*, aunque algo menos, porque está teñido en algunos puntos de nostalgia. Con años de vida lumpen-proletaria a sus espaldas, hambre, vagabundeo, suciedad, fracaso, noches a la intemperie, batallas con funcionarios de inmigración, luchas interminables por un poco de dinero, Miller descubre que está disfrutando. Precisamente los aspectos de la vida que horrorizan a Céline son los que le atraen. Lejos de protestar, acepta. Y la misma palabra «aceptación» evoca a su verdadero afín, otro americano, Walt Whitman.

Pero hay algo bastante curioso en ser Whitman en los años treinta. No es seguro que si el propio Whitman viviera en este momento escribiría algo que se pareciera lo más mínimo a *Hojas de hierba*. Porque lo que está diciendo, después de todo, es «acepto», y hay una diferencia radical entre la aceptación de ahora y la de entonces. Whitman escribía en una época de prosperidad sin precedentes, pero más que eso, escribía en un país donde la libertad era algo más que una palabra. La democracia, la igualdad y la camaradería de las que siempre habla no son ideales remotos, sino algo que existía ante sus ojos. En la América de mediados del siglo XIX los hombres se sentían libres e iguales, eran libres e iguales, en la medida en que eso es posible fuera de una sociedad de comunismo puro. Había pobreza e incluso distinciones de clase, pero, a excepción de los negros, no había ninguna clase permanentemente sumergida. Todo el mundo tenía en su interior, como una especie de núcleo, el conocimiento de que podía ganarse la vida decentemente, y ganársela sin lamer botas. Cuando uno lee sobre los balseros y pilotos del Mississippi de Mark Twain, o sobre los buscadores de oro del Oeste de Bret Harte, parecen más remotos que los caníbales de la Edad de Piedra. La razón es simplemente que son seres humanos libres. Pero ocurre lo mismo incluso con la pacífica América domesticada de los estados del Este, la América de *Mujercitas, Helen's Babies* y *Riding Down from Bangor*. La vida tiene una cualidad alegre y despreocupada que se puede sentir mientras se lee, como una sensación física en el vientre. Es esto lo que celebra Whitman, aunque en realidad lo hace muy mal, porque es uno de esos escritores que te dicen lo que debes sentir en lugar de hacértelo sentir. Por suerte para sus creencias, quizá, murió demasiado pronto para ver el deterioro de la vida americana que vino con el auge de la industria a gran escala y la explotación de la mano de obra barata inmigrante.

El punto de vista de Miller es muy parecido al de Whitman, y casi todos los que lo han leído lo han destacado. *Trópico de Cáncer* termina con un pasaje especialmente whitmanesco, en el que, después de las lujurias, las estafas, las peleas, las borracheras y las imbecilidades, simplemente se sienta y mira pasar el Sena, en una especie de aceptación mística de las cosas tal como son. Pero ¿qué es lo que acepta? En primer lugar, no América, sino el antiguo montón de huesos de Europa, donde cada grano de tierra ha pasado por innumerables cuerpos humanos. En segundo lugar, no una época de expansión y libertad, sino una época de miedo, tiranía y regimentación. Decir «acepto» en una época como la nuestra es decir que se aceptan los campos de concentración, las porras de goma, Hitler, Stalin, las bombas, los aviones, las conservas, las ametralladoras, los golpes de estado, las purgas, las consignas, los cinturones *Bedaux*, las máscaras antigás, los submarinos, los espías, los *provocadores*, la censura de prensa, las cárceles secretas, las aspirinas, las películas de Hollywood y los asesinatos políticos. No solo esas cosas, por supuesto, sino esas cosas entre otras. Y en general esta es la actitud de Henry Miller. No siempre, porque a veces muestra signos de una nostalgia literaria bastante ordinaria. Hay un largo pasaje en la primera parte de *Primavera Negra*, en alabanza de la Edad Media, que como prosa debe ser uno de los escritos más notables de los últimos años, pero que muestra una actitud no muy diferente de la de Chesterton. En *Max y los fagocitos blancos* hay un ataque a la civilización americana moderna (cereales para el desayuno, celofán, etc.) desde el ángulo habitual del literato que odia el industrialismo. Pero, en general, la actitud es «vamos a tragárnoslo todo». De ahí la aparente preocupación por la indecencia y el lado sucio de la vida. Es solo aparente, porque la verdad es que la vida cotidiana está mucho más llena de horrores de lo que los escritores de ficción suelen admitir. El propio Whitman «aceptó» muchas cosas que sus contemporáneos consideraban innombrables. Porque no solo escribe sobre la pradera, sino que también deambula por la ciudad y observa el cráneo destrozado del suicida, las «caras grises y enfermas de los onanistas», etc., etc. Pero es indudable que nuestra época, al menos en Europa Occidental, es menos saludable y menos esperanzadora que la época en que Whitman escribía. A diferencia de Whitman, vivimos en un mundo que *se encoge*. Las «perspectivas democráticas» han terminado en alambradas. Hay menos sentimiento de creación y crecimiento, cada vez menos énfasis en la cuna, que se mece sin cesar, cada vez más énfasis en la tetera, que se cuece sin cesar. Aceptar la civilización tal como es prácticamente significa aceptar la decadencia.

Ha dejado de ser una actitud enérgica para convertirse en una actitud pasiva, incluso «decadente», si es que esa palabra significa algo.

Pero precisamente porque, en cierto sentido, es pasivo ante la experiencia, Miller puede acercarse al hombre corriente más de lo que les es posible a los escritores más intencionados. Porque el hombre corriente también es pasivo. Dentro de un estrecho círculo (la vida doméstica, y tal vez el sindicato o la política local) se siente dueño de su destino, pero ante los grandes acontecimientos está tan indefenso como ante los elementos. Lejos de esforzarse por influir en el futuro, simplemente se tumba y deja que las cosas le sucedan. En los últimos diez años, la literatura se ha implicado cada vez más en la política, con el resultado de que ahora hay menos espacio en ella para el hombre corriente que en cualquier otro momento de los dos últimos siglos. Se puede ver el cambio en la actitud literaria predominante comparando los libros escritos sobre la Guerra Civil española con los escritos sobre la guerra de 1914-1918. Lo que llama inmediatamente la atención de los libros de guerra españoles, al menos de los escritos en inglés, es su sorprendente aburrimiento y mal gusto. Lo que llama inmediatamente la atención de los libros de guerra españoles, al menos de los escritos en inglés, es su chocante torpeza y maldad. Pero lo que es más significativo es que casi todos ellos, de derecha o de izquierda, están escritos desde un punto de vista político, por partidarios engreídos que te dicen lo que tienes que pensar, mientras que los libros sobre la Gran Guerra fueron escritos por soldados rasos u oficiales subalternos que ni siquiera pretendían entender de qué iba todo aquello. Libros como *Sin novedad en el frente oeste, El fuego, Adiós a las armas, La muerte de un héroe, Adiós a todo eso, Memorias de un oficial de infantería* y *A Subaltern on the Somme* no fueron escritos por propagandistas, sino por víctimas. Dicen, en efecto: «¿De qué demonios va todo esto? Dios lo sabe. Lo único que podemos hacer es aguantar». Y aunque no está escribiendo sobre la guerra, ni, en general, sobre la infelicidad, esto está más cerca de la actitud de Miller que la omnisciencia que ahora está de moda. *Booster*, una revista de corta vida de la que Miller fue coeditor, solía describirse a sí misma en sus anuncios como «apolítica, no educativa, no progresista, no cooperativa, no ética, no literaria, no coherente, no contemporánea», y la propia obra de Miller podría describirse casi en los mismos términos. Es una voz de la multitud, del subalterno, del vagón de tercera clase, del hombre corriente, apolítico, inmoral y pasivo. He estado utilizando la expresión «hombre corriente» con bastante ligereza, y he dado por sentado que el «hombre corriente» existe, cosa que ahora niegan algunas personas. No quiero decir que la gente sobre la que escribe Miller constituya una mayoría, ni mucho menos que escriba sobre proletarios. Ningún novelista inglés o americano lo ha intentado seriamente hasta ahora. Y de nuevo, la gente de *Trópico de Cáncer* no llega a ser corriente en la medida en que es ociosa, de mala reputación y más o menos «artística». Como ya he dicho, es una pena, pero es el resultado necesario de la expatriación. El «hombre corriente» de Miller no es ni el trabajador manual ni cabeza de familia de los suburbios, sino el vagabundo, el *desclasado*, el aventurero, el intelectual americano sin raíces y sin dinero. Aun así, las experiencias incluso de este tipo se solapan bastante con las de la gente más normal. Miller ha podido sacar el máximo partido de su material más bien limitado porque ha tenido el valor de identificarse con él. El hombre corriente, el «hombre sensual medio», ha recibido el poder de la palabra, como el asno de Balaam.

Se verá que es algo anticuado, o en todo caso pasado de moda. El hombre sensual medio está pasado de moda. La preocupación por el sexo y la veracidad sobre la vida interior están pasadas de moda. El París americano está pasado de moda. Un libro como *Trópico de Cáncer*, publicado en un momento así, debe ser o bien un preciosismo tedioso o bien algo insólito, y creo que la mayoría de las personas que lo han leído estarían de acuerdo en que no es lo primero. Merece la pena intentar descubrir qué significa esta huida de la moda literaria actual. Pero para ello hay que verlo en su contexto, es decir, en el desarrollo general de la literatura inglesa en los veinte años transcurridos desde la Gran Guerra.

II

Cuando se dice que un escritor está de moda, prácticamente siempre se quiere decir que es admirado por los menores de treinta años. Al principio del periodo del que estoy hablando, los años durante e inmediatamente después de la guerra, el escritor que ejercía mayor influencia sobre los jóvenes pensadores era casi con toda seguridad Housman. Entre la gente que era adolescente en los años 1910-1925, Housman tuvo una influencia que fue enorme y que ahora no es nada fácil de entender. En 1920, cuando yo tenía unos diecisiete años, probablemente me sabía de memoria todo *Shropshire Lad*. Me pregunto qué impresión causaría en este momento el *Shropshire Lad* en un muchacho de la misma edad y más o menos la misma mentalidad. Sin duda ha oído hablar de él e incluso le ha echado una ojeada; puede que le parezca ingenioso y barato; probablemente eso sería todo. Sin embargo, estos son los poemas que yo y mis contemporáneos solíamos recitarnos a nosotros mismos, una y otra vez, en una especie de éxtasis, al igual que las generaciones anteriores habían recitado «Love in a Valley» de Meredith, «Garden of Proserpine» de Swinburne, etcétera.

> Con pesar mi corazón está cargado
> Por amigos de oro que tuve,
> Para muchos una doncella roselipt
> Y muchos muchachos de pies ligeros.

Por arroyos demasiado anchos para saltar
Los chicos de pies ligeros están acostados;
Las muchachas roselipt están durmiendo
En campos donde las rosas se marchitan.*

Simplemente tintinea. Pero no parecía tintinear en 1920. ¿Por qué estalla siempre la burbuja? Para responder a esta pregunta hay que tener en cuenta las condiciones externas que hacen populares a determinados escritores en determinados momentos. Los poemas de Housman no habían llamado mucho la atención cuando se publicaron por primera vez. ¿Qué había en ellos que atrajo tan profundamente a una sola generación, la generación nacida alrededor de 1900?

En primer lugar, Housman es un poeta «rural». Sus poemas están llenos del encanto de los pueblos enterrados, la nostalgia de los topónimos, Clunton y Clunbury, Knighton, Ludlow, «on Wenlock Edge», «in summer time on Bredon», los tejados de paja y el tintineo de las herrerías, los junquillos silvestres en los pastos, las «blue, remembered hills». Aparte de los poemas de guerra, los versos ingleses del periodo 1910-1925 son en su mayoría «campestres». Sin duda, la razón era que la clase *rentista* profesional estaba dejando definitivamente de tener una relación real con la tierra; pero en cualquier caso prevalecía entonces, mucho más que ahora, una especie de esnobismo de pertenecer al campo y despreciar la ciudad. En aquella época, Inglaterra no era más un país agrícola que ahora, pero antes de que las industrias ligeras empezaran a extenderse, era más fácil considerarlo como tal. La mayoría de los niños de clase media crecían cerca de una granja y, naturalmente, lo que les atraía era el lado pintoresco de la vida en la granja: el ara-

* *With rue my heart is laden / For golden friends I had, / For many a roselipt maiden / And many a lightfood lad. // By brooks too broad for leaping / The lightfoot boys are laid; / The roselipt girls are sleeping / In fields where roses fade.*

do, la cosecha, el apilamiento de la tierra, etcétera. A menos que tenga que hacerlo él mismo, no es probable que un niño se dé cuenta de la horrible monotonía de azadonar nabos, ordeñar vacas con las ubres agrietadas a las cuatro de la madrugada, etc., etc. Justo antes, justo después y durante la guerra fue la gran época del «poeta de la naturaleza», el apogeo de Richard Jefferies y W. H. Hudson. «Grantchester» de Rupert Brooke, el poema estrella de 1913, no es más que un enorme chorro de sentimiento «campestre», una especie de vómito acumulado de un estómago atiborrado de topónimos. Considerado como poema, «Grantchester» es algo peor que inútil, pero como ilustración de lo que sentían los jóvenes pensadores de clase media de aquella época es un documento valioso.

Housman, sin embargo, no se entusiasmó con las rosas senderistas con el espíritu de fin de semana de Brooke y los demás. El motivo «campestre» está presente todo el tiempo, pero principalmente como telón de fondo. La mayoría de los poemas tienen un sujeto casi humano, una especie de rústico idealizado, en realidad Strephon o Corydon actualizados. Esto en sí mismo tenía un profundo atractivo. La experiencia demuestra que las personas demasiado civilizadas disfrutan leyendo sobre rústicos (frase clave, «cerca de la tierra») porque los imaginan más primitivos y apasionados que ellos mismos. De ahí la novela de «tierra oscura» de Sheila Kaye-Smith, etcétera. Y en aquella época un chico de clase media, con sus prejuicios «campestres», se identificaría con un trabajador agrícola como nunca lo habría hecho con un trabajador de ciudad. La mayoría de los chicos tenían en sus mentes una visión idealizada del labrador, el gitano, el cazador furtivo o el guardabosques, siempre representado como una hoja salvaje, libre y errante, viviendo una vida de caza de conejos, peleas de gallos, caballos, cerveza y mujeres. «Everlasting Mercy» de Masefield, otra valiosa obra de época, inmensamente popular entre los muchachos de los años de la guerra, ofrece esta visión de una forma muy cruda. Pero los Maurices y Terences de Housman podían tomarse en serio donde el Saul Kane de Masefield no podía; en este sentido, Housman era Masefield con una pizca de Teócrito. Además, todos sus temas son adolescentes: el asesinato, el suicidio, el amor infeliz, la muerte prematura. Se trata de desastres sencillos e inteligibles que dan la sensación de enfrentarse a los «hechos fundamentales» de la vida:

El sol quema en la colina medio segada,
La sangre ya se ha secado;
Y Maurice entre el heno yace quieto
Y mi cuchillo está en su costado.
Y nuevamente:
Nos entregan ahora en la cárcel de Shrewsbury
Y los silbatos suenan desamparados,
Y los trenes toda la noche gimen en la vía
Para hombres que mueren por la mañana.

Todo está más o menos en la misma sintonía. Todo se desata. «Ned yace largo tiempo en el cementerio y Tom yace largo tiempo en la cárcel». Y observa también la exquisita autocompasión, el sentimiento de «nadie me quiere»:

Las gotas de diamante que adornan
El montículo bajo en el prado,
Son las lágrimas de la mañana,
Que llora, pero no por ti.

¡Queso duro, viejo amigo! Tales poemas podrían haber sido escritos expresamente para adolescentes. Y el pesimismo sexual invariable (la chica siempre muere o se casa con otro) parecía sabiduría para los chicos que eran hacinados en las escuelas públicas y estaban medio inclinados a pensar en las mujeres como algo inalcanzable. Dudo que Housman tuviera alguna vez el mismo atractivo para las chicas. En sus poemas no se tiene en cuenta el punto de vista de la mujer, ella es simplemente la ninfa, la sirena, la criatura traicionera medio humana que te lleva un poco lejos y luego te abandona.

Pero Housman no habría atraído tan profundamente a la gente que era joven en 1920 si no hubiera sido por otra cepa en él, y esa era su cepa blasfema, antinómica, «cínica». La lucha que siempre se produce entre las generaciones fue excepcionalmente amarga al final de la Gran Guerra; esto se debió en parte a la guerra en sí, y en parte fue un resultado indirecto de la Revolución rusa, pero en cualquier caso una lucha intelectual se debió en torno a esa fecha. Debido probablemente a la tranquilidad y seguridad de la vida en Inglaterra, que incluso la guerra apenas perturbó, muchas personas cuyas ideas se formaron en los años ochenta o antes las habían trasladado sin modificarlas a los años veinte. Mientras tanto, en lo que respecta a la generación más joven, las creencias oficiales se disolvían como castillos de arena. La caída de las creencias religiosas, por ejemplo, fue espectacular. Durante varios años, el antagonismo entre viejos y jóvenes adquirió tintes de auténtico odio. Lo que quedaba de la generación de la guerra había salido sigilosamente de la masacre para encontrarse con que sus mayores seguían vociferando los eslóganes de 1914, y una generación algo más joven de chicos se retorcía bajo la sucia mentalidad de maestros célibes. Fue a ellos a quienes apeló Housman, con su revuelta sexual implícita y su agravio personal contra Dios. Era patriótico, es cierto, pero de un modo inofensivo y anticuado, al son de abrigos rojos y «Dios salve a la Reina» en lugar de cascos de acero y «Ahorcad al Káiser». Y era satisfactoriamente anticristiano: defendía una especie de paganismo amargo y desafiante, la convicción de que la vida es corta y los dioses están en tu contra, que encajaba exactamente con el estado de ánimo imperante entre los jóvenes; y todo ello en un verso frágil y encantador, compuesto casi en su totalidad por palabras de una sílaba.

Se verá que he hablado de Housman como si fuera un simple propagandista, un pronunciador de máximas y «fragmentos» citables. Obviamente era más que eso. No hay necesidad de subestimarlo ahora porque hace unos años estaba sobrevalorado. Aunque hoy en día uno se mete en problemas por decirlo, hay una serie de poemas suyos («Into my heart an air my kills», por ejemplo, y «Is my time ploughing?») que no es probable que permanezcan mucho tiempo en desuso. Pero en el fondo es siempre la tendencia de un escritor, su «propósito», su «mensaje», lo que hace que guste o disguste. La prueba de ello es la extrema dificultad de ver algún mérito literario en un libro que daña gravemente tus creencias más profundas. Y ningún libro es verdaderamente neutro. Siempre es perceptible una u otra tendencia, tanto en verso como en prosa, aunque no haga más que determinar la forma y la elección de la imaginería. Pero los poetas que alcanzan gran popularidad, como Housman, son por regla general escritores definitivamente gnómicos.

Después de la guerra, después de Housman y los poetas de la Naturaleza, aparece un grupo de escritores de tendencia completamente diferente: Joyce, Eliot, Pound, Lawrence, Wyndham, Lewis, Aldous Huxley, Lytton Strachey. A mediados y finales de los años veinte, estos son «el movimiento», tan seguramente como el grupo Auden-Spender* ha sido «el movimiento» durante los últimos años. Es cierto que no todos los escritores de talento de la época pueden encajar en este modelo. E. M. Forster, por ejemplo, aunque escribió su mejor libro en 1923 más o menos, era esencialmente de antes de la guerra, y Yeats no parece pertenecer en ninguna de sus fases a los años veinte. Otros que aún vivían, Moore, Conrad, Bennett, Wells, Norman Douglas, habían disparado su cerrojo antes de que estallara la guerra. Por otra parte,

---

* El grupo Auden, también llamado Generación Auden y a veces simplemente los poetas de los años treinta, fue un grupo de escritores británicos e irlandeses activos en esos años que incluía a W. H. Auden, Louis MacNeice, Cecil Day Lewis, Stephen Spender, Christopher Isherwood y a veces Edward Upward y Rex Warner.

un escritor que debería añadirse al grupo, aunque en el sentido estrictamente literario difícilmente «pertenezca», es Somerset Maugham. Por supuesto, las fechas no encajan exactamente; la mayoría de estos escritores ya habían publicado libros antes de la guerra, pero pueden clasificarse como de posguerra en el mismo sentido en que los hombres más jóvenes que escriben ahora son de posguerra. Igualmente, por supuesto, se podría leer la mayoría de los periódicos literarios de la época sin comprender que estas personas son «el movimiento». Incluso entonces, más que en la mayoría de las ocasiones, los peces gordos del periodismo literario estaban ocupados fingiendo que la antepenúltima era no había llegado a su fin. Squire gobernaba el *London Mercury*, Gibbs y Walpole eran los dioses de las bibliotecas de préstamo, se rendía culto a la alegría y la hombría, a la cerveza y al críquet, a las pipas de brezo y a la monogamia, y en todo momento era posible ganar unas cuantas guineas escribiendo un artículo denunciando a los «intelectualoides». Pero eran los despreciados *highbrows** los que habían cautivado a los jóvenes. El viento soplaba desde Europa, y mucho antes de 1930 había desnudado a la escuela de la cerveza y el críquet, a excepción de sus títulos de caballero.

Pero lo primero que uno notaría en el grupo de escritores que he nombrado más arriba es que no parecen un grupo. Es más, varios de ellos se opondrían firmemente a que se les asociara con varios de los demás. Lawrence y Eliot eran en realidad antipáticos, Huxley adoraba a Lawrence, pero le repugnaba Joyce, la mayoría de los demás habrían despreciado a Huxley, Strachey y Maugham, y Lewis atacó a todos a su vez; de hecho, su reputación como escritor descansa en gran medida en estos ataques. Y, sin embargo, hay una cierta similitud temperamental, bastante evidente ahora, aunque no lo habría sido hace una docena de años. Se trata de una *perspectiva pesimista*. Pero es necesario aclarar qué se entien-

---

* Intelectuales.

de por pesimismo. Si la nota clave de los poetas georgianos era la «belleza de la Naturaleza», la de los escritores de posguerra sería el «sentido trágico de la vida». El espíritu de los poemas de Housman, por ejemplo, no es trágico, sino simplemente quejumbroso; es hedonismo decepcionado. Lo mismo puede decirse de Hardy, aunque habría que hacer una excepción con *The Dynasts*. Pero el grupo Joyce-Eliot es posterior en el tiempo, el puritanismo no es su principal adversario, son capaces desde el principio de «ver a través» de la mayoría de las cosas por las que sus predecesores habían luchado. Todos ellos son temperamentalmente hostiles a la noción de «progreso»; se considera que el progreso no solo no se produce, sino que no *debería* producirse. Dada esta similitud general, existen, por supuesto, diferencias de enfoque entre los escritores que he nombrado, así como diferentes grados de talento. El pesimismo de Eliot es en parte el pesimismo cristiano, que implica cierta indiferencia ante la miseria humana, en parte un lamento por la decadencia de la civilización occidental («Somos los hombres huecos, somos los hombres disecados», etcétera), una especie de sentimiento del crepúsculo de los dioses, que finalmente le lleva, en *Sweeney Agonistes* por ejemplo, a lograr la difícil hazaña de hacer que la vida moderna parezca peor de lo que es. En Strachey se trata simplemente de un educado escepticismo dieciochesco mezclado con el gusto por desacreditar. Con Maugham, es una especie de resignación estoica, el labio superior rígido del *sahib pukka** en algún lugar al este de Suez, llevando a cabo su trabajo sin creer en él, como un emperador Antonino. A primera vista, Lawrence no parece un escritor pesimista, porque, como Dickens, es un hombre que «cambia de corazón» e insiste constante-

---

* *Sahib pukka* es un término del argot tomado del hindi. Proviene de las palabras «PUK-ə» que tiene un significado asimilable al de «Absoluto» y «SAHib» o «maestro», por lo que podría traducir como «verdadero caballero» o «excelente compañero».

mente en que la vida aquí y ahora estaría bien si solo se mirara un poco diferente. Pero lo que exige es un alejamiento de nuestra civilización mecanizada, cosa que no va a ocurrir. Por eso su exasperación con el presente se convierte una vez más en idealización del pasado, esta vez un pasado seguramente mítico, la Edad de Bronce. Cuando Lawrence prefiere a los etruscos (sus etruscos) a nosotros mismos es difícil no estar de acuerdo con él, y, sin embargo, después de todo, se trata de una especie de derrotismo, porque esa no es la dirección en la que se mueve el mundo. El tipo de vida al que siempre apunta, una vida centrada en los misterios sencillos —sexo, tierra, fuego, agua, sangre—, no es más que una causa perdida. Todo lo que ha sido capaz de producir, por lo tanto, es un deseo de que las cosas sucedan de una manera en la que manifiestamente no van a suceder. «Una ola de generosidad o una ola de muerte», dice, pero es obvio que no hay olas de generosidad a este lado del horizonte. Así que huye a México y muere a los cuarenta y cinco años, unos años antes de que la ola de la muerte se ponga en marcha. Se verá que, una vez más, hablo de estas personas como si no fueran artistas, como si solo fueran propagandistas que transmiten un «mensaje». Y una vez más es obvio que todos ellos son más que eso. Sería absurdo, por ejemplo, considerar el *Ulises* como una mera representación del horror de la vida moderna, la «sucia era del *Daily Mail*», como dijo Pound. En realidad, Joyce es más un «artista puro» que la mayoría de los escritores. Pero *Ulises* no podría haber sido escrito por alguien que se limitara a juguetear con los patrones de las palabras; es el producto de una visión especial de la vida, la visión de un católico que ha perdido la fe. Lo que Joyce dice es: «Aquí está la vida sin Dios. Mírala», y sus innovaciones técnicas, por importantes que sean, sirven ante todo a este propósito.

Pero lo que llama la atención de todos estos escritores es que su «propósito» está muy en el aire. No se presta atención a los problemas urgentes del momento, sobre todo a la política en sentido estricto. Nuestros ojos se dirigen a Roma, a Bizancio, a Montparnasse, a México, a los etruscos, al subconsciente, al plexo solar... a todas partes excepto a los lugares donde realmente suceden cosas. Cuando uno echa la vista atrás, a los años veinte, nada resulta más extraño que el modo en que todos los acontecimientos importantes de Europa escaparon a la atención de la intelectualidad inglesa. La Revolución rusa, por ejemplo, prácticamente desaparece de la conciencia inglesa entre la muerte de Lenin y la hambruna de Ucrania, unos diez años. Durante esos años, Rusia es sinónimo de Tolstói, Dostoievski y condes exiliados que conducen taxis. Italia es sinónimo de pinacotecas, ruinas, iglesias y museos, pero no de camisas negras. Alemania significa cine, nudismo y psicoanálisis, pero no Hitler, de quien casi nadie había oído hablar hasta 1931. En los círculos «cultos», el arte por el arte se extendía prácticamente a la adoración de lo insignificante. Se suponía que la literatura consistía únicamente en la manipulación de las palabras. Juzgar un libro por su tema era un pecado imperdonable, e incluso ser consciente de su tema se consideraba una falta de gusto. Hacia 1928, en uno de los tres chistes realmente graciosos que *Punch* ha producido desde la Gran Guerra, aparece un joven intolerable informando a su tía de que tiene la intención de «escribir». «¿Y sobre qué vas a escribir, querido?», pregunta la tía. «Mi querida tía —dice aplastantemente el joven—, uno no escribe sobre nada, solo escribe.» Los mejores escritores de los años veinte no se adhirieron a esta doctrina, su «propósito» es, en la mayoría de los casos, bastante manifiesto, pero suele ser un «propósito» de tipo moral-religioso-cultural. Además, cuando se traduce en términos políticos, no es en ningún caso «de izquierda». De un modo u otro, la tendencia de todos los escritores de este grupo es conservadora. Lewis, por ejemplo, se pasó años en frenéticas brujerías contra el «bolchevismo», que supo detectar en lugares muy inverosímiles. Recientemente ha cambiado algunas de sus opiniones, quizá influido por el trato que Hitler daba a los artistas, pero es seguro apostar que no irá muy a la izquierda. Pound parece haberse decantado definitivamente por el fascismo, en todo caso el italiano. Eliot se ha mantenido al margen, pero si se viera obligado a elegir entre el fascismo y alguna forma más democrática de socialismo, probablemente elegiría el fascismo. Huxley comienza con la habitual desesperación ante la vida, luego, bajo la influencia del «oscuro abdomen» de Lawrence, intenta algo llamado *Life Worship* ('culto a la vida'), y finalmente llega al pacifismo; una posición defendible, y en este momento honorable, pero que probablemente a largo plazo implique el rechazo del socialismo. También es notable que la mayoría de los escritores de este grupo sienten cierta ternura por la Iglesia católica, aunque no suele ser del tipo que aceptaría un católico ortodoxo.

La conexión mental entre el pesimismo y una perspectiva reaccionaria es, sin duda, bastante obvia. Lo que quizá sea menos obvio es por qué los principales escritores de los años veinte eran predominantemente pesimistas. ¿Por qué siempre la sensación de decadencia, las calaveras y los cactus, la añoranza de la fe perdida y las civilizaciones imposibles? ¿No fue, después de todo, *porque* estas personas escribían en una época excepcionalmente cómoda? Precisamente en esos tiempos puede florecer la «desesperación cósmica». La gente con la barriga vacía nunca desespera del universo, ni siquiera piensa en el universo. Todo el periodo 1910-1930 fue próspero, e incluso los años de guerra fueron físicamente tolerables si uno era un no combatiente en uno de los países aliados. En cuanto a los años veinte, fueron la edad de oro del intelectual-rentista, un periodo de irresponsabilidad como el mundo nunca había visto. La guerra había terminado, los nuevos Estados totalitarios no habían surgido, los tabúes morales y religiosos de todo tipo habían desaparecido y el dinero entraba a raudales. La desilusión estaba de moda. Todos los que disponían de 500 libras al año se convirtieron en intelectuales y empezaron a formarse en *taedium vitae*.

Era una época de águilas y de bollos, de desesperaciones fáciles, de Hamlets de patio trasero, de billetes baratos de ida y vuelta al final de la noche. En algunas de las novelas características menores de la época, libros como *Told by an Idiot*, la desesperación de la vida alcanza una atmósfera de autocompasión de baño turco. E incluso los mejores escritores de la época pueden ser condenados por una actitud demasiado olímpica, una excesiva disposición a lavarse las manos ante el problema práctico inmediato. Ven la vida de forma muy completa, mucho más que los que les precedieron o siguieron inmediatamente, pero la ven a través del extremo equivocado del telescopio. No es que eso invalide sus libros, como libros. La primera prueba de cualquier obra de arte es la supervivencia, y es un hecho que gran parte de lo que se escribió en el periodo 1910-1930 ha sobrevivido y parece que seguirá sobreviviendo. No hay más que pensar en *Ulises*, *Servidumbre humana*, la mayor parte de la obra temprana de Lawrence, especialmente sus relatos cortos, y prácticamente la totalidad de los poemas de Eliot hasta 1930 aproximadamente, para preguntarse qué se está escribiendo ahora que se conserve tan bien.

Pero de repente, en los años 1930-1950, algo sucede. El clima literario cambia. Un nuevo grupo de escritores, Auden y Spender y el resto de ellos, ha hecho su aparición, y aunque técnicamente estos escritores deben algo a sus predecesores, su «tendencia» es completamente diferente. De repente, hemos salido del crepúsculo de los dioses para entrar en una especie de atmósfera de *Boy Scout* de rodillas desnudas y cantos comunitarios. El literato típico deja de ser un expatriado culto con inclinación hacia la Iglesia y se convierte en un escolar de mente inquieta con inclinación hacia el comunismo. Si la tónica de los escritores de los años veinte era el «sentido trágico de la vida», la tónica de los nuevos escritores es el «propósito serio».

Las diferencias entre las dos escuelas se discuten ampliamente en el libro *Modern Poetry* de Louis MacNeice. Este libro está, por supuesto, escrito enteramente desde el punto de vista del grupo más joven y da por sentada la superioridad de sus normas. Según MacNeice:

> Los poetas de *New Signatures*,* a diferencia de Yeats y Eliot, son emocionalmente partidarios. Yeats se propuso dar la espalda al deseo y al odio; Eliot se sentó a observar las emociones ajenas con hastío y una irónica autocompasión... Toda la poesía, por otra parte, de Auden, Spender y Day Lewis implica que tienen deseos y odios propios y, además, que piensan que algunas cosas deben ser deseadas y otras odiadas.

Y nuevamente:

> Los poetas de *New Signatures* han vuelto... a la preferencia griega por la información o la declaración. El primer requisito es tener algo que decir, y después hay que decirlo lo mejor posible.

En otras palabras, el «propósito» ha vuelto, los escritores más jóvenes se han «metido en política». Como ya he señalado, Eliot y compañía no son realmente tan apartidistas como parece sugerir el señor MacNeice. Todavía así, es cierto que en los años veinte el énfasis literario estaba más en la técnica y menos en el tema que ahora.

Las principales figuras de este grupo son Auden, Spender, Day Lewis, MacNeice, y hay una larga serie de escritores de más o menos la misma tendencia, Isherwood, John Lehmann, Arthur Calder-Marshall, Edward Upward, Alee Brown, Philip Henderson, y muchos otros. Como antes, los estoy agrupando simplemente según su tendencia. Obviamente, hay grandes variaciones de talento. Pero cuando se compara a estos escritores con la generación Joyce-Eliot, lo que llama inmediatamente la atención es lo mucho más fácil que resulta for-

---

* Publicado en 1932. *(Nota del autor.)*

mar un grupo con ellos. Técnicamente están más cerca unos de otros, políticamente son casi indistinguibles, y sus críticas a la obra de los demás siempre han sido (por decirlo suavemente) de buen carácter. Los escritores más destacados de los años veinte eran de orígenes muy variados, pocos de ellos habían pasado por el molino educativo inglés ordinario (por cierto, los mejores de ellos, salvo Lawrence, no eran ingleses), y la mayoría había tenido que luchar en algún momento contra la pobreza, el abandono e incluso la persecución descarada. Por otra parte, casi todos los escritores más jóvenes encajan fácilmente en el modelo de escuela pública-universidad-Bloomsbury. Los pocos que son de origen proletario son del tipo que se desclasifica pronto en la vida, primero por medio de becas y luego por la tina blanqueadora de la «cultura» londinense. Es significativo que varios de los escritores de este grupo hayan sido no solo muchachos sino, posteriormente, maestros en escuelas públicas. Hace algunos años describí a Auden como «una especie de Kipling sin agallas». Como crítica era bastante indigna, de hecho, era simplemente un comentario malicioso, pero es un hecho que en la obra de Auden, especialmente en sus primeros trabajos, una atmósfera de elevación —algo así como el *Si...* de Kipling o *Play up, Play up, and Play the Game* de Newbolt— nunca parece estar muy lejos. Tomemos, por ejemplo, un poema como «You're leaving now, and it's up to you boys». Es puro *scoutmaster*, la nota exacta de la charla directa de diez minutos sobre los peligros del autoabuso. Sin duda hay un elemento de parodia que pretende, pero también hay un parecido más profundo que no pretende. Y, por supuesto, la nota algo mojigata que es común a la mayoría de estos escritores es un síntoma de liberación. Al arrojar el «arte puro» por la borda, se han liberado del miedo a que se rían de ellos y han ampliado enormemente su campo de acción. El lado profético del marxismo, por ejemplo, es un nuevo material para la poesía y tiene grandes posibilidades.

No somos nada
Hemos caído
En la oscuridad y seremos destruidos.
Piensa, sin embargo, que en esta oscuridad
Tenemos el centro secreto de una idea
Cuya rueda viva iluminada por el sol gira en años futuros
[en el exterior.*

Pero al mismo tiempo, al ser marxizada, la literatura no se ha acercado a las masas. Incluso teniendo en cuenta el desfase temporal, Auden y Spender están algo más lejos de ser escritores populares que Joyce y Eliot, por no hablar de Lawrence. Como antes, hay muchos escritores contemporáneos que están fuera de la corriente, pero no hay muchas dudas sobre lo que es la corriente. Para mediados y finales de los años treinta, Auden, Spender y compañía son «el movimiento», como Joyce, Eliot y compañía lo fueron para los años veinte. Y el movimiento va en dirección a una cosa bastante mal definida llamada comunismo. Ya en 1934 o 1935 se consideraba excéntrico en los círculos literarios no ser más o menos «de izquierda», y en uno o dos años más se había desarrollado una ortodoxia de izquierda que hacía que un cierto conjunto de opiniones fueran absolutamente de rigor sobre ciertos temas. Había empezado a imponerse la idea (véase Edward Upward y otros) de que un escritor debía ser activamente «de izquierda» o escribir mal. Entre 1935 y 1939, el Partido Comunista ejerció una fascinación casi irresistible sobre cualquier escritor menor de cuarenta años. Llegó a ser tan normal oír que fulanito se había «afiliado» como lo había sido unos años antes, cuando el catolicismo romano estaba de moda, oír que fulanito

---

* *We are nothing/We have fallen/Into the dark and shall be destroyed./Think though, than in this darkness/We hold the secret hub of an idea/Whose living sunlit wheel revolves in future years outside.* (Spender, *Trial of A Judge*)

se había «recibido». Durante unos tres años, de hecho, la corriente central de la literatura inglesa estuvo más o menos directamente bajo control comunista.

¿Cómo fue posible que ocurriera algo así? Y, al mismo tiempo, ¿qué se entiende por «comunismo»? Es mejor responder primero a la segunda pregunta.

El movimiento comunista en Europa Occidental comenzó como un movimiento para el derrocamiento violento del capitalismo y degeneró en pocos años en un instrumento de la política exterior rusa. Esto era probablemente inevitable cuando el fermento revolucionario que siguió a la Gran Guerra se hubo apagado. Que yo sepa, la única historia exhaustiva de este tema en inglés es el libro de Franz Borkenau, *The Communist International*. Lo que dejan claro los hechos de Borkenau, incluso más que sus deducciones, es que el comunismo nunca podría haberse desarrollado en su línea actual si hubiera existido algún sentimiento revolucionario en los países industrializados. En Inglaterra, por ejemplo, es obvio que tal sentimiento no ha existido desde hace años. Las patéticas cifras de afiliados de todos los partidos extremistas lo demuestran claramente. Es natural, por lo tanto, que el movimiento comunista inglés esté controlado por personas mentalmente serviles a Rusia y que no tengan otro objetivo real que manipular la política exterior británica en interés de Rusia. Por supuesto, tal objetivo no puede admitirse abiertamente, y es este hecho el que confiere al Partido Comunista su peculiar carácter. El tipo más ruidoso de comunista es, en efecto, un agente publicitario ruso que se hace pasar por socialista internacional. Es una pose que se mantiene fácilmente en tiempos normales, pero que se hace difícil en momentos de crisis, debido al hecho de que la URSS no es más escrupulosa en su política exterior que el resto de las Grandes Potencias. Las alianzas, los cambios de frente, etc., que solo tienen sentido como parte del juego de la política de poder, tienen que explicarse y justificarse en términos de socialismo internacional. Cada vez que Stalin cambia de socio, el «marxismo» tiene que adoptar una nueva forma. Esto implica cambios repentinos y violentos de «línea», purgas, denuncias, destrucción sistemática de la literatura del partido, etcétera. De hecho, todo comunista puede verse obligado en cualquier momento a modificar sus convicciones más fundamentales o a abandonar el partido. El dogma incuestionable del lunes puede convertirse en la herejía condenable del martes, y así sucesivamente. Esto ha ocurrido al menos tres veces en los últimos diez años. De ello se deduce que, en cualquier país occidental, un partido comunista es siempre inestable y, por lo general, muy pequeño. Su membresía a largo plazo consiste realmente en un anillo interior de intelectuales que se han identificado con la burocracia rusa, y un cuerpo ligeramente mayor de gente de clase trabajadora que siente lealtad hacia la Rusia soviética sin entender necesariamente sus políticas. Por lo demás, solo hay una membresía cambiante, un grupo que viene y otro que se va con cada cambio de «línea».

En 1930, el Partido Comunista inglés era una organización minúscula, apenas legal, cuya principal actividad era difamar al Partido Laborista. Pero en 1935, la faz de Europa había cambiado, y la política de izquierda cambió con ella. Hitler había ascendido al poder y había comenzado a rearmarse, los planes quinquenales rusos habían tenido éxito, Rusia había reaparecido como una gran potencia militar. Como los tres objetivos de ataque de Hitler eran, a todas luces, Gran Bretaña, Francia y la URSS, los tres países se vieron obligados a una especie de acercamiento incómodo. Esto significaba que el comunista inglés o francés estaba obligado a convertirse en un buen patriota e imperialista, es decir, a defender las mismas cosas que había estado atacando durante los últimos quince años. Las consignas de la *Comintern* pasaron repentinamente del rojo al rosa. La «revolución mundial» y el «social-fascismo» dieron paso a la «defensa de la democracia» y el «alto a Hitler». Los años 1935-1939 fueron el periodo del antifascismo y el Frente Popular, el apogeo del *Left Book Club* cuando las duquesas rojas y los decanos «de mente abierta» recorrían los campos de batalla de la guerra española y Winston Churchill era el chico de ojos azules del *Daily Worker*. Desde entonces, por supuesto, ha habido otro cambio de «línea». Pero lo importante para mi propósito es que fue durante la fase «antifascista» cuando los escritores ingleses más jóvenes gravitaron hacia el comunismo.

La lucha entre el fascismo y la democracia era sin duda una atracción en sí misma, pero en cualquier caso su conversión estaba prevista para esa fecha. Era obvio que el capitalismo del *laissez faire* estaba acabado y que tenía que haber algún tipo de reconstrucción; en el mundo de 1935 era difícil permanecer políticamente indiferente. Pero ¿por qué estos jóvenes se volvieron hacia algo tan ajeno como el comunismo ruso? ¿Por qué los *escritores* se sienten atraídos por una forma de socialismo que hace imposible la honestidad mental? La explicación está en algo que ya se había hecho sentir antes de la crisis y antes de Hitler: el desempleo de la clase media.

El desempleo no es simplemente una cuestión de no tener trabajo. La mayoría de la gente puede conseguir algún tipo de trabajo, incluso en los peores momentos. El problema es que hacia 1930 no había ninguna actividad, excepto quizá la investigación científica, las artes y la política de izquierda, en la que una persona pensante pudiera creer. La desacreditación de la civilización occidental había llegado a su clímax y la «desilusión» estaba inmensamente extendida. ¿Quién podía ahora dar por sentado que iba a vivir a la manera ordinaria de la clase media, como un soldado, un clérigo, un corredor de bolsa, un funcionario indio, o lo que fuera? ¿Y cuántos de los valores por los que vivían nuestros abuelos no podían tomarse en serio? El patriotismo, la religión, el Imperio, la familia, la santidad del matrimonio, la corbata de la Vieja Escuela, el nacimiento, la educación, el honor, la disciplina... cualquiera con una educación normal podría darles la vuelta en tres minutos. Pero ¿qué se consigue, después de todo, deshaciéndose de cosas tan primarias como el patriotismo y la religión? No se ha eliminado necesariamente la necesidad de *creer en algo*. Hubo una especie de falso amanecer unos años antes, cuando muchos jóvenes intelectuales, entre ellos varios escritores de gran talento (Evelyn Waugh, Christopher Hollis y otros), huyeron a la Iglesia católica. Es significativo que estas personas se fueran casi invariablemente a la Iglesia romana y no, por ejemplo, a la C. de E., a la Iglesia griega o a las sectas protestantes. Fueron, es decir, a la Iglesia con una organización mundial, la que tiene una disciplina rígida, la que tiene poder y prestigio detrás de ella. Tal vez incluso merezca la pena señalar que el único converso de los últimos tiempos con dotes realmente de primer orden, Eliot, no ha abrazado el romanismo sino el anglo-catolicismo, el equivalente eclesiástico del trotskismo. Pero no creo que haga falta ir más allá para encontrar la razón por la que los jóvenes escritores de los años treinta acudieron en masa al Partido Comunista. Simplemente había algo en lo que creer. Había una Iglesia, un ejército, una ortodoxia, una disciplina. Había una patria y, al menos desde 1935, un *Führer*. Todas las lealtades y supersticiones que el intelecto había aparentemente desterrado podían volver corriendo bajo el más delgado de los disfraces. Patriotismo, religión, imperio, gloria militar; todo, en una palabra: Rusia. Padre, rey, líder, héroe, salvador; todo, en una palabra: Stalin. Dios-Stalin. El diablo-Hitler. Cielo-Moscú. Infierno-Berlín. Todos los huecos estaban llenos. Así que, después de todo, el «comunismo» del intelectual inglés es algo suficientemente explicable. Es el patriotismo de los desarraigados. Pero hay otra cosa que sin duda contribuyó al culto a Rusia entre la intelectualidad inglesa durante estos años, y es la suavidad y seguridad de la vida en la propia Inglaterra. Con todas sus injusticias, Inglaterra sigue siendo la tierra del habeas corpus, y la inmensa mayoría de los ingleses no tiene experiencia alguna en violencia o ilegalidad. Si uno ha crecido en ese tipo de ambiente, no es nada fácil imaginar cómo es un régimen despótico. Casi todos los escritores dominantes de los años treinta pertenecían a la clase media emancipada y eran demasiado jóvenes para tener recuerdos efectivos de la Gran Guerra. Para la gente de esa clase, cosas como las purgas, la policía secreta, las ejecuciones sumarias, el encarcelamiento sin juicio, etc., etc., son demasiado remotas para ser aterradoras. Pueden tragarse el totalitarismo *porque* no tienen experiencia de otra cosa que no sea el liberalismo. Vean, por ejemplo, este extracto del poema «España» del señor Auden (por cierto, este poema es una de las pocas cosas decentes que se han escrito sobre la guerra española):

Mañana para los jóvenes, los poetas estallando como
[bombas,
Los paseos junto al lago, las semanas de comunión
[perfecta;
Mañana las carreras de bicicletas
Por los suburbios en las tardes de verano. Pero hoy es la
[lucha.

Hoy el aumento deliberado de las posibilidades de
[muerte,
La aceptación consciente de la culpa en el asesinato
[necesario;
Hoy en día el gasto de poderes
En el panfleto efímero plano y la reunión aburrida.*

* *Tomorrow for the young, the poets exploding like bombs, / The walks by the lake, the week of perfect communion; / Tomorrow the bicycle races / Through the suburbs on summer evenings. But today the struggle // Today the deliberate increase in the chances of death, / The conscious acceptance of guilt in the necessary murder, / Today the expending of powers / On the flat ephemeral pamphlet and the boring meeting.*

La segunda estrofa pretende ser una especie de esbozo de un día en la vida de un «buen hombre de partido». Por la mañana, un par de asesinatos políticos, un interludio de diez minutos para sofocar el remordimiento «burgués», y luego un almuerzo apresurado y una tarde y noche ajetreadas pintando paredes con tiza y distribuyendo folletos. Todo muy edificante. Pero fíjense en la frase «asesinato necesario». Solo podría haberla escrito una persona para la que el asesinato es, como mucho, una palabra. Personalmente no hablaría tan a la ligera del asesinato. Sucede que he visto los cuerpos de muchos hombres asesinados; no me refiero a muertos en batalla, sino a asesinados. Por lo tanto, tengo cierta idea de lo que significa el asesinato: el terror, el odio, los aullidos de los familiares, las autopsias, la sangre, los olores. Para mí, el asesinato es algo que hay que evitar. Así es para cualquier persona normal. Los Hitler y los Stalin consideran que el asesinato es necesario, pero no anuncian su insensibilidad y no hablan de él como asesinato; es «liquidación», «eliminación» o alguna otra frase tranquilizadora. El tipo de amoralismo de Auden solo es posible si eres el tipo de persona que siempre está en otro lugar cuando se aprieta el gatillo. Gran parte del pensamiento de izquierda es una especie de juego con fuego por parte de gente que ni siquiera sabe que el fuego es caliente. El belicismo al que se entregó la intelectualidad inglesa en el periodo 1935-1939 se basaba en gran medida en un sentimiento de inmunidad personal. La actitud era muy diferente en Francia, donde el servicio militar es difícil de esquivar e incluso los literatos conocen el peso de una mochila.

Hacia el final del reciente libro de Cyril Connolly, *Enemies of Promise*, hay un pasaje interesante y revelador. La primera parte del libro es, más o menos, una evaluación de la literatura actual. El señor Connolly pertenece exactamente a la generación de los escritores del «movimiento» y, con no pocas reservas, sus valores son los suyos. Es interesante observar que, entre los prosistas, admira sobre todo a los especializados en la violencia —la pretendida escuela dura americana, Hemingway, etcétera—. La última parte del libro, sin embargo, es autobiográfica y consiste en un relato, fascinantemente preciso, de la vida en un colegio preparatorio y en Eton en los años 1910-1920. Connolly termina señalando:

> Si tuviera que deducir algo de mis sentimientos al dejar Eton, podría llamarlo la *teoría de la adolescencia permanente*. Es la teoría de que las experiencias vividas por los muchachos en las grandes escuelas públicas son tan intensas que dominan sus vidas y detienen su desarrollo.

Cuando lees la segunda frase de este pasaje, tu impulso natural es buscar la errata. Es de suponer que se ha omitido un «no», o algo así. Pero no, ¡ni una pizca! Lo dice en serio. Y lo que es más, está diciendo la verdad invertida. La vida «culta» de la clase media ha alcanzado un grado de blandura en el que la educación en la escuela pública —cinco años en un tibio baño de esnobismo— puede considerarse un periodo lleno de acontecimientos. A casi todos los escritores que han contado durante los años treinta, ¿qué más les ha sucedido que lo que Connolly registra en *Enemies of Promise*? Siempre el mismo patrón: escuela pública, universidad, algunos viajes al extranjero y luego Londres. Hambre, penuria, soledad, exilio, guerra, prisión, persecución, trabajo manual: apenas palabras. No es de extrañar que a la enorme tribu conocida como «la gente de derecha e izquierda» le resultara tan fácil aprobar la purga y la trampa del régimen ruso y los horrores del primer Plan Quinquenal. Eran tan gloriosamente incapaces de entender lo que significaba todo aquello.

En 1937, toda la *intelligentsia* estaba mentalmente en guerra. El pensamiento de izquierda se había reducido al «antifascismo», es decir, a lo negativo, y un torrente de literatura de odio dirigida contra Alemania y los políticos supuestamente amigos de Alemania salía de la prensa. Para mí, lo verdaderamente aterrador de la guerra en España no fue la violencia de la que fui testigo, ni siquiera las disputas partidistas tras las líneas, sino la inmediata reaparición en los círculos de izquierda de la atmósfera mental de la Gran Guerra. Las mismas personas que durante veinte años se habían reído de su propia superioridad sobre la histeria de guerra fueron las que se precipitaron directamente de vuelta al tugurio mental de 1915. Todas las idioteces familiares de los tiempos de guerra, la caza de espías, el olfateo de la ortodoxia (olfatea, olfatea. ¿Eres un buen antifascista?), la venta al por menor de historias de atrocidades, volvieron a estar de moda como si los años transcurridos nunca hubieran pasado. Antes del final de la guerra española, e incluso antes de Múnich, algunos de los mejores escritores de izquierda empezaban a sentirse incómodos. Ni Auden ni, en general, Spender escribieron sobre la guerra española en la línea que se esperaba de ellos. Desde entonces ha habido un cambio de sentimiento y mucha consternación y confusión, porque el curso real de los acontecimientos ha puesto en ridículo la ortodoxia izquierdista de los últimos años. Pero no hacía falta ser muy perspicaz para darse cuenta de que gran parte de ella era absurda desde el principio. No hay certeza, por lo tanto, de que la próxima ortodoxia que surja sea mejor que la anterior.

En general, la historia literaria de los años treinta parece justificar la opinión de que un escritor hace bien en mantenerse al margen de la política. Porque cualquier escritor que acepte total o parcialmente la disciplina de un partido político se enfrenta tarde o temprano a la alternativa: seguir la línea o callarse. Es posible, por supuesto, seguir la línea y seguir escribiendo, después de una moda. Cualquier marxista puede demostrar con suma facilidad que la libertad de pensamiento «burguesa» es una ilusión. Pero cuando ha terminado su demostración queda el *hecho* psicológico de que sin esta libertad «burguesa» los poderes creativos se marchitan. En el futuro puede surgir una literatura totalitaria, pero será muy diferente de todo lo que podemos imaginar ahora. La literatura, tal como la conocemos, es algo individual, que exige honestidad mental y un mínimo de censura. Y esto es aún más cierto en prosa que en verso. Probablemente no sea una coincidencia que los mejores escritores de los años treinta hayan sido poetas. La atmósfera de ortodoxia es siempre perjudicial para la prosa, y sobre todo es completamente ruinosa para la novela, la más anárquica de todas las formas de literatura. ¿Cuántos católicos romanos han sido buenos novelistas? Incluso los pocos que se podrían nombrar han sido, por lo general, malos católicos. La novela es prácticamente una forma de arte protestante; es un producto de la mente libre, del individuo autónomo. Ninguna década de los últimos ciento cincuenta años ha sido tan estéril en cuanto a prosa imaginativa como los años treinta. Ha habido buenos poemas, buenas obras sociológicas, panfletos brillantes, pero prácticamente ninguna ficción de valor alguno. A partir de 1933, el clima mental era cada vez más desfavorable. Quien era lo bastante sensible como para dejarse tocar por el *Zeitgeist*, se dedicaba también a la política. No todo el mundo, por supuesto, estaba definitivamente en el tinglado político, pero prácticamente todo el mundo estaba en su periferia y más o menos mezclado en campañas de propaganda y escuálidas controversias. Los comunistas y casi comunistas tenían una influencia desproporcionadamente grande en las revistas literarias. Era una época de etiquetas, eslóganes y evasivas. En los peores momentos se esperaba que uno se encerrara en una pequeña jaula estreñida de mentiras; en los mejores, una especie de censura voluntaria («¿Debo decir esto? ¿Es profascista?») actuaba en la mente de casi todo el mundo. Es casi inconcebible que se escriban buenas novelas en una atmósfera así. «Las buenas novelas no son escritas por olfateadores de la ortodoxia, ni por personas a las que les remuerde la conciencia por su propia falta de ortodoxia. Las buenas novelas las escriben personas que *no tienen miedo.*» Esto me lleva de nuevo a Henry Miller.

III

Si este fuera un momento propicio para el lanzamiento de «escuelas» de literatura, Henry Miller podría ser el punto de partida de una nueva «escuela». En cualquier caso, él marca un giro inesperado del péndulo. En sus libros, uno se aleja inmediatamente del «animal político» y vuelve a un punto de vista no solo individualista, sino completamente pasivo: el punto de vista de un hombre que cree que el proceso del mundo está fuera de su control y que, en cualquier caso, apenas desea controlarlo.

Conocí a Miller a finales de 1936, cuando pasaba por París de camino a España. Lo que más me intrigó de él fue comprobar que no sentía ningún interés por la guerra española. Se limitó a decirme en términos contundentes que ir a España en aquel momento era un acto de un idiota. Podía entender que alguien fuera allí por motivos puramente egoístas, por curiosidad, por ejemplo, pero mezclarse en esas cosas por un sentido de la obligación era pura estupidez. En cualquier caso, mis ideas sobre la lucha contra el fascismo, la defensa de la democracia, etcétera, eran todas tonterías. Nuestra civilización estaba destinada a ser barrida y sustituida por algo tan diferente que apenas podríamos considerarla humana; una perspectiva que no le preocupaba, dijo. Y esta perspectiva está implícita en toda su obra. En todas partes se percibe la proximidad de un cataclismo, y en casi todas partes está implícita la creencia de que no importa. La única declaración política que, hasta donde sé, ha hecho en forma impresa es puramente negativa. Hace aproximadamente un año, una revista norteamericana, *Marxist Quarterly*, envió un cuestionario a varios escritores norteamericanos pidiéndoles que definieran su actitud sobre el tema de la guerra. Miller respondió en términos de pacifismo extremo, una negativa individual a luchar, sin ningún deseo aparente de convertir a otros a la misma opinión; prácticamente, de hecho, una declaración de irresponsabilidad. Sin embargo, hay más de un tipo de irresponsabilidad. Por regla general, los escritores que no desean identificarse con el proceso histórico del momento lo ignoran o luchan contra él. Si pueden ignorarlo, probablemente sean tontos. Si pueden entenderlo lo suficientemente bien como para querer luchar contra él, probablemente tengan la suficiente visión como para darse cuenta de que no pueden ganar. Veamos, por ejemplo, un poema como «The Scholar Gipsy», con su denuncia de la «extraña enfermedad de la vida moderna» y su magnífico símil derrotista en la última estrofa. Expresa una de las actitudes literarias normales, tal vez en realidad la actitud predominante durante los últimos cien años. Y por otro lado están los «progresistas», los que dicen «sí», los del tipo Shaw-Wells, siempre saltando hacia delante para abrazar las proyecciones del ego que confunden con el futuro. En general, los escritores de los años veinte adoptaron la primera línea y los escritores de los años treinta la segunda. Y en un momento dado, por supuesto, hay una enorme tribu de Barries, Deepings y Dells que simplemente no se dan cuenta de lo que está pasando. La importancia sintomática de la obra de Miller radica en que evita cualquiera de estas actitudes. No empuja el proceso del mundo hacia delante ni trata de arrastrarlo hacia atrás, pero por otro lado no lo ignora en absoluto. Diría que cree en la ruina inminente de la civilización occidental mucho más firmemente que la mayoría de los escritores «revolucionarios»; solo que no se siente llamado a hacer nada al respecto. Está jugueteando mientras Roma arde y, a diferencia de la inmensa mayoría de la gente que lo hace, jugueteando de cara a las llamas.

En *Max y los fagocitos blancos* hay uno de esos pasajes reveladores en los que un escritor te cuenta mucho sobre sí mismo mientras habla de otra persona. El libro incluye un largo ensayo sobre los diarios de Anaïs Nin, que nunca he leído, salvo algunos fragmentos, y que creo que no han sido publicados. Miller afirma que son los únicos escritos verdaderamente femeninos que han aparecido, signifique eso lo que signifique. Pero el pasaje interesante es uno en el que compara a Anaïs Nin —evidentemente una escritora completamente subjetiva e introvertida— con Jonás en el vientre de la ballena. De paso se refiere a un ensayo que Aldous Huxley escribió hace algunos años sobre el cuadro de El Greco, «El sueño de Felipe II». Huxley comenta que las personas que aparecen en los cuadros de El Greco siempre parecen estar en el vientre de una ballena, y dice encontrar algo peculiarmente horrible en la idea de estar en una «prisión visceral». Miller replica que, por el contrario, hay muchas cosas peores que ser devorado por las ballenas, y el pasaje deja entrever que él mismo encuentra la idea bastante atractiva. Se trata de una fantasía muy extendida. Quizá valga la pena observar que todo el mundo, al menos todos los angloparlantes, hablan invariablemente de Jonás y la *ballena*. Por supuesto, la criatura que se tragó a Jonás era un pez, y así se describe en la Biblia (Jonás I: 17), pero los niños lo confunden naturalmente con una ballena, y este fragmento de lenguaje infantil se traslada habitualmente a la vida adulta —un signo, tal vez, del dominio que el mito de Jonás ejerce sobre nuestra imaginación—. Y es que estar dentro de una ballena es un pensamiento muy cómodo, acogedor, hogareño. El Jonás histórico, si se le puede llamar así, se alegró bastante de escapar, pero en la imaginación, en el ensueño, innumerables personas le han envidiado. Es, por supuesto, bastante obvio por qué. El vientre de la ballena es simplemente un útero lo suficientemente grande para un adulto. Ahí estás tú, en el espacio oscuro y acolchado que se adapta exactamente a ti, con metros de grasa entre tú y la realidad, capaz de mantener una actitud de la más completa indiferencia, sin importar lo que *pase*. Una tormenta que hundiría todos los acorazados del mundo apenas te llegaría como un eco. Incluso los movimientos de la ballena serían imperceptibles para ti. Podría estar revolcándose entre las olas de la superficie o disparándose hacia la negrura de los mares centrales (a una milla de profundidad, según Herman Melville), pero nunca se notaría la diferencia. A falta de estar muerto, es el estadio final, insuperable, de la irresponsabilidad. Y sea como sea con Anaïs Nin, no hay duda de que el propio Miller está dentro de la ballena. Todos sus mejores y más característicos pasajes están escritos desde el ángulo de Jonás, un Jonás voluntarioso. No es que sea especialmente introvertido, sino todo lo contrario. En su caso, la ballena es transparente. Solo que no siente ningún impulso de alterar o controlar el proceso que está viviendo. Ha realizado el acto esencial de Jonás: dejarse tragar, permanecer pasivo, *aceptando.*

Se verá en qué consiste esto. Es una especie de quietismo, que implica o bien una completa incredulidad o bien un grado de creencia que equivale al misticismo. La actitud es *je m'en fous* ('me da lo mismo') o «aunque me mate, confiaré en Él», según se mire, a efectos prácticos, ambas son idénticas, y la moraleja en ambos casos es «Siéntate sobre tu trasero». Pero en una época como la nuestra, ¿es esta una actitud defendible? Obsérvese que es casi imposible abstenerse de formular esta pregunta. En el momento de escribir estas líneas, todavía estamos en una época en la que se da por sentado que los libros deben ser siempre positivos, serios y «constructivos». Hace una docena de años, esta idea habría sido recibida con risitas. («Querida tía, no se escribe sobre nada, solo se escribe».) Después, el péndulo se alejó de la frívola idea de que el arte es solo técnica, pero se alejó mucho, hasta el punto de afirmar que un libro solo puede ser «bueno» si se basa en una visión «verdadera» de la vida. Naturalmente, las personas que creen esto también creen estar en posesión de la verdad. Los críticos católicos, por ejemplo, tienden a afirmar que los libros solo son «buenos» cuando son de tendencia católica. Los críticos marxistas hacen la misma afirmación con más audacia para los libros marxistas. Por ejemplo, Edward Upward («A Marxist Interpretation of Literature», en *Mind in Chains*):

> La crítica literaria que pretende ser marxista debe... proclamar que ningún libro escrito en la actualidad puede ser «bueno» a menos que esté escrito desde un punto de vista marxista o casi marxista.

Otros escritores han hecho afirmaciones similares o comparables. El señor Upward pone en cursiva «en la actualidad» porque se da cuenta de que no se puede, por ejemplo, descartar a *Hamlet* alegando que Shakespeare no era marxista. Sin embargo, su interesante ensayo solo se detiene brevemente en esta dificultad. Gran parte de la literatura que nos llega del pasado está impregnada de creencias (la creencia en la inmortalidad del alma, por ejemplo) que ahora nos parecen falsas y, en algunos casos, despreciablemente tontas. Sin embargo, es «buena» literatura, si la supervivencia sirve de prueba. Upward respondería sin duda que una creencia que era apropiada hace varios siglos podría ser inapropiada y, por lo tanto, embrutecedora ahora. Pero esto no nos lleva mucho más lejos, porque supone que en cualquier época habrá *un* cuerpo de creencias que sea la aproximación actual a la verdad, y que la mejor literatura de la época estará más o menos en armonía con él. En realidad, nunca ha existido tal uniformidad. En la Inglaterra del siglo XVII, por ejemplo, había una división religiosa y política que se parecía mucho al antagonismo izquierda-derecha de hoy en día. Mirando hacia atrás, la mayoría de la gente moderna pensaría que el punto de vista burgués-puritano era una mejor aproximación a la verdad que el católico-feudal. Pero no es cierto que todos o incluso la mayoría de los mejores escritores de la época fueran puritanos. Y más aún, existen «buenos» escritores cuya visión del mundo se reconocería falsa y tonta en cualquier época. Edgar Allan Poe es un ejemplo. La visión de Poe es, en el mejor de los casos, de un romanticismo salvaje y, en el peor, no está lejos de ser un demente en el sentido clínico literal. ¿Por qué, entonces, historias como «El gato negro», «El corazón delator», «La caída de la casa Usher», etcétera, que bien podrían haber sido escritas por un lunático, ¿no transmiten una sensación de falsedad? Porque son verdaderas dentro de cierto marco, mantienen las reglas de su propio mundo peculiar, como un cuadro japonés. Pero parece que para escribir con éxito sobre un mundo así hay que creer en él. Uno ve la diferencia inmediatamente si compara los *Cuentos* de Poe con lo que es, en mi opinión, un intento poco sincero de crear una atmósfera similar, el *Medianoche* de Julian Green. Lo que llama inmediatamente la atención de *Medianoche* es que no hay ninguna razón para que ocurra nada de lo que en ella se cuenta. Todo es completamente arbitrario; no hay secuencia emocional. Pero esto es exactamente lo que no se siente con los relatos de Poe. Su lógica maníaca, en su propio escenario, es bastante convincente. Cuando, por ejemplo, el borracho se apodera del gato negro y le saca un ojo con su cortaplumas, uno sabe exactamente *por qué* lo hizo, hasta el punto de sentir que uno mismo habría hecho lo mismo. Parece, entonces, que para un escritor creativo de posesión de la «verdad» es menos importante que la sinceridad emocional. Ni siquiera el señor Upward afirmaría que un escritor no necesita nada más allá de una formación marxista. También necesita talento. Pero el talento, aparentemente, es una cuestión de ser capaz de preocuparse, de *creer* realmente en tus creencias, sean verdaderas o falsas. La diferencia entre, por ejemplo, Céline y Evelyn Waugh es una diferencia de intensidad emocional. Es la diferencia entre una desesperación auténtica y una desesperación que, al menos en parte, es fingida. Y con esto va otra consideración que quizá sea menos obvia: que hay ocasiones en las que es más probable que se sostenga sinceramente una creencia «falsa» que una «verdadera».

Si uno echa un vistazo a los libros de recuerdos personales escritos sobre la guerra de 1914-1918, se da cuenta de que casi todos los que han permanecido legibles después de un lapso de tiempo están escritos desde un ángulo pasivo, negativo. Son los registros de algo completamente sin sentido, una pesadilla que sucede en el vacío. En realidad, esa no era la verdad sobre la guerra, pero sí sobre la reacción individual. El soldado que avanzaba hacia una ráfaga de ametralladoras o se metía hasta la cintura en una trinchera inundada solo sabía que se trataba de una experiencia atroz en la que estaba prácticamente indefenso. Era más probable que hiciera un buen libro de su impotencia y su ignorancia que de un pretendido poder para ver todo el asunto en perspectiva. En cuanto a los libros que se escribieron durante la propia guerra, los mejores fueron casi todos obra de personas que simplemente dieron la espalda e intentaron no darse cuenta de que la guerra estaba ocurriendo. E. M. Forster ha descrito cómo en 1917 leyó *Prufrock* y otros de los primeros poemas de Eliot, y cómo le animó en ese momento hacerse con poemas que eran «inocentes de espíritu público»:

Cantaban sobre el asco privado y la desconfianza, y sobre personas que parecían auténticas porque eran poco atractivas o débiles... Aquí había una protesta, y una protesta débil, y tanto más agradable por ser débil... Aquel que podía desviarse para quejarse de las damas y los salones conservaba una pequeña gota de nuestra autoestima, continuaba con la herencia humana.

Está muy bien dicho. El señor MacNeice, en el libro al que ya me he referido, cita este pasaje y añade con cierta petulancia:

Diez años más tarde, los poetas harían protestas menos débiles y la herencia humana continuaría de forma bastante diferente... La contemplación de un mundo de fragmentos se vuelve aburrida y los sucesores de Eliot están más interesados en poner orden.

Observaciones similares se encuentran dispersas a lo largo del libro de MacNeice. Lo que quiere hacernos creer es que los «sucesores» de Eliot (es decir, el señor MacNeice y sus amigos) han «protestado» de algún modo más eficazmente que Eliot al publicar *Prufrock* en el momento en que los ejércitos aliados estaban asaltando la Línea Hindenburg. No sé dónde se encuentras esa «protestas». Pero en el contraste entre el comentario del señor Forster y el del señor MacNeice radica toda la diferencia entre un hombre que sabe cómo fue la guerra 1914-1918 y un hombre que apenas la recuerda. La verdad es que en 1917 no había nada que una persona pensante y sensible pudiera hacer, excepto seguir siendo humana, si era posible. Y un gesto de impotencia, incluso de frivolidad, puede ser la mejor manera de hacerlo. Si yo hubiera sido un soldado luchando en la Gran Guerra, antes habría tenido en mis manos *Prufrock* que *The Frist Hundred Thousand* o las *Letters to the Boys in the Trenches* de Horatio Bottomley. Habría sentido, como el señor Forster, que al mantenerse simplemente al margen y en contacto con las emociones de antes de la guerra, Eliot estaba continuando la herencia humana. ¡Qué alivio habría sido en un momento así leer sobre las vacilaciones de un intelectual de mediana edad con una calva! Tan diferente de la perforación de bayonetas. Después de las bombas, las colas para comer y los carteles de reclutamiento, ¡una voz humana! ¡Qué alivio!

Pero, al fin y al cabo, la guerra de 1914-1918 no fue más que un momento álgido de una crisis casi continua. A estas alturas, apenas hace falta una guerra para darnos cuenta de la desintegración de nuestra sociedad y de la creciente impotencia de todas las personas decentes. Por este motivo, creo que la actitud pasiva y no cooperativa que implica la obra de Henry Miller está justificada. Sea o no una expresión de lo que la gente *debería* sentir, probablemente se acerca a expresar *lo* que siente. Una vez más, es la voz humana entre las explosiones de bombas, una voz americana amistosa, «inocente de espíritu público». Sin sermones, simplemente la verdad subjetiva. Y en esta línea, al parecer, todavía es posible escribir una buena novela. No es necesariamente una novela edificante, pero merece la pena leerla y es probable que se recuerde después de haberla leído.

Mientras escribía este ensayo ha estallado otra guerra europea. O bien durará varios años y hará pedazos la civilización occidental, o bien terminará de forma inconclusa y preparará el camino para otra guerra que acabará con todo de una vez por todas. Pero la guerra no es más que «la paz intensificada». Lo que está ocurriendo, con guerra o sin ella, es la desintegración del capitalismo del *laissez faire* y de la cultura liberal-cristiana. Hasta hace poco no se preveían todas las implicaciones de este hecho, porque generalmente se imaginaba que el socialismo podría preservar e incluso ampliar la atmósfera del liberalismo. Ahora se empieza a comprender lo falsa que era esta idea. Es casi seguro que estamos entrando en una era de dictaduras totalitarias, una era en la que la libertad de pensamiento será primero un pecado mortal y más tarde una abstracción sin sentido. El individuo autónomo va a ser eliminado de la existencia. Pero esto significa que la literatura, en la forma en que la conocemos, debe sufrir al menos una muerte temporal. La literatura del liberalismo está llegando a su fin y la literatura del totalitarismo aún no ha aparecido y apenas es imaginable. En cuanto al escritor, está sentado sobre un iceberg que se derrite; no es más que un anacronismo, un resabio de la era burguesa, tan seguramente condenado como el hipopótamo. Miller me parece un hombre fuera de lo común porque vio y proclamó este hecho mucho antes que la mayoría de sus contemporáneos, en una época, de hecho, en la que muchos de ellos hablaban de un renacimiento de la literatura. Wyndham Lewis había dicho años antes que la gran historia de la lengua inglesa había terminado, pero se basaba en razones diferentes y bastante triviales. Pero a partir de ahora, el hecho más importante para los escritores creativos será que este no es un mundo de escritores. Eso no significa que no pueda ayudar a que nazca la nueva sociedad, pero *como escritor* no puede tomar parte en el proceso. *Como escritor*, es un liberal, y lo que está ocurriendo es la destrucción del liberalismo. Parece probable, por lo tanto, que en los años que quedan de libertad de expresión cualquier novela que merezca la pena leer seguirá más o menos las líneas que ha seguido Miller, no me refiero a la técnica o al tema, sino a la perspectiva implícita. La actitud pasiva volverá, y será más conscientemente pasiva que antes. Tanto el progreso como la reacción han resultado ser estafas. Aparentemente, no queda más que el quietismo: liberar a la realidad de sus terrores simplemente sometiéndose a ella. Métete en la ballena o, mejor dicho, admite que estás dentro de la ballena (porque lo *estás*, por supuesto). Entrégate al proceso del mundo, deja de luchar contra él o de pretender que lo controlas; simplemente acéptalo, sopórtalo, regístralo. Esa parece ser la fórmula que cualquier novelista sensible puede adoptar ahora. En la actualidad, es muy difícil imaginar una novela más positiva, «constructiva» y no emocionalmente espuria.

¿Pero quiero decir con esto que Miller es un «gran autor», una nueva esperanza para la prosa inglesa? Nada de eso. El propio Miller sería el último en pretender o desear tal cosa. No hay duda de que seguirá escribiendo —cualquiera que haya empezado siempre sigue escribiendo— y junto a él hay una serie de escritores de aproximadamente la misma tendencia, Lawrence Durrell, Michael Fraenkel y otros, que casi forman una «escuela». Pero él mismo me parece esencialmente un hombre de un solo libro. Tarde o temprano esperaría que cayera en la inteligibilidad o en la charlatanería: hay signos de ambas cosas en su obra posterior. Ni siquiera he leído su último libro, *Trópico de Capricornio*.

No porque no quisiera leerlo, sino porque la policía y las autoridades aduaneras me han impedido hasta ahora hacerme con él. Pero me sorprendería que se acercara a *Trópico de Cáncer* o a los primeros capítulos de *Primavera Negra*. Al igual que otros novelistas autobiográficos, se propuso hacer una sola cosa a la perfección, y lo consiguió. Teniendo en cuenta lo que ha sido la ficción de los años treinta, ya es algo. Los libros de Miller se publican en la editorial *Obelisk Press* de París. No sé qué pasará con *Obelisk Press* ahora que ha estallado la guerra y Jack Kathane, el editor, ha muerto, pero en cualquier caso los libros todavía se pueden conseguir. Recomiendo encarecidamente a quien no lo haya hecho que lea al menos *Trópico de Cáncer*. Con un poco de ingenio, o pagando un poco más del precio publicado, puede hacerse con él, e incluso si algunas partes le repugnan, se le quedarán grabadas en la memoria. También es un libro «importante», en un sentido distinto del que se suele dar a esta palabra. Por regla general, se habla de novelas «importantes» cuando son una «terrible denuncia» de algo o cuando introducen alguna innovación técnica. Ninguna de las dos cosas se aplica a *Trópico de Cáncer*. Su importancia es meramente sintomática. Aquí está, en mi opinión, el único prosista imaginativo del menor valor que ha aparecido entre las razas de habla inglesa desde hace algunos años. Incluso si se objeta esto como una exageración, probablemente se admitirá que Miller es un escritor fuera de lo común, que merece más que una simple mirada; y después de todo, es un escritor completamente negativo, poco constructivo, amoral, un mero Jonás, un aceptador pasivo del mal, una especie de Whitman entre los cadáveres. Sintomáticamente, eso es más significativo que el mero hecho de que cada año se publiquen en Inglaterra cinco mil novelas y cuatro mil novecientas de ellas sean trivialidades. Es una demostración de la imposibilidad de cualquier literatura importante hasta que el mundo se haya sacudido a sí mismo en su nueva forma.

El león y el unicornio: el socialismo y el genio inglés (1941)

Parte I. Inglaterra, tu Inglaterra

I

Mientras escribo, seres humanos altamente civilizados vuelan sobre mí, intentando matarme. No sienten ninguna enemistad contra mí como individuo, ni yo contra ellos. Como suele decirse, «solo cumplen con su deber». No me cabe duda de que la mayoría de ellos son hombres de buen corazón, respetuosos de la ley, a los que jamás se les ocurriría cometer un asesinato en la vida privada. Por otra parte, si uno de ellos consigue hacerme volar en pedazos con una bomba bien colocada, nunca dormirá peor por ello. Está sirviendo a su país, que tiene el poder de absolverle del mal.

No se puede ver el mundo moderno tal como es si no se reconoce la fuerza arrolladora del patriotismo, de la lealtad nacional. En determinadas circunstancias puede quebrarse, en ciertos niveles de civilización no existe, pero como fuerza *positiva* no hay nada que se le pueda poner al lado. El cristianismo y el socialismo internacional son tan débiles como la paja en comparación con él. Hitler y Mussolini llegaron al poder en sus propios países en gran medida porque pudieron comprender este hecho y sus oponentes no.

Además, hay que admitir que las divisiones entre nación y nación se basan en diferencias reales de perspectiva. Hasta hace poco se pensaba que todos los seres humanos eran muy parecidos, pero en realidad cualquiera que sea capaz de usar sus ojos sabe que la media del comportamiento humano difiere enormemente de un país a otro. Cosas que pueden ocurrir en un país no pueden ocurrir en otro. La purga de junio de Hitler, por ejemplo, no podría haber ocurrido en Inglaterra. Y, en lo que respecta a los pueblos occidentales, los ingleses están muy diferenciados. Hay una especie de reconocimiento de esto en la aversión que casi todos los extranjeros sienten por nuestro modo de vida nacional. Pocos europeos pueden soportar vivir en Inglaterra, e incluso los estadounidenses suelen sentirse más a gusto en Europa.

Cuando vuelves a Inglaterra desde cualquier país extranjero, tienes inmediatamente la sensación de respirar un aire diferente. Incluso en los primeros minutos, decenas de pequeñas cosas conspiran para provocarte esta sensación. La cerveza es más amarga, las monedas pesan más, la hierba es más verde, los anuncios son más descarados. Las multitudes de las grandes ciudades, con sus suaves rostros nudosos, su mala dentadura y sus modales amables, son diferentes de las multitudes europeas. Entonces la inmensidad de Inglaterra te traga, y pierdes por un momento la sensación de que toda la nación tiene un único carácter identificable. ¿Existen realmente las naciones? ¿No somos cuarenta y seis millones de individuos, todos diferentes? Y su diversidad, ¡el caos! El traqueteo de los zuecos en las ciudades molineras de Lancashire, el ir y venir de los camiones en la Great North Road, las colas ante las Bolsas de Trabajo, el traqueteo de las mesas de pino en los pubs del Soho, las solteronas caminando hacia la Sagrada Comunión a través de la niebla de la mañana otoñal, todo esto no son solo fragmentos, sino fragmentos *característicos* de la escena inglesa. ¿Cómo se puede crear un modelo a partir de esta confusión? Pero al hablar con extranjeros, leer libros o periódicos extranjeros, uno vuelve a pensar lo mismo. Sí, hay algo distintivo y reconocible en la civilización inglesa. Es una cultura tan individual como la española. De alguna manera está ligada a los desayunos sólidos y a los domingos sombríos, a las ciudades llenas de humo y a las carreteras sinuosas, a los campos verdes y a los buzones rojos. Tiene un sabor propio. Además, es continua, se extiende hacia el futuro y el pasado, hay algo en ella que persiste, como en una criatura viva. ¿Qué puede tener en común la Inglaterra de 1940 con la de 1840? Pero entonces, ¿qué tiene usted en común con el niño de cinco años cuya fotografía conserva su madre en la repisa de la chimenea? Nada, excepto que eres la misma persona.

Y, sobre todo, es *tu* civilización, eres tú. Por mucho que la odies o te rías de ella, nunca serás feliz lejos de ella durante mucho tiempo. Los budines de sebo y los pilares rojos han entrado en tu alma. Bueno o malo, es tuyo, le perteneces, y a este lado de la tumba nunca te alejarás de las marcas que te ha dejado.

Mientras tanto, Inglaterra, junto con el resto del mundo, está cambiando. Y como todo lo demás, solo puede cambiar en determinadas direcciones, que hasta cierto punto pueden preverse. Esto no quiere decir que el futuro sea inamovible, sino que ciertas alternativas son posibles y otras no. Una semilla puede crecer o no crecer, pero en cualquier caso una semilla de nabo nunca se convierte en una chirivía. Por lo tanto, es de la mayor importancia tratar de determinar qué *es* Inglaterra, antes de adivinar qué papel *puede desempeñar* Inglaterra en los enormes acontecimientos que se están produciendo.

II

Las características nacionales no son fáciles de precisar, y cuando se precisan, a menudo, resultan ser trivialidades o parecen no tener ninguna relación entre sí. Los españoles son crueles con los animales, los italianos no pueden hacer nada sin hacer un ruido ensordecedor, los chinos son adictos al juego. Obviamente, estas cosas no tienen importancia en sí mismas. Sin embargo, nada carece de causa, e incluso el hecho de que los ingleses tengan mala dentadura puede decir algo sobre las realidades de la vida inglesa.

He aquí un par de generalizaciones sobre Inglaterra que serían aceptadas por casi todos los observadores. Una es que los ingleses no tienen dotes artísticas. No son tan musicales como los alemanes o los italianos, la pintura y la escultura nunca han florecido en Inglaterra como en Francia. Otra es que, como europeos, los ingleses no son intelectuales. Tienen horror al pensamiento abstracto, no sienten necesidad de ninguna filosofía o «visión del mundo» sistemática. Tampoco es porque sean «prácticos», como tanto les gusta reivindicar. No hay más que ver sus métodos de urbanismo y abastecimiento de agua, su obstinado aferramiento a todo lo que es obsoleto y un estorbo, un sistema ortográfico que desafía el análisis y un sistema de pesos y medidas que solo es inteligible para los compiladores de libros de aritmética, para ver lo poco que les importa la mera eficiencia. Pero tienen cierto poder de actuar sin pensar. Su hipocresía mundialmente conocida —su actitud de doble cara hacia el Imperio, por ejemplo— está ligada a esto. Además, en momentos de crisis suprema, toda la nación puede unirse de repente y actuar según una especie de instinto, realmente un código de conducta que casi todo el mundo entiende, aunque nunca se formule. La frase que Hitler acuñó para los alemanes, «un pueblo sonámbulo», se habría aplicado mejor a los ingleses. No es que haya nada de lo que enorgullecerse en ser llamado sonámbulo.

Pero aquí merece la pena destacar un rasgo inglés menor que está muy bien marcado, aunque no se comente a menudo, y es el amor por las flores. Es una de las primeras cosas que uno nota cuando llega a Inglaterra desde el extranjero, especialmente si viene del sur de Europa. ¿No contradice la indiferencia inglesa por las artes? En realidad no, porque se da en personas que no tienen ningún sentimiento estético. Sin embargo, sí se relaciona con otra característica inglesa que forma parte de nosotros hasta tal punto que apenas la percibimos: la adicción a los pasatiempos y a las ocupaciones de tiempo libre, el carácter *privado* de la vida inglesa. Somos una nación de amantes de las flores, pero también de coleccionistas de sellos, aficionados a las palomas, carpinteros amateurs, ladrones de cupones, jugadores de dardos y aficionados a los crucigramas. Toda la cultura verdaderamente autóctona gira en torno a cosas que, aun siendo comunitarias, no son oficiales: el pub, el partido de fútbol, el jardín, la chimenea y la «buena taza de té». Se sigue creyendo en la libertad del individuo, casi como en el siglo XIX. Pero esto no tiene nada que ver con la libertad económica, el derecho a explotar a otros para obtener beneficios. Es la libertad de tener tu propia casa, de hacer lo que quieras en tu tiempo libre, de elegir tus propias diversiones en lugar de que te las elijan desde arriba. El más odioso de todos los nombres en un oído inglés es Nosey Parker.* Es obvio, por supuesto, que incluso esta libertad puramente privada es una causa perdida. Como todos los demás pueblos modernos, los ingleses están en proceso de ser numerados, etiquetados, reclutados, «coordinados». Pero la atracción de sus impulsos va en otra dirección, y el tipo de regimentación que se les puede imponer se modificará en consecuencia. Ni mítines de partidos, ni Movimientos Juveniles, ni camisetas de colores, ni ataques a judíos ni manifestaciones «espontáneas». Con toda probabilidad, tampoco habrá Gestapo.

Pero en todas las sociedades el pueblo común debe vivir hasta cierto punto en *contra* del orden existente. La cultura

---

* Referencia a personas que se interesan por cosas que nada tienen que ver con ellas.

genuinamente popular de Inglaterra es algo que ocurre bajo la superficie, de manera no oficial y más o menos mal vista por las autoridades. Una cosa que uno nota si mira directamente a la gente común, especialmente en las grandes ciudades, es que no son puritanos. Son jugadores empedernidos, beben tanta cerveza como les permite su salario, son devotos de las bromas subidas de tono y utilizan probablemente el lenguaje más soez del mundo. Tienen que satisfacer estos gustos frente a leyes asombrosas e hipócritas (leyes de licencias, leyes de lotería, etcétera) que están diseñadas para interferir con todo el mundo pero que en la práctica permiten que pase de todo. Además, el pueblo llano común carece de creencias religiosas definidas, y así ha sido durante siglos. La Iglesia anglicana nunca tuvo un verdadero control sobre ellos, era simplemente un coto de la nobleza terrateniente, y las sectas no conformistas solo influyeron en las minorías. Y, sin embargo, han conservado un profundo tinte de sentimiento cristiano, aunque casi han olvidado el nombre de Cristo. El culto al poder, que es la nueva religión de Europa y que ha infectado a la *intelligentsia* inglesa, nunca ha tocado al pueblo común. Nunca se han contagiado de la política del poder. El «realismo» que se predica en los periódicos japoneses e italianos les horrorizaría. Uno puede aprender mucho sobre el espíritu de Inglaterra de las postales cómicas de colores que se ven en los escaparates de las papelerías baratas. Son una especie de diario en el que los ingleses se han grabado a sí mismos inconscientemente. Su visión anticuada, su esnobismo graduado, su mezcla de grosería e hipocresía, su extrema gentileza, su actitud profundamente moral ante la vida, todo se refleja en ellas.

La gentileza de la civilización inglesa es quizá su característica más marcada. Se nota nada más pisar suelo inglés. Es una tierra donde los conductores de autobús tienen buen carácter y los policías no llevan revólveres. En ningún país habitado por hombres blancos es más fácil empujar a la gente de la acera. Y esto va acompañado de algo que los observadores europeos siempre tachan de «decadencia» o hipocresía: el odio de los ingleses a la guerra y el militarismo. Está arraigado profundamente en la historia, y es fuerte tanto en la clase media-baja como en la clase trabajadora. Las sucesivas guerras lo han sacudido, pero no lo han destruido. Desde que se tiene memoria, era habitual que se abucheara a los casacas rojas en las calles y que los propietarios de los bares respetables se negaran a permitir la entrada de soldados. En tiempos de paz, aunque haya dos millones de desempleados, es difícil llenar las filas del minúsculo ejército permanente, formado por la alta burguesía rural y un estrato especializado de la clase media, y tripulado por trabajadores agrícolas y proletarios de los suburbios. La masa del pueblo carece de conocimientos o tradición militar, y su actitud ante la guerra es invariablemente defensiva. Ningún político ha podido llegar al poder prometiéndoles conquistas o «gloria» militar, ningún Himno del Odio les ha atraído jamás. En la última guerra, las canciones que los soldados inventaron y cantaron por iniciativa propia no eran vengativas, sino humorísticas y de burla y derrota*. El único enemigo que nombraban era el sargento mayor.

En Inglaterra, todos los alardes y las banderas, el «Rule Britannia»,** son obra de pequeñas minorías. El patriotismo del pueblo común no se manifiesta ni es consciente de ello. No conservan entre sus recuerdos históricos el nombre de una sola victoria militar. La literatura inglesa, como otras literaturas, está llena de poemas de batallas, pero vale la

* Por ejemplo: «No quiero unirme al maldito ejército / no quiero ir a la guerra; / No quiero vagar más, / prefiero quedarme en casa, / Viviendo de las ganancias de una puta. / Pero no lucharon con ese espíritu. *(Nota del autor.)*

** Canción patriótica británica, originaria del poema de James Thomson y musicalizada por Thomas Arne en 1740 con motivo de la que se creía segura victoria inglesa en el sitio al enclave hispano de Cartagena de Indias y que acabó en victoria para la Armada española.

pena observar que los que se han ganado una especie de popularidad son siempre relatos de desastres y retiradas. No hay ningún poema popular sobre Trafalgar o Waterloo, por ejemplo. El ejército de sir John Moore en La Coruña, luchando en una desesperada retaguardia antes de escapar a ultramar (¡igual que Dunkerque!) tiene más atractivo que una brillante victoria. El poema de batalla más conmovedor en inglés trata de una brigada de caballería que cargó en la dirección equivocada. Y de la última guerra, los cuatro nombres que realmente han quedado grabados en la memoria popular son Mons, Ypres, Gallipoli y Passchendaele, todas ellas un desastre. Los nombres de las grandes batallas que acabaron por doblegar a los ejércitos alemanes son sencillamente desconocidos para el gran público.

La razón por la que el antimilitarismo inglés repugna a los observadores extranjeros es que ignora la existencia del Imperio Británico. Parece pura hipocresía. Después de todo, los ingleses han absorbido una cuarta parte de la tierra y la han mantenido gracias a una enorme armada. ¿Cómo se atreven entonces a decir que la guerra es perversa?

Es cierto que los ingleses son hipócritas con respecto a su Imperio. En la clase obrera esta hipocresía toma la forma de no saber que el Imperio existe. Pero su aversión a los ejércitos permanentes es un instinto perfectamente sano. Una marina emplea comparativamente a poca gente, y es un arma externa que no puede afectar directamente a la política interior. Las dictaduras militares existen en todas partes, pero la dictadura naval no existe. Lo que los ingleses de casi todas las clases aborrecen desde el fondo de sus corazones es el tipo de oficial fanfarrón, el tintineo de las espuelas y el ruido de las botas. Décadas antes de que se oyera hablar de Hitler, la palabra «prusiano» tenía en Inglaterra el mismo significado que hoy tiene «nazi». Tan profundo es este sentimiento que desde hace cien años los oficiales del ejército británico, en tiempos de paz, siempre han vestido de civil cuando no estaban de servicio.

Una guía rápida pero bastante segura de la atmósfera social de un país es el desfile de su ejército. Un desfile militar es en realidad una especie de danza ritual, algo así como un ballet, que expresa una determinada filosofía de vida. El paso de ganso, por ejemplo, es uno de los espectáculos más horribles del mundo, mucho más aterrador que un bombardero en picado. Es simplemente una afirmación de poder desnudo; contenida en ella, de forma consciente e intencionada, está la visión de una bota estrellándose contra una cara. Su fealdad forma parte de su esencia, porque lo que está diciendo es «Sí, soy *feo*, y no te atrevas a reírte de mí», como el matón que hace muecas a su víctima. ¿Por qué no se usa el paso de ganso en Inglaterra? Dios sabe que hay muchos oficiales del ejército que estarían encantados de introducir algo así. No se utiliza porque la gente en la calle se reiría. Más allá de cierto punto, la exhibición militar solo es posible en países donde la gente común no se atreve a reírse del ejército. Los italianos adoptaron el paso de ganso más o menos en el momento en que Italia pasó definitivamente bajo control alemán y, como era de esperar, lo hacen peor que los alemanes. El Gobierno de Vichy, si sobrevive, está obligado a introducir una disciplina de desfile más rígida en lo que queda del ejército francés. En el ejército británico la instrucción es rígida y complicada, llena de recuerdos del siglo XVIII, pero sin un contoneo definido; la marcha no es más que un paseo formalizado. Pertenece a una sociedad que se rige por la espada, sin duda, pero una espada que nunca debe sacarse de la vaina.

Y, sin embargo, la gentileza de la civilización inglesa se mezcla con barbaridades y anacronismos. Nuestro derecho penal está tan anticuado como los mosquetes de la Torre. Al soldado de asalto nazi hay que contraponer esa figura típicamente inglesa, el juez de la horca, un viejo matón gotoso con la mente anclada en el siglo XIX, que dicta sentencias salvajes. En Inglaterra todavía se cuelga a la gente por el cuello y se la azota con el gato de nueve colas. Ambos castigos son obscenos, además de crueles, pero nunca ha habido ninguna protesta popular genuina contra ellos. La gente los acepta (y Dartmoor,* y Borstal**) casi como acepta el clima. Forman parte de «la ley», que se supone inalterable.

Aquí nos encontramos con un rasgo inglés importantísimo: el respeto por el constitucionalismo y la legalidad, la creencia en «la ley» como algo que está por encima del Estado y del individuo, algo que es cruel y estúpido, por supuesto, pero en cualquier caso *incorruptible.*

No es que alguien imagine que la ley es justa. Todo el mundo sabe que hay una ley para los ricos y otra para los pobres. Pero nadie acepta las implicaciones de esto, todo el mundo da por sentado que la ley, tal como es, será respetada, y siente indignación cuando no es así. Comentarios como «No pueden detenerme; no he hecho nada malo», o «No pueden hacer eso; va contra la ley», forman parte de la atmósfera de Inglaterra. Los enemigos declarados de la sociedad tienen este sentimiento tan arraigado como cualquier otro. Uno lo ve en los libros de prisiones como *Walls Have Mouths* de Wilfred Macartney o *Jail Journey* de Jim Phelan, en las solemnes idioteces que tienen lugar en los juicios de objetores de conciencia, en las cartas a los periódicos de eminentes profesores marxistas, señalando que esto o aque-

---

* Fue una prisión para hombres de categoría C actualmente inactiva, ubicada en Princetown, en lo alto de Dartmoor, en el condado inglés de Devon. Sus altos muros de granito dominan esta zona del páramo.

** Las Borstal Institutions deben su nombre a que el comisionado del Gobierno para las prisiones, sir Evelyn Ruggles-Brise (1857-1935), fundó la primera de ellas en 1902, en la HM Prison Rochester construida en la década de 1870 en un pequeño pueblo llamado Borstal, ubicado en el extrarradio de Rochester, en el condado de Kent; pero su sobrenombre, Borstal Institution, fue el que terminó generalizándose en todo el mundo anglosajón para designar a los establecimientos penitenciarios donde se recluía a los delincuentes juveniles para separarlos de los adultos.

llo es un «error de la justicia británica». Todo el mundo cree de corazón que la ley puede, debe y, en general, será administrada imparcialmente. La idea totalitaria de que no existe la ley, sino el poder, nunca ha arraigado. Incluso la *intelligentsia* solo la ha aceptado en teoría. Una ilusión puede convertirse en una verdad a medias, una máscara puede alterar la expresión de un rostro. Los conocidos argumentos según los cuales la democracia es «igual» o «tan mala» que el totalitarismo, nunca tienen en cuenta este hecho. Todos esos argumentos se reducen a decir que medio pan es lo mismo que nada de pan. En Inglaterra se sigue creyendo en conceptos como la justicia, la libertad y la verdad objetiva. Puede que sean ilusiones, pero son ilusiones muy poderosas. La creencia en ellos influye en la conducta, la vida nacional es diferente gracias a ellos. Como prueba de ello, miren a su alrededor. ¿Dónde están las porras de goma, dónde el aceite de ricino? La espada sigue en la vaina, y mientras permanezca allí la corrupción no puede ir más allá de cierto punto. El sistema electoral inglés, por ejemplo, es un fraude abierto. En una docena de formas obvias está manipulado en interés de la clase adinerada. Pero hasta que no se produzca algún cambio profundo en la mentalidad pública, esta no podrá corromperse por completo. Uno no llega a la cabina electoral y se encuentra a hombres con revólveres diciéndole por dónde tiene que votar, ni se cuentan mal los votos, ni hay sobornos directos. Incluso la hipocresía es una poderosa salvaguardia. El juez de la horca, ese malvado anciano de toga escarlata y peluca de crin de caballo, al que nada menos que la dinamita le enseñará en qué siglo vive, pero que en cualquier caso interpretará la ley según los libros y en ningún caso aceptará un soborno monetario, es una de las figuras simbólicas de Inglaterra. Es un símbolo de la extraña mezcla de realidad e ilusión, democracia y privilegio, patrañas y decencia, la sutil red de compromisos, por la cual la nación se mantiene en su forma familiar.

III

He hablado todo el tiempo de «la nación», «Inglaterra», «Gran Bretaña», como si cuarenta y cinco millones de almas pudieran ser tratadas de alguna manera como una unidad. Pero ¿no son Inglaterra dos naciones, la de los ricos y la de los pobres? ¿Se atreve uno a pretender que hay algo en común entre la gente con 100.000 libras al año y la gente con una libra a la semana? E incluso es probable que los lectores galeses y escoceses se hayan sentido ofendidos porque he utilizado la palabra «Inglaterra» más a menudo que «Gran Bretaña», como si toda la población viviera en Londres y los *Home Counties** y ni el norte ni el oeste poseyeran una cultura propia.

Se obtiene una mejor visión de esta cuestión si se considera primero el punto menor. Es cierto que las llamadas razas de Gran Bretaña se sienten muy diferentes unas de otras. Un escocés, por ejemplo, no te da las gracias si le llamas inglés. Puedes ver la vacilación que sentimos en este punto por el hecho de que llamamos a nuestras islas por no menos de seis nombres diferentes, Inglaterra, Bretaña, Gran Bretaña, las Islas Británicas, el Reino Unido y, en momentos muy exaltados, Albión. Incluso las diferencias entre el norte y el sur de Inglaterra se ciernen sobre nosotros. Pero, de alguna manera, estas diferencias se desvanecen en el momento en que dos británicos cualesquiera se enfrentan a un europeo. Es muy raro conocer a un extranjero, que no sea estadounidense, que pueda distinguir entre ingleses y escoceses o incluso entre ingleses e irlandeses. Para un francés, el bretón y el *auvergnat* parecen seres muy diferentes, y el acento de Marsella es un chiste común en París. Sin embargo, hablamos de «Francia» y «los franceses», reconociendo a Francia como una entidad, una civilización única, que de hecho lo

---

* Condados del este y sudeste de Inglaterra que rodean Londres, no incluyendo la propia capital.

es. Lo mismo ocurre con nosotros mismos. Desde fuera, incluso el *cockney* y el *yorkshireman* tienen un gran parecido familiar.

E incluso la distinción entre ricos y pobres disminuye un poco cuando se observa la nación desde fuera. La desigualdad de la riqueza en Inglaterra es incuestionable. Es mayor que en cualquier otro país europeo, y basta con echar un vistazo a la calle más cercana para comprobarlo. Económicamente, Inglaterra es sin duda dos naciones, si no tres o cuatro. Pero, al mismo tiempo, la inmensa mayoría del pueblo se *siente* una sola nación y es consciente de parecerse más entre sí que a los extranjeros. El patriotismo suele ser más fuerte que el odio de clase, y siempre más fuerte que cualquier tipo de internacionalismo. Salvo por un breve momento en 1920 (el movimiento «Manos fuera de Rusia»*), la clase obrera británica nunca ha pensado ni actuado internacionalmente. Durante dos años y medio vieron cómo estrangulaban lentamente a sus camaradas en España, y nunca les ayudaron ni con un solo golpe.** Pero cuando su propio país (el país de lord Nuffield y Mr. Montagu Norman) estuvo en peligro, su actitud fue muy diferente. En el momento en que parecía probable que Inglaterra fuera invadida, Anthony Eden hizo un llamamiento por radio a los Voluntarios de Defensa Local. Consiguió un cuarto de millón de hombres en las primeras veinticuatro horas, y

---

* La campaña «Hands Off Russia» fue una iniciativa política internacional lanzada por primera vez por los socialistas británicos en 1919 para organizar la oposición a la intervención británica del lado de los ejércitos blancos en la Guerra Civil Rusa, así como para oponerse al apoyo a Polonia durante el periodo polaco-soviético. El movimiento fue alentado por la incipiente Internacional Comunista y finalmente emulado en varios otros países, incluidos Estados Unidos, Canadá y Australia.

** Es cierto que les ayudaron en cierta medida con dinero. Aun así, las sumas recaudadas para las distintas cajas de ayuda a España no llegarían al cinco por ciento de la facturación de las quinielas de fútbol durante el mismo periodo. *(Nota del autor.)*

otro millón en el mes siguiente. Basta comparar estas cifras con, por ejemplo, el número de objetores de conciencia, para darse cuenta de la enorme fuerza de las lealtades tradicionales frente a las nuevas. En Inglaterra, el patriotismo adopta diferentes formas en las distintas clases, pero corre como un hilo conductor a través de casi todas ellas. Solo la *intelligentsia* europeizada es realmente inmune a él. Como emoción positiva es más fuerte en la clase media que en la alta —las escuelas públicas baratas, por ejemplo, son más dadas a las manifestaciones patrióticas que las caras—, pero el número de ricos definitivamente traidores, del tipo Laval-Quisling, es probablemente muy pequeño. En la clase obrera el patriotismo es profundo, pero inconsciente. El corazón del trabajador no da un brinco cuando ve una Union Jack. Pero la famosa «insularidad» y «xenofobia» de los ingleses es mucho más fuerte en la clase obrera que en la burguesía. En todos los países los pobres son más nacionales que los ricos, pero la clase obrera inglesa destaca por su aversión a los hábitos extranjeros. Incluso cuando se ven obligados a vivir en el extranjero durante años, se niegan a acostumbrarse a la comida extranjera o a aprender idiomas extranjeros. Casi todos los ingleses de origen obrero consideran afeminado pronunciar correctamente una palabra extranjera. Durante la guerra de 1914-1918 la clase obrera inglesa estuvo en contacto con extranjeros en una medida que rara vez es posible. El único resultado fue que trajeron de vuelta un odio hacia todos los europeos, excepto los alemanes, cuyo valor admiraban. En cuatro años en suelo francés ni siquiera adquirieron afición por el vino. La insularidad de los ingleses, su negativa a tomar en serio a los extranjeros, es una locura que hay que pagar muy cara de vez en cuando. Pero desempeña su papel en la mística inglesa, y los intelectuales que han intentado acabar con ella generalmente han hecho más mal que bien. En el fondo, es la misma cualidad del carácter inglés la que repele al turista y mantiene alejado al invasor.

Aquí se vuelve a dos características inglesas que señalé, aparentemente al azar, al principio del último capítulo. Una es la falta de capacidad artística. Quizá sea esta otra forma de decir que los ingleses están fuera de la cultura europea. Porque hay un arte en el que han demostrado mucho talento: la literatura. Pero también es el único arte que no puede traspasar fronteras. La literatura, especialmente la poesía, y sobre todo la lírica, es una especie de broma familiar, con poco o ningún valor fuera de su propio grupo lingüístico. Salvo Shakespeare, los mejores poetas ingleses apenas son conocidos en Europa, ni siquiera por sus nombres. Los únicos poetas muy leídos son Byron, admirado por razones equivocadas, y Oscar Wilde, compadecido como víctima de la hipocresía inglesa. Y unido a esto, aunque no de forma muy obvia, está la falta de facultad filosófica, la ausencia en casi todos los ingleses de cualquier necesidad de un sistema ordenado de pensamiento o incluso del uso de la lógica.

Hasta cierto punto, el sentimiento de unidad nacional es un sustituto de una «visión del mundo». Dado que el patriotismo es casi universal y que ni siquiera los ricos son ajenos a él, puede haber momentos en los que toda la nación se una de repente y haga lo mismo, como un rebaño de ganado que se enfrenta a un lobo. Hubo un momento así, inequívocamente, en el momento de la catástrofe en Francia. Después de ocho meses preguntándose vagamente de qué iba la guerra, el pueblo supo de repente lo que tenía que hacer: primero, alejar al ejército de Dunkerque y, segundo, impedir la invasión. Fue como el despertar de un gigante. ¡Rápido! ¡Peligro! ¡Los filisteos están sobre ti, Sansón! Y luego la rápida acción unánime y, después, por desgracia, la pronta recaída en el sueño. En una nación dividida, ese habría sido exactamente el momento para que surgiera un gran movimiento pacifista. Pero ¿significa esto que el instinto de los ingleses siempre les dirá que hagan lo correcto? En absoluto, simplemente les dirá que hagan lo mismo. En las elecciones generales de 1931, por ejemplo, todos hicimos lo incorrecto al unísono. Teníamos la misma determinación que los cerdos gadarenos.* Pero dudo sinceramente que podamos decir que nos empujaron por la pendiente contra nuestra voluntad. De ello se deduce que la democracia británica es menos fraudulenta de lo que a veces parece. Un observador extranjero solo ve la enorme desigualdad de riqueza, el injusto sistema electoral, el control de la clase gobernante sobre la prensa, la radio y la educación, y concluye que la democracia es simplemente un nombre cortés para la dictadura. Pero esto ignora el considerable acuerdo que desgraciadamente existe entre los dirigentes y los dirigidos. Por mucho que se odie admitirlo, es casi seguro que entre 1931 y 1940 el Gobierno Nacional representaba la voluntad de la masa del pueblo. Toleró la miseria, el desempleo y una política exterior cobarde. Sí, pero también la opinión pública. Fue un periodo de estancamiento, y sus líderes naturales eran mediocres.

A pesar de las campañas de unos cuantos miles de izquierdistas, es bastante seguro que el grueso del pueblo inglés apoyaba la política exterior de Chamberlain. Más aún, es bastante seguro que en la mente de Chamberlain se libraba la misma lucha que en la mente de la gente corriente. Sus oponentes profesaban ver en él a un oscuro y astuto intrigante, conspirando para vender Inglaterra a Hitler, pero es mucho más probable que fuera simplemente un viejo estúpido que hacía lo que podía según sus escasas luces. Es difícil explicar de otro modo las contradicciones de su política, su incapacidad para comprender ninguno de los caminos

---

* Los cerdos a los que Jesús arrojó los demonios que habían poseído a un loco, y que como resultado corrieron por un acantilado empinado hacia el mar y fueron asesinados, de esto, *gadarene* significa involucrarse o participar en una carrera precipitada o potencialmente desastrosa para hacer algo.

que se le abrían. Como la mayoría del pueblo, no quería pagar el precio ni de la paz ni de la guerra. Y la opinión pública le apoyaba todo el tiempo, en políticas que eran completamente incompatibles entre sí. Le apoyó cuando fue a Múnich, cuando intentó llegar a un entendimiento con Rusia, cuando dio la garantía a Polonia, cuando la cumplió, y cuando prosiguió la guerra sin entusiasmo. Solo cuando los resultados de su política se hicieron evidentes se volvió contra él; lo que equivale a decir que se volvió contra su propio letargo de los últimos siete años. Entonces el pueblo eligió a un líder más cercano a su estado de ánimo, Churchill, que en cualquier caso fue capaz de comprender que las guerras no se ganan sin luchar. Tal vez más adelante elijan a otro líder capaz de comprender que solo las naciones socialistas pueden luchar eficazmente.

¿Quiero decir con todo esto que Inglaterra es una auténtica democracia? No, ni siquiera un lector del *Daily Telegraph* podría tragarse eso.

Inglaterra es el país más clasista bajo el sol. Es una tierra de esnobismo y privilegios, gobernada en gran medida por viejos y tontos. Pero en cualquier cálculo sobre ella hay que tener en cuenta su unidad emocional, la tendencia de casi todos sus habitantes a sentir igual y actuar juntos en momentos de crisis suprema. Es el único gran país de Europa que no se ve obligado a conducir a cientos de miles de sus nacionales al exilio o al campo de concentración. En este momento, después de un año de guerra, se venden en las calles, casi sin interferencias, periódicos y panfletos que insultan al Gobierno, alaban al enemigo y claman por la rendición. Y esto se debe menos al respeto a la libertad de expresión que a la simple percepción de que estas cosas no importan. Es seguro dejar que se venda un periódico como *Peace News*, porque es seguro que el 95 por ciento de la población nunca querrá leerlo. La nación está unida por una cadena invisible. En cualquier momento normal, la clase dominante robará, gestionará mal, saboteará, nos llevará al lodo; pero dejemos que la opinión popular se haga oír de verdad, dejemos que reciban un tirón desde abajo que no puedan evitar sentir, y es difícil que no respondan. Los escritores de izquierdas que denuncian a toda la clase dominante como «profascista» están simplificando demasiado. Incluso entre la camarilla interna de políticos que nos han llevado a la situación actual, es dudoso que hubiera traidores conscientes. La corrupción que se da en Inglaterra rara vez es de ese tipo. Casi siempre es más de la naturaleza del autoengaño, de la mano derecha que no sabe lo que hace la izquierda. Y al ser inconsciente, es limitada. La prensa inglesa es el ejemplo más evidente. ¿La prensa inglesa es honesta o deshonesta? En tiempos normales es profundamente deshonesta. Todos los periódicos que importan viven de sus anuncios, y los anunciantes ejercen una censura indirecta sobre las noticias. Sin embargo, no creo que haya un solo periódico en Inglaterra que pueda ser sobornado directamente con dinero en efectivo. En la Francia de la Tercera República, todos los periódicos, excepto unos pocos, podían comprarse en el mostrador como si fueran kilos de queso. La vida pública en Inglaterra nunca ha sido abiertamente escandalosa. No ha alcanzado el grado de desintegración en el que se pueden dejar de lado las patrañas.

Inglaterra no es la isla joya del tan citado mensaje de Shakespeare, ni tampoco el infierno descrito por el Dr. Goebbels. Se parece más a una familia, una familia victoriana bastante estirada, sin muchas ovejas negras, pero con todos sus armarios llenos de esqueletos. Tiene parientes ricos a los que hay que doblegarse y parientes pobres a los que se trata horriblemente, y existe una profunda conspiración de silencio sobre la fuente de ingresos de la familia. Se trata de una familia en la que los jóvenes suelen estar frustrados y la mayor parte del poder está en manos de tíos irresponsables y tías postradas en cama. Aun así, es una familia. Tiene su lenguaje privado y sus recuerdos comunes, y cuando se acerca un enemigo cierra sus filas. Una familia con los miembros equivocados al mando, eso es quizá lo más cerca que se puede estar de describir Inglaterra en una frase.

IV

Probablemente la batalla de Waterloo se ganó en los campos de juego de Eton, pero las primeras batallas de todas las guerras posteriores se han perdido allí. Uno de los hechos dominantes en la vida inglesa durante los últimos tres cuartos de siglo ha sido la decadencia de la habilidad en la clase dirigente.

En los años comprendidos entre 1920 y 1940 se produjo con la rapidez de una reacción química. Sin embargo, en el momento de escribir estas líneas todavía es posible hablar de una clase dirigente. Como el cuchillo que ha tenido dos nuevas hojas y tres nuevos mangos, la franja superior de la sociedad inglesa sigue siendo casi lo que era a mediados del siglo XIX. Después de 1832, la antigua aristocracia terrateniente fue perdiendo poder, pero en lugar de desaparecer o convertirse en un fósil, simplemente se casaron con los comerciantes, fabricantes y financieros que los habían sustituido, y pronto los convirtieron en copias exactas de sí mismos. El rico armador o molinero de algodón se inventaba una coartada como caballero rural, mientras sus hijos aprendían los modales correctos en las escuelas públicas que habían sido diseñadas precisamente con ese propósito. Inglaterra estaba gobernada por una aristocracia constantemente reclutada entre advenedizos. Y teniendo en cuenta la energía que poseían los hombres hechos a sí mismos, y considerando que estaban comprando su camino en una clase que en todo caso tenía una tradición de servicio público, uno podría haber esperado que se pudieran producir gobernantes capaces de alguna manera. Y, sin embargo, de alguna manera la clase dirigente decayó, perdió su capacidad, su audacia, finalmente incluso su crueldad, hasta que llegó un momento en que camisas rellenas como Eden o Halifax pudieron destacar como hombres de talento excepcional. En cuanto a Baldwin, ni siquiera se le podía dignificar con el nombre de camisa rellena. Era simplemente un agujero en el aire. La mala gestión de los problemas internos de Inglaterra durante los años veinte ya había sido bastante mala, pero la política exterior británica entre 1931 y 1939 es una de las maravillas del mundo. ¿Por qué? ¿Qué ocurrió? ¿Qué fue lo que en cada momento decisivo hizo que cada estadista británico hiciera lo incorrecto con un instinto tan infalible?

El hecho subyacente era que toda la posición de la clase adinerada había dejado de ser justificable desde hacía mucho tiempo. Allí estaban sentados, en el centro de un vasto imperio y de una red financiera mundial, obteniendo intereses y beneficios y gastándolos... ¿en qué? Era justo decir que la vida dentro del Imperio Británico era en muchos aspectos mejor que la vida fuera de él. Aun así, el Imperio estaba subdesarrollado, la India dormía en la Edad Media, los dominios yacían vacíos, con los extranjeros celosamente vetados, e incluso Inglaterra estaba llena de tugurios y desempleo. Solo medio millón de personas, los habitantes de las casas de campo, se beneficiaban definitivamente del sistema existente. Además, la tendencia de las pequeñas empresas a fusionarse en grandes empresas despojaba cada vez más a la clase adinerada de su función y la convertía en mera propietaria, siendo su trabajo realizado para ella por directivos y técnicos asalariados. Durante mucho tiempo había existido en Inglaterra una clase totalmente carente de función, que vivía del dinero que invertía apenas sabía dónde, los «ricos ociosos», la gente cuyas fotografías se pueden mirar en el *Tatler* y en el *Bystander*, siempre suponiendo que se quiera. La existencia de estas personas era injustificable desde cualquier punto de vista. Eran simples parásitos, menos útiles para la sociedad de lo que las pulgas lo son para un perro.

En 1920, había mucha gente que era consciente de todo esto. En 1930, eran millones. Pero la clase dominante británica obviamente no podía admitir que su utilidad había llegado a su fin. Si lo hubieran hecho, habrían tenido que abdicar. Porque no les era posible convertirse en meros bandidos, como los millonarios norteamericanos, aferrándose conscientemente a privilegios injustos y derrotando a la oposición mediante sobornos y bombas lacrimógenas. Después de todo, pertenecían a una clase con cierta tradición, habían ido a escuelas públicas donde el deber de morir por tu país, si es necesario, se establece como el primero y más grande de los mandamientos. Tenían que *sentirse* verdaderos patriotas, incluso mientras saqueaban a sus compatriotas. Evidentemente, solo les quedaba una salida: la estupidez. Solo podían mantener la sociedad en su forma actual siendo incapaces de comprender que era posible cualquier mejora. Por difícil que fuera, lo consiguieron, en gran medida, fijando sus ojos en el pasado y negándose a notar los cambios que se estaban produciendo a su alrededor.

Esto explica muchas cosas en Inglaterra. Explica la decadencia de la vida en el campo, debida al mantenimiento de un falso feudalismo que expulsa de la tierra a los trabajadores más enérgicos. Explica la inmovilidad de las escuelas públicas, que apenas han cambiado desde los años ochenta del siglo pasado. Explica la incompetencia militar que una y otra vez ha sorprendido al mundo. Desde los años cincuenta, todas las guerras en las que ha participado Inglaterra han comenzado con una serie de desastres, tras los cuales la situación ha sido salvada por personas de un nivel social comparativamente bajo. Los altos mandos, procedentes de la aristocracia, nunca pudieron prepararse para la guerra moderna, porque para hacerlo habrían tenido que admitir ante sí mismos que el mundo estaba cambiando. Siempre se han aferrado a métodos y armas obsoletos, porque inevitablemente veían cada guerra como una repetición de la anterior. Antes de la guerra de los Bóers se prepararon para la guerra Zulú, antes de 1914 para la guerra de los Bóers, y antes de la guerra actual para 1914. Incluso en este momento cientos de miles de hombres en Inglaterra están siendo entrenados con la bayoneta, un arma totalmente inútil excepto para abrir latas. Vale la pena señalar que la marina y, últimamente, la fuerza aérea, siempre han sido más eficientes que el ejército regular. Pero la marina solo está parcialmente, y la fuerza aérea apenas, dentro de la órbita de la clase dominante. Hay que admitir que mientras las cosas fueron pacíficas los métodos de la clase dominante británica les sirvieron bastante bien. Su propio pueblo los toleraba manifiestamente. Por muy injustamente que Inglaterra estuviera organizada, en cualquier caso, no estaba desgarrada por la guerra de clases ni acechada por la policía secreta. El Imperio era pacífico como ninguna zona de tamaño comparable lo ha sido jamás. En toda su vasta extensión, casi una cuarta parte de la tierra, había menos hombres armados de los que necesitaría un estado menor de los Balcanes. La clase dominante británica tenía su punto a favor como pueblo bajo el que vivir, y considerándola desde un punto de vista meramente liberal y *negativo*. Eran preferibles a los hombres verdaderamente modernos, los nazis y los fascistas. Pero hacía tiempo que era obvio que estarían indefensos ante cualquier ataque serio desde el exterior.

No podían luchar contra el nazismo o el fascismo, porque no podían entenderlos. Tampoco habrían podido luchar contra el comunismo, si este hubiera sido una fuerza seria en Europa occidental. Para comprender el fascismo habrían tenido que estudiar la teoría del socialismo, lo que les habría obligado a darse cuenta de que el sistema económico por el que vivían era injusto, ineficaz y anticuado. Pero era precisamente este hecho para el que se habían entrenado para no afrontar nunca. Se enfrentaron al fascismo como los generales de caballería de 1914 se enfrentaron a las ametralladoras:

ignorándolo. Tras años de agresiones y masacres, solo habían comprendido un hecho: que Hitler y Mussolini eran hostiles al comunismo. Por lo tanto, se argumentaba, *debían* ser amistosos con los británicos repartidores de dividendos. De ahí el espectáculo verdaderamente aterrador de los diputados conservadores aplaudiendo salvajemente la noticia de que los barcos británicos que llevaban alimentos al Gobierno republicano español habían sido bombardeados por aviones italianos. Incluso cuando habían empezado a comprender que el fascismo era peligroso, su naturaleza esencialmente revolucionaria, el enorme esfuerzo militar que era capaz de hacer, el tipo de tácticas que utilizaría, estaban más allá de su comprensión. En la época de la Guerra Civil española, cualquier persona con los conocimientos políticos que se pueden adquirir con un panfleto de seis peniques sobre el socialismo sabía que, si Franco ganaba, el resultado sería estratégicamente desastroso para Inglaterra; y, sin embargo, generales y almirantes que habían dedicado su vida al estudio de la guerra eran incapaces de comprender este hecho. Esta vena de ignorancia política corre por toda la vida oficial inglesa, a través de ministros del gabinete, embajadores, cónsules, jueces, magistrados, policías. El policía que detiene al «rojo» no entiende las teorías que este predica; si las entendiera, su propia posición como guardaespaldas de la clase adinerada le resultaría menos agradable. Hay razones para pensar que incluso el espionaje militar se ve irremediablemente obstaculizado por la ignorancia de las nuevas doctrinas económicas y las ramificaciones de los partidos clandestinos.

La clase dominante británica no estaba del todo equivocada al pensar que el fascismo estaba de su parte. Es un hecho que cualquier hombre rico, a menos que sea judío, tiene menos que temer del fascismo que del comunismo o del socialismo democrático. No hay que olvidarlo nunca, pues casi toda la propaganda alemana e italiana está destinada a ocultarlo. El instinto natural de hombres como Simon, Hoare, Chamberlain, etcétera, era llegar a un acuerdo con Hitler. Pero —y aquí entra en juego el rasgo peculiar de la vida inglesa del que he hablado, el profundo sentido de la solidaridad nacional— solo podían hacerlo rompiendo el Imperio y vendiendo a su propio pueblo a la semiesclavitud. Una clase verdaderamente corrupta lo habría hecho sin vacilar, como en Francia. Pero las cosas no habían llegado tan lejos en Inglaterra. Apenas se encuentran en la vida pública inglesa políticos que pronuncien discursos quejumbrosos sobre «el deber de lealtad a nuestros conquistadores». Sacudidos de un lado a otro entre sus ingresos y sus principios, era imposible que hombres como Chamberlain no hicieran otra cosa que sacar lo peor de ambos mundos.

Una cosa que siempre ha demostrado que la clase dirigente inglesa es *moralmente* bastante sólida, es que en tiempos de guerra están lo suficientemente dispuestos a dejarse matar. Varios duques, condes y demás murieron en la reciente campaña de Flandes. Eso no podría ocurrir si estas personas fueran los cínicos sinvergüenzas que a veces se declara que son. Es importante no malinterpretar sus motivos, o no se podrán predecir sus acciones. Lo que cabe esperar de ellos no es traición, ni cobardía física, sino estupidez, sabotaje inconsciente, un instinto infalible para hacer lo incorrecto. No son malvados, o no del todo malvados; simplemente no se les puede enseñar. Solo cuando su dinero y su poder hayan desaparecido, los más jóvenes de entre ellos empezarán a comprender en qué siglo están viviendo.

V

El estancamiento del Imperio en los años de entreguerras afectó a todos en Inglaterra, pero tuvo un efecto especialmente directo sobre dos importantes subsectores de la clase media. Uno era la clase media militar e imperialista, generalmente apodada los *Blimps*, y el otro, la *intelligentsia* de izquierda. Estos dos tipos aparentemente hostiles, simbólicamente opuestos —el coronel de medio sueldo con su cuello de toro y su cerebro diminuto, como el de un dinosaurio, y el intelectual con su frente abovedada y su cuello en forma de tallo—, están mentalmente unidos e interactúan constantemente el uno con el otro; en cualquier caso, han nacido en gran medida en las mismas familias.

Hace treinta años, la clase *Blimp* ya estaba perdiendo su vitalidad. Las familias de clase media celebradas por Kipling, las prolíficas familias humildes cuyos hijos eran oficiales del ejército y la marina y pululaban por todos los lugares baldíos de la tierra desde el Yukón hasta el Irrawaddy, estaban menguando antes de 1914. El telégrafo había acabado con ellos. En un mundo cada vez más estrecho y gobernado desde Whitehall, cada año había menos espacio para la iniciativa individual. Hombres como Clive, Nelson, Nicholson, Gordon no encontrarían lugar para sí mismos en el moderno Imperio Británico. En 1920, casi cada centímetro del imperio colonial estaba en manos de Whitehall. Hombres bienintencionados y demasiado civilizados, con trajes oscuros y sombreros de fieltro negro, con paraguas cuidadosamente enrollados y torcidos sobre el antebrazo izquierdo, imponían su estreñida visión de la vida en Malaya y Nigeria, Mombasa y Mandalay. Los otrora constructores de imperios se vieron reducidos a la condición de oficinistas, enterrados cada vez más bajo montones de papel y burocracia. A principios de los años veinte se podía ver, por todo el Imperio, a los funcionarios de más edad, que habían conocido días más espaciosos, retorcerse de impotencia ante los cambios que se estaban produciendo. Desde entonces ha sido casi imposible inducir a los jóvenes de espíritu a tomar parte en la administración imperial. Y lo que era cierto en el mundo oficial lo era también en el comercial. Las grandes compañías monopolistas engulleron a multitud de pequeños comerciantes. En lugar de salir a comerciar aventureramente en las Indias, uno se iba a un taburete de oficina en Bombay o Singapur. Y la vida en Bombay o Singapur era en realidad más aburrida y segura que la vida en Londres. El sentimiento imperialista seguía siendo fuerte en la clase media, principalmente debido a la tradición familiar, pero el trabajo de administrar el Imperio había dejado de ser atractivo. Pocos hombres capaces iban al este de Suez si había alguna forma de evitarlo.

Pero el debilitamiento general del imperialismo, y hasta cierto punto de toda la moral británica, que tuvo lugar durante los años treinta, fue en parte obra de la *intelligentsia* de izquierda, en sí misma una especie de crecimiento que había brotado del estancamiento del Imperio.

Hay que señalar que ahora no hay *intelligentsia* que no sea, en cierto sentido, «de izquierda». Quizá el último intelectual de derechas fue T. E. Lawrence. Desde 1930, aproximadamente, todos los que se pueden describir como «intelectuales» han vivido en un estado de descontento crónico con el orden existente. Necesariamente, porque la sociedad tal como estaba constituida no tenía sitio para él. En un Imperio simplemente estancado, que ni se desarrollaba ni se caía a pedazos, y en una Inglaterra gobernada por personas cuyo principal activo era su estupidez, ser «inteligente» era ser sospechoso. Si tenías el tipo de cerebro capaz de entender los poemas de T. S. Eliot o las teorías de Karl Marx, los de arriba se encargaban de mantenerte al margen de cualquier trabajo importante. Los intelectuales solo podían encontrar una función en las revistas literarias y en los partidos políticos de izquierda.

La mentalidad de la *intelligentsia* de izquierda inglesa puede estudiarse en media docena de periódicos semanales y mensuales. Lo que llama inmediatamente la atención en todos estos periódicos es su actitud generalmente negativa y quejumbrosa, su falta total en todo momento de cualquier sugerencia constructiva. No hay en ellos más que la irresponsable palabrería de gente que nunca ha estado ni espera estar en una posición de poder. Otra característica marcada es la superficialidad emocional de las personas que viven en un mundo de ideas y tienen poco contacto con la realidad física. Muchos intelectuales de izquierda fueron flojamente pacifistas hasta 1935, clamaron por la guerra contra Alemania en los años 1935-1939, y luego se enfriaron rápidamente cuando empezó la guerra. En general, aunque no exactamente, es cierto que la gente que era más «antifascista» durante la Guerra Civil española es más derrotista ahora. Y subyacente a esto está el hecho realmente importante sobre muchos de la *intelligentsia* inglesa: su separación de la cultura común del país.

En cualquier caso, la *intelligentsia* inglesa está europeizada. Toman su cocina de París y sus opiniones de Moscú. En el patriotismo general del país forman una especie de isla de pensamiento disidente. Inglaterra es quizá el único gran país cuyos intelectuales se avergüenzan de su propia nacionalidad. En los círculos de izquierda siempre se piensa que hay algo ligeramente vergonzoso en ser inglés y que es un deber burlarse de todas las instituciones inglesas, desde las carreras de caballos hasta los budines de sebo. Es un hecho extraño, pero es incuestionablemente cierto que casi cualquier intelectual inglés se sentiría más avergonzado de ponerse en pie durante «Dios salve al Rey» que de robar en una caja pobre. A lo largo de los años críticos, muchos izquierdistas fueron minando la moral inglesa, tratando de difundir una visión que a veces era escuetamente pacifista, a veces violentamente prorrusa, pero siempre antibritánica. Es cuestionable el efecto que esto tuvo, pero sin duda tuvo alguno. Si el pueblo inglés sufrió durante varios años un verdadero debilitamiento de la moral, de modo que las naciones fascistas juzgaron que eran «decadentes» y que era seguro lanzarse a la guerra, el sabotaje intelectual de la izquierda fue en parte responsable. Tanto el *New Statesman* como el *News Chronicle* clamaron contra el acuerdo de Múnich, pero incluso ellos habían hecho algo para hacerlo posible. Diez años de persecución sistemática de los *Blimp* afectaron incluso a los propios *Blimp* e hicieron más difícil que antes conseguir que jóvenes inteligentes ingresaran en las fuerzas armadas. Dado el estancamiento del Imperio, la clase media militar debía haber decaído en cualquier caso, pero la propagación de un izquierdismo superficial aceleró el proceso.

Está claro que la posición especial de los intelectuales ingleses durante los últimos diez años, como criaturas puramente *negativas*, meros anti-*Blimps*, fue un subproducto de la estupidez de la clase dirigente. La sociedad no podía utilizarlos, y ellos no habían sido capaces de ver que la devoción al propio país implica «en lo bueno y en lo malo». *Blimps* y *highbrows* daban por sentado, como si fuera una ley natural, el divorcio entre patriotismo e inteligencia. Si eras patriota, leías *Blackwood's Magazine* y dabas gracias públicamente a Dios por no ser «un cerebrito». Si eras un intelectual, te reías de la Union Jack y considerabas que el valor físico era una barbaridad. Es obvio que esta absurda convención no puede continuar. El intelectual de Bloomsbury, con su risita mecánica, está tan pasado de moda como el coronel de caballería. Una nación moderna no puede permitirse ni lo uno ni lo otro. El patriotismo y la inteligencia tendrán que volver a unirse. Es el hecho de que estemos luchando en una guerra, y en un tipo de guerra muy peculiar, lo que puede hacerlo posible.

VI

Uno de los desarrollos más importantes en Inglaterra durante los últimos veinte años ha sido la extensión ascendente y descendente de la clase media. Se ha producido a tal escala que la antigua clasificación de la sociedad en capitalistas, proletarios y pequeños burgueses (pequeños propietarios) ha quedado casi obsoleta.

Inglaterra es un país en el que la propiedad y el poder financiero se concentran en muy pocas manos. Pocas personas poseen algo en la Inglaterra moderna, excepto ropa, muebles y, posiblemente, una casa. El campesinado hace tiempo que desapareció, el comerciante independiente está siendo destruido, el pequeño empresario es cada vez menos numeroso. Pero, al mismo tiempo, la industria moderna es tan complicada que no puede funcionar sin un gran número de directivos, vendedores, ingenieros, químicos y técnicos de todo tipo, que cobran salarios bastante elevados. Y estos, a su vez, dan lugar a una clase profesional de médicos, abogados, profesores, artistas, etcétera. La tendencia del capitalismo avanzado ha sido, por lo tanto, la de ampliar la clase media y no la de aniquilarla, como antes parecía que iba a ocurrir.

Pero mucho más importante que esto es la difusión de ideas y hábitos de clase media entre la clase trabajadora. La clase obrera británica está ahora mejor en casi todos los sentidos que hace treinta años. Esto se debe en parte a los esfuerzos de los sindicatos, pero también al mero avance de la ciencia física. No siempre se tiene conciencia de que, dentro de unos límites bastante estrechos, el nivel de vida de un país puede aumentar sin que se produzca el correspondiente incremento de los salarios reales. Hasta cierto punto, la civilización puede levantarse por sí misma gracias a sus propias botas. Por injusta que sea la organización de la sociedad, ciertos avances técnicos benefician a toda la comunidad, porque ciertos bienes son necesariamente comunes. Un millonario, por ejemplo, no puede iluminar las calles para sí mismo mientras las oscurece para los demás. En la actualidad, casi todos los ciudadanos de los países civilizados disfrutan de buenas carreteras, agua libre de gérmenes, protección policial, bibliotecas gratuitas y, probablemente, algún tipo de educación gratuita. La educación pública en Inglaterra ha carecido de dinero, pero sin embargo ha mejorado, en gran parte debido a los abnegados esfuerzos de los profesores, y el hábito de la lectura se ha extendido enormemente. Cada vez más ricos y pobres leen los mismos libros, ven las mismas películas y escuchan los mismos programas de radio. Y las diferencias en su modo de vida han disminuido gracias a la producción masiva de ropa barata y a las mejoras en la vivienda. En cuanto al aspecto exterior, la ropa de ricos y pobres, especialmente en el caso de las mujeres, difiere mucho menos que hace treinta o incluso quince años. En cuanto a la vivienda, Inglaterra sigue teniendo barrios marginales que son una mancha en la civilización, pero en los últimos diez años se ha construido mucho, en gran parte por las autoridades locales. La vivienda municipal moderna, con su cuarto de baño y luz eléctrica, es más pequeña que el chalet del corredor de bolsa, pero es reconociblemente el mismo tipo de casa, lo que no es la casita del trabajador agrícola. Una persona que ha crecido en un barrio de viviendas sociales probablemente sea —de hecho, visiblemente lo es— más de clase media que una persona que ha crecido en un barrio marginal.

El efecto de todo esto es un ablandamiento general de los modales. Esto se ve reforzado por el hecho de que los métodos industriales modernos tienden siempre a exigir menos esfuerzo muscular y, por lo tanto, a dejar a la gente con más energía cuando termina su jornada de trabajo. Muchos trabajadores de las industrias ligeras son menos verdaderos obreros manuales que un médico o un almacenero. La clase obrera y la clase media se acercan en gustos, costumbres, modales y perspectivas. Las distinciones injustas permanecen, pero las diferencias reales disminuyen. El «proletario» a la antigua usanza —sin cuello, sin afeitar y con los músculos deformados por el trabajo pesado— sigue existiendo, pero su número disminuye constantemente; solo predomina en las zonas de industria pesada del norte de Inglaterra.

Después de 1918 empezó a aparecer algo que nunca antes había existido en Inglaterra: gente de clase social indeterminada. En 1910 cada ser humano de estas islas podía ser «ubicado» en un instante por su ropa, sus modales y su acento. Eso ya no es así. Sobre todo, no es el caso en los nuevos municipios que se han desarrollado como resultado de los automóviles baratos y el desplazamiento de la industria hacia el sur. Donde hay que buscar los gérmenes de la Inglaterra del futuro es en las zonas de industria ligera y a lo largo de las carreteras arteriales. En Slough, Dagenham, Barnet, Letchworth, Hayes —en todas partes, de hecho, en las afueras de las grandes ciudades—, el viejo modelo se está transformando gradualmente en algo nuevo. En esas vastas zonas vírgenes de cristal y ladrillo ya no existen las marcadas distinciones del tipo de ciudad antigua, con sus barrios bajos y sus mansiones, o del campo, con sus casas señoriales y sus casas de campo míseras. Hay grandes diferencias de ingresos, pero se vive el mismo tipo de vida a diferentes niveles, en pisos que ahorran trabajo o en casas de protección oficial, a lo largo de las carreteras de hormigón y en la democracia desnuda de las piscinas. Es una vida más bien inquieta, sin cultura, centrada en la comida enlatada, el *Picture Post*, la radio y el motor de combustión interna. Es una civilización en la que los niños crecen con un conocimiento íntimo de los magnetos y en completa ignorancia de la Biblia. A esa civilización pertenecen las personas que se sienten más a gusto en el mundo moderno, los técnicos y los trabajadores especializados mejor pagados, los aviadores y sus mecánicos, los expertos en radio, los productores de cine, los periodistas populares y los químicos industriales. Son el estrato indeterminado en el que empiezan a romperse las antiguas distinciones de clase.

Esta guerra, a menos que seamos derrotados, acabará con la mayoría de los privilegios de clase existentes. Cada día hay menos gente que desea que continúen. Tampoco debemos temer que, a medida que cambie el modelo, la vida en Inglaterra pierda su sabor peculiar. Las nuevas ciudades rojas del Gran Londres son bastante crudas, pero estas cosas son solo la erupción que acompaña a un cambio. Cualquiera que sea la forma en que Inglaterra emerja de la guerra, estará profundamente teñida de las características de las que he hablado antes. Los intelectuales que esperan verla rusificada o germanizada se sentirán decepcionados. La gentileza, la hipocresía, la irreflexión, la reverencia por la ley y el odio a los uniformes permanecerán, junto con los budines de sebo y los cielos brumosos. Se necesita un gran desastre, como la subyugación prolongada de un enemigo extranjero, para destruir una cultura nacional. La Bolsa será derribada, el arado de caballos dará paso al tractor, las casas de campo se convertirán en colonias de vacaciones para niños, el partido entre Eton y Harrow caerá en el olvido, pero Inglaterra seguirá siendo Inglaterra, un animal eterno que se extiende hacia el futuro y el pasado y que, como todos los seres vivos, tiene el poder de cambiar de forma irreconocible y, sin embargo, seguir siendo el mismo.

PARTE II. COMERCIANTES EN GUERRA

I

Empecé este libro con la melodía de las bombas alemanas, y comienzo este segundo capítulo con el ruido añadido del bombardeo. Los destellos amarillos de los cañones iluminan el cielo, las esquirlas repiquetean en los tejados y el puente de Londres se derrumba, se derrumba, se derrumba. Cualquiera que sepa leer un mapa sabe que corremos un peligro mortal. No quiero decir que estemos derrotados o que necesitemos ser derrotados. Casi seguro que el resultado depende de nuestra propia voluntad. Pero en este momento estamos en la sopa, en la braza cinco, y hemos sido llevados allí por locuras que seguimos cometiendo y que nos ahogarán por completo si no enmendamos nuestros caminos rápidamente.

Lo que esta guerra ha demostrado es que el capitalismo privado, es decir, un sistema económico en el que la tierra, las fábricas, las minas y el transporte son propiedad privada y se explotan únicamente con fines lucrativos, *no funciona*. No puede dar resultados. Millones de personas conocían este hecho desde hacía años, pero nunca se hizo nada al respecto, porque desde abajo no existía una verdadera urgencia por modificar el sistema, y los de arriba se habían entrenado para ser impenetrablemente estúpidos precisamente en este punto. Los argumentos y la propaganda no llevaban a ninguna parte. Los señores de la propiedad simplemente se sentaban sobre sus traseros y proclamaban que todo era para mejor. La conquista de Europa por Hitler, sin embargo, fue una derrota física del capitalismo. La guerra, a pesar de todos sus males, es en cualquier caso una prueba irrefutable de fuerza, como una máquina de prueba de agarre. Una gran fuerza devuelve el céntimo, y no hay forma de fingir el resultado.

Cuando se inventó la hélice náutica, hubo una controversia que duró años sobre si eran mejores los barcos de hélice o los de paletas. Los de paletas, como todo lo obsoleto, tenían sus defensores, que los apoyaban con ingeniosos argumentos. Finalmente, sin embargo, un distinguido almirante ató a popa un barco de vapor de hélice y un barco de vapor de paletas de igual potencia y puso en marcha sus motores. Eso zanjó la cuestión de una vez por todas. Algo parecido ocurrió en los campos de Noruega y Flandes. De una vez por todas se demostró que una economía planificada es más fuerte que una economía sin plan. Pero es necesario dar aquí alguna definición a esas palabras tan maltratadas, socialismo y fascismo.

El socialismo suele definirse como «propiedad común de los medios de producción». Crudamente: el Estado, que representa a toda la nación, es dueño de todo, y todo el mundo es empleado del Estado. Esto *no* significa que se despoje a la gente de posesiones privadas como ropa y muebles, pero sí que todos los bienes productivos, como la tierra, las minas, los barcos y la maquinaria, son propiedad del Estado. El Estado es el único productor a gran escala. No es seguro que el socialismo sea en todos los sentidos superior al capitalismo, pero sí es cierto que, a diferencia de este, puede resolver los problemas de producción y consumo. En tiempos normales, una economía capitalista nunca puede consumir todo lo que produce, de modo que siempre hay un excedente desperdiciado (trigo quemado en hornos, arenques devueltos al mar, etc.) y siempre hay desempleo. En tiempos de guerra, por otra parte, tiene dificultades para producir todo lo que necesita, porque no se produce nada a menos que alguien vea la manera de obtener un beneficio de ello. En una economía socialista estos problemas no existen. El Estado se limita a calcular qué bienes se necesitarán y hace todo lo posible por producirlos. La producción solo está limitada por la cantidad de mano de obra y de materias primas. El dinero, a efectos internos, deja de ser un todopoderoso misterioso y se convierte en una especie de cupón o vale de racionamiento, emitido en cantidades suficientes para comprar los bienes de consumo que puedan estar disponibles en ese momento.

Sin embargo, en los últimos años ha quedado claro que la «propiedad común de los medios de producción» no es en sí misma una definición suficiente de socialismo. También hay que añadir lo siguiente: igualdad aproximada de ingresos (no necesita ser más que aproximada), democracia política y abolición de todo privilegio hereditario, especialmente en la educación. Estas son simplemente las salvaguardias necesarias contra la reaparición de un sistema de clases. La propiedad centralizada tiene muy poco sentido a menos que la masa de la población viva más o menos a un mismo nivel y tenga algún tipo de control sobre el Gobierno. «El

Estado» puede llegar a no significar más que un partido político autoelegido, y pueden volver la oligarquía y el privilegio, basados en el poder más que en el dinero.

Pero ¿qué es entonces el fascismo? El fascismo, al menos en su versión alemana, es una forma de capitalismo que toma prestadas del socialismo las características que lo hacen eficaz para la guerra. Internamente, Alemania tiene mucho en común con un Estado socialista. La propiedad nunca ha sido abolida, todavía hay capitalistas y trabajadores, y —este es el punto importante, y la verdadera razón por la que los ricos de todo el mundo tienden a simpatizar con el fascismo— en términos generales; la misma gente es capitalista y la misma gente es trabajadora, antes de la revolución nazi. Pero al mismo tiempo el Estado, que es simplemente el Partido Nazi, lo controla todo. Controla las inversiones, las materias primas, los tipos de interés, las horas de trabajo, los salarios. El propietario de una fábrica sigue siendo su dueño, pero a efectos prácticos se ve reducido a la condición de gerente. Todo el mundo es de hecho un empleado del Estado, aunque los salarios varíen mucho. La mera *eficacia* de tal sistema, la eliminación del despilfarro y la obstrucción, es obvia. En siete años ha construido la máquina de guerra más poderosa que el mundo haya visto jamás.

Pero la idea que subyace en el fascismo es irreconciliablemente diferente de la que subyace en el socialismo. El socialismo aspira, en última instancia, a un Estado mundial de seres humanos libres e iguales. Da por sentada la igualdad de los derechos humanos. El nazismo supone justo lo contrario. La fuerza motriz del movimiento nazi es la creencia en la *desigualdad* humana, la superioridad de los alemanes sobre todas las demás razas, el derecho de Alemania a gobernar el mundo. Fuera del Reich alemán no reconoce ninguna obligación. Eminentes profesores nazis han «demostrado» una y otra vez que solo el hombre nórdico es plenamente humano, ¡incluso han planteado la idea de que los pueblos no nórdicos (como nosotros) pueden cruzarse con gorilas! Por lo tanto, aunque en el Estado alemán existe una especie de socialismo de guerra, su actitud hacia las naciones conquistadas es francamente la de un explotador. La función de los checos, polacos, franceses, etc., es simplemente producir los bienes que Alemania pueda necesitar, y obtener a cambio tan poco como para evitar una rebelión abierta. Si nos conquistan, nuestro trabajo consistirá probablemente en fabricar armas para las próximas guerras de Hitler con Rusia y Estados Unidos. Los nazis pretenden, en efecto, establecer una especie de sistema de castas, con cuatro castas principales que se corresponden bastante bien con las de la religión hindú. En la cúspide está el partido nazi; en segundo lugar, la masa del pueblo alemán; en tercer lugar, las poblaciones europeas conquistadas. En cuarto y último lugar están los pueblos de color, los «semiapes»,* como los llama Hitler, que deben ser reducidos abiertamente a la esclavitud.

Por horrible que nos parezca este sistema, *funciona*. Funciona porque es un sistema planificado orientado a un fin definido, la conquista mundial, y que no permite que ningún interés privado, ni del capitalista ni del trabajador, se interponga en su camino. El capitalismo británico no funciona porque es un sistema competitivo en el que el beneficio privado es y debe ser el objetivo principal. Es un sistema en el que todas las fuerzas tiran en direcciones opuestas y en el que los intereses del individuo son, la mayoría de las veces, totalmente opuestos a los del Estado.

A lo largo de los años críticos, el capitalismo británico, con su inmensa planta industrial y su inigualable oferta de mano de obra cualificada, no estuvo a la altura de la preparación para la guerra. Para prepararse para la guerra a escala moderna hay que desviar la mayor parte de la renta nacional al armamento, lo que significa reducir los bienes de

* Semisimios.

consumo. Un avión de bombardeo, por ejemplo, equivale en precio a cincuenta pequeños automóviles, u ochenta mil pares de medias de seda, o un millón de barras de pan. Es evidente que no se pueden tener *muchos* aviones de bombardeo sin bajar el nivel de vida nacional. Es armas o mantequilla, como dijo el mariscal Göring. Pero en la Inglaterra de Chamberlain la transición no podía hacerse. Los ricos no se enfrentarían a los impuestos necesarios, y aunque los ricos siguen siendo visiblemente ricos tampoco es posible gravar a los pobres con impuestos muy elevados. Además, mientras el beneficio fuera el objetivo principal, el fabricante no tenía ningún incentivo para pasar de los bienes de consumo al armamento. El primer deber de un empresario es para con sus accionistas. Quizá Inglaterra necesite tanques, pero quizá le compense más fabricar automóviles. Evitar que el material bélico llegue al enemigo es de sentido común, pero vender en el mercado más alto es un deber empresarial. A finales de agosto de 1939, los comerciantes británicos se arremolinaban unos sobre otros en su afán por vender a Alemania estaño, caucho, cobre y goma laca, y todo ello con la certeza de que la guerra iba a estallar en una o dos semanas. Era tan sensato como venderle a alguien una navaja para cortarse el cuello. Pero era un «buen negocio».

Y ahora miren los resultados. Después de 1934 se sabía que Alemania se estaba rearmando. Después de 1936 todo el mundo con ojos en la cabeza sabía que la guerra se acercaba. Después de Múnich, era solo cuestión de saber qué tan pronto comenzaría la guerra. En septiembre de 1939, estalló la guerra. *Ocho meses después* se descubrió que, en cuanto a equipamiento, el ejército británico apenas superaba el nivel de 1918. Vimos a nuestros soldados luchando desesperadamente para abrirse camino hacia la costa, con un avión contra tres, con fusiles contra tanques, con bayonetas contra ametralladoras. Ni siquiera había suficientes revólveres para abastecer a todos los oficiales. Después de un año de guerra, el ejército regular seguía careciendo de 300.000 sombreros de hojalata. Incluso, anteriormente, había habido escasez de uniformes, ¡en uno de los mayores países productores de artículos de lana del mundo! Lo que había ocurrido era que toda la clase adinerada, poco dispuesta a afrontar un cambio en su modo de vida, había cerrado los ojos ante la naturaleza del fascismo y de la guerra moderna. Y el falso optimismo alimentó al público en general por la prensa sensacionalista, que vive de sus anuncios y, por lo tanto, está interesada en mantener normales las condiciones comerciales. Año tras año la prensa de *Beaverbrook* nos aseguraba en grandes titulares que *no habría guerra*, y ya a principios de 1939 lord Rothermere describía a Hitler como «un gran caballero». Y aunque en el momento de la catástrofe Inglaterra demostró tener escasez de todo material bélico excepto barcos, no consta que hubiera escasez de automóviles, abrigos de piel, gramófonos, lápiz de labios, chocolates o medias de seda. ¿Y se atreve alguien a fingir que no continúa el mismo tira y afloja entre el beneficio privado y la necesidad pública? Inglaterra lucha por su vida, pero las empresas deben luchar por sus beneficios. Difícilmente se puede abrir un periódico sin ver los dos procesos contradictorios sucediendo uno al lado del otro. En la misma página encontrarás al Gobierno instándote a ahorrar y al vendedor de algún lujo inútil instándote a gastar. Preste para defender, pero la Guinness es buena para usted. Compre un Spitfire, pero también compre Haig and Haig, Pond's Face Cream y chocolates Black Magic.

Pero hay algo que da esperanzas: el visible cambio en la opinión pública. Si podemos sobrevivir a esta guerra, la derrota en Flandes resultará haber sido uno de los grandes puntos de inflexión de la historia inglesa. En ese espectacular desastre, la clase obrera, la clase media e incluso una parte de la comunidad empresarial pudieron ver la absoluta podredumbre del capitalismo privado. Nunca antes se había demostrado lo contrario. Rusia, el único país definitivamente socialista, estaba atrasada y muy lejos. Toda crítica se estrellaba contra los rostros de ratonera de los banqueros y la risa descarada de los corredores de bolsa. ¿Socialismo? ¡Ja, ja, ja! ¿De dónde saldrá el dinero? ¡Ja, ja, ja! Los señores de la propiedad estaban firmes en sus asientos, y lo sabían. Pero tras el colapso francés llegó algo de lo que no se podían reír, algo contra lo que no servían ni talonarios ni policías. ¡Zweeeboom! ¿Qué ha sido eso? Oh, solo una bomba en la Bolsa de Valores. ¡Zweeeboom! Otro acre de la valiosa propiedad de alguien se fue al oeste. En cualquier caso, Hitler pasará a la historia como el hombre que hizo reír a la City londinense con la cara desencajada. Por primera vez en su vida los cómodos se sintieron incómodos, los optimistas profesionales tuvieron que admitir que había algo mal. Fue un gran paso adelante. A partir de ese momento, el espantoso trabajo de intentar convencer a la gente, artificialmente estupefacta, de que una economía planificada podría ser mejor que un «todos contra todos» en el que gana el peor, ese trabajo nunca volverá a ser tan espantoso.

II

La diferencia entre socialismo y capitalismo no es principalmente una diferencia técnica. No se puede simplemente cambiar de un sistema a otro como se podría instalar una nueva pieza de maquinaria en una fábrica, y luego continuar como antes, con las mismas personas en los puestos de control. Evidentemente, también es necesario un cambio completo de poder. Sangre nueva, hombres nuevos, ideas nuevas, en el verdadero sentido de la palabra, una revolución.

He hablado antes de la solidez y homogeneidad de Inglaterra, del patriotismo que corre como un hilo conductor por casi todas las clases. Después de Dunkerque cualquiera que tuviera ojos en la cabeza podía ver esto. Pero es absurdo pretender que la promesa de aquel momento se ha cumplido. Es casi seguro que la masa del pueblo está ahora preparada para los grandes cambios que son necesarios; pero esos cambios ni siquiera han empezado a producirse. Inglaterra es una familia con los miembros equivocados al mando. Casi en su totalidad estamos gobernados por los ricos, y por personas que acceden a puestos de mando por derecho de nacimiento. Pocas o ninguna de estas personas son conscientemente traidoras, algunas de ellas ni siquiera son tontas, pero como clase son totalmente incapaces de llevarnos a la victoria. No podrían hacerlo, aunque sus intereses materiales no les hicieran tropezar constantemente. Como he señalado antes, han sido artificialmente embrutecidos. Por encima de cualquier otra cosa, el imperio del dinero se encarga de que seamos gobernados en gran medida por los viejos, es decir, por personas totalmente incapaces de comprender en qué época están viviendo o contra qué enemigo están luchando. Nada fue más desolador al comienzo de esta guerra que la forma en que toda la generación de más edad conspiró para fingir que era la guerra de 1914-1918 otra vez. Todos los veteranos estaban de vuelta en el trabajo, veinte años más viejos, con el cráneo más claro en sus caras. Ian Hay animaba a las tropas, Belloc escribía artículos sobre estrategia, Maurois hacía transmisiones, Bairnsfather dibujaba caricaturas. Era como una fiesta de té de fantasmas. Y ese estado de cosas apenas se ha alterado. La conmoción del desastre llevó al frente a algunos hombres capaces como Bevin, pero en general seguimos al mando de personas que lograron vivir los años 1931-1939 sin siquiera descubrir que Hitler era peligroso. Una generación de incapaces se cierne sobre nosotros como un collar de cadáveres.

Tan pronto como se considera cualquier problema de esta guerra —y no importa si se trata del aspecto más amplio de la estrategia o del detalle más minúsculo de la organización interna— se ve que no se pueden hacer los movimientos necesarios mientras la estructura social de Inglaterra siga siendo la que es. Inevitablemente, debido a su posición y educación, la clase dirigente lucha por sus propios privilegios, que no pueden conciliarse con el interés público. Es un error imaginar que los objetivos de guerra, la estrategia, la propaganda y la organización industrial existen en compartimentos estancos. Todos están interconectados. Cada plan estratégico, cada método táctico, incluso cada arma, llevarán el sello del sistema social que los produjo. La clase dominante británica lucha contra Hitler, a quien siempre ha considerado y a quien algunos de ellos siguen considerando su protector contra el bolchevismo. Eso no significa que se vayan a vender deliberadamente, pero sí significa que en cada momento decisivo es probable que flaqueen, que se retraigan, que hagan lo incorrecto.

Hasta que el Gobierno de Churchill puso algún tipo de freno al proceso, han hecho lo incorrecto con un instinto infalible desde 1931. Ayudaron a Franco a derrocar al Gobierno español, aunque cualquiera que no fuera imbécil podría haberles dicho que una España fascista sería hostil a Inglaterra. Alimentaron a Italia con material bélico durante todo el invierno de 1939-1940, aunque era obvio para todo el mundo que los italianos iban a atacarnos en primavera. Por unos cientos de miles de cajones de dividendos están convirtiendo a la India de aliada en enemiga. Además, mientras las clases adineradas mantengan el control, no podremos desarrollar más que una estrategia *defensiva*. Cada victoria significa un cambio en el *statu quo*.

¿Cómo expulsar a los italianos de Abisinia sin suscitar ecos entre los pueblos de color de nuestro propio imperio? ¿Cómo podemos aplastar a Hitler sin correr el riesgo de llevar al poder a los socialistas y comunistas alemanes? ¿Cómo podemos aplastar a Hitler sin correr el riesgo de llevar al poder a los socialistas y comunistas alemanes? Los izquierdistas que se lamentan de que «esta es una guerra capitalista» y que el «imperialismo británico» lucha por el botín tienen la cabeza al revés. Lo último que desea la clase adinerada británica es adquirir nuevos territorios. Sería simplemente una vergüenza. Su objetivo bélico (tan inalcanzable como inconfesable) es simplemente aferrarse a lo que tienen.

Internamente, Inglaterra sigue siendo el paraíso de los ricos. Toda la palabrería sobre la «igualdad de sacrificio» es una tontería. Al mismo tiempo que se pide a los trabajadores de las fábricas que aguanten más horas, aparecen en la prensa anuncios de «Mayordomo. Uno en familia, ocho en plantilla». Las poblaciones bombardeadas del East End pasan hambre y se quedan sin hogar, mientras que las víctimas más ricas simplemente suben a sus coches y huyen a cómodas casas de campo. La Guardia Nacional alcanza el millón de hombres en pocas semanas y está deliberadamente organizada desde arriba de tal manera que solo las personas con ingresos privados pueden ocupar puestos de mando. Incluso el sistema de racionamiento está organizado de tal manera que afecta a los pobres todo el tiempo, mientras que las personas con más de 2.000 libras al año prácticamente no se ven afectadas por él. En todas partes, los privilegios dilapidan la buena voluntad. En tales circunstancias, incluso la propaganda de hace casi imposible. Los carteles rojos emitidos por el Gobierno de Chamberlain al comienzo de la guerra rompieron todos los récords de profundidad como intento de despertar el sentimiento patriótico. Sin embargo, no podían haber sido mucho más de lo que fueron, pues ¿cómo podían Chamberlain y sus seguidores arriesgarse a despertar un fuerte sentimiento popular *contra el fascismo*? Cualquiera que fuera genuinamente hostil al fascismo debía oponerse también al propio Chamberlain y a todos los demás que habían ayudado a Hitler a llegar al poder. Lo mismo ocurre con la propaganda exterior. En todos los discursos de lord Halifax no hay una sola propuesta concreta por la que un solo habitante de Europa arriesgaría la articulación superior de su dedo meñique. ¿Qué objetivo bélico puede tener Halifax, o alguien como él, excepto retrasar el reloj hasta 1933?

Solo mediante la revolución puede liberarse el genio nativo del pueblo inglés. Revolución no significa banderas rojas y luchas callejeras, sino un cambio fundamental de poder. Que se produzca con o sin derramamiento de sangre es en gran medida un accidente de tiempo y lugar. Tampoco significa la dictadura de una sola clase. La gente en Inglaterra que comprende qué cambios son necesarios y es capaz de llevarlos a cabo no se limita a una clase, aunque es cierto que muy pocas personas con más de 2.000 libras al año se encuentran entre ellos. Lo que se necesita es una revuelta consciente y abierta de la gente corriente contra la ineficacia, los privilegios de clase y el dominio de los viejos. No se trata principalmente de un cambio de gobierno. Los gobiernos británicos representan, en términos generales, la voluntad del pueblo, y si alteramos nuestra estructura desde abajo obtendremos el gobierno que necesitamos. Los embajadores, generales, funcionarios y administradores coloniales seniles o profascistas son más peligrosos que los ministros del gabinete, cuyas locuras deben cometerse en público. A lo largo de toda nuestra vida nacional tenemos que luchar contra los privilegios, contra la idea de que un colegial medio tonto es más apto para el mando que un mecánico inteligente. Aunque hay *individuos* talentosos y honestos entre ellos, tenemos que romper el control de la clase adinerada en su conjunto. Inglaterra tiene que asumir su forma real. La Inglaterra que solo está bajo la superficie, en las fábricas y en las redacciones de los periódicos, en los aviones y en los submarinos, tiene que tomar las riendas de su propio destino.

A corto plazo, la igualdad de sacrificios, el «comunismo de guerra», es aún más importante que los cambios económicos radicales. Es muy necesario que se nacionalice la industria, pero es más urgente que desaparezcan de inmediato monstruosidades como los mayordomos y las «rentas

135

privadas». Casi con toda seguridad, la razón principal por la que la República española pudo mantener la lucha durante dos años y medio contra pronósticos imposibles fue que no había grandes contrastes de riqueza. El pueblo sufría horriblemente, pero todos sufrían por igual. Cuando el soldado raso no tenía un cigarrillo, el general tampoco lo tenía. Dada la igualdad de sacrificios, la moral de un país como Inglaterra probablemente sería inquebrantable. Pero en la actualidad no tenemos nada a lo que apelar, excepto el patriotismo tradicional, que es más profundo aquí que en otros lugares, pero no necesariamente sin fondo. En un momento u otro hay que enfrentarse al hombre que dice «no estaría peor bajo Hitler». Pero ¿qué respuesta se le puede dar —es decir, qué respuesta se puede esperar que escuche— mientras los soldados comunes arriesgan sus vidas por dos peniques y seis al día y las mujeres gordas pasean en coches Rolls Royce, amamantando pekineses?

Es muy probable que esta guerra dure tres años. Significará un cruel exceso de trabajo, inviernos fríos y aburridos, comida sin interés, falta de diversiones, bombardeos prolongados. No puede sino rebajar el nivel de vida general, porque el acto esencial de la guerra es fabricar armamento en lugar de bienes de consumo. La clase obrera tendrá que sufrir cosas terribles. Y las *sufrirá*, casi indefinidamente, siempre que sepa por qué lucha. No son cobardes, y ni siquiera tienen mentalidad internacional. Pueden soportar todo lo que soportaron los trabajadores españoles, y más. Pero querrán algún tipo de prueba de que les espera una vida mejor a ellos y a sus hijos. La única prueba segura de ello es que cuando se les impongan impuestos y se les sobrecargue de trabajo, verán que se golpea aún más a los ricos. Y si los ricos chillan audiblemente, tanto mejor.

Podemos conseguir estas cosas, si realmente queremos. No es cierto que la opinión pública no tenga poder en Inglaterra. Nunca se hace oír sin conseguir algo; ha sido responsable de la mayoría de los cambios positivos de los últimos seis meses. Pero nos hemos movido con la lentitud de un glaciar, y solo hemos aprendido de los desastres. Fue necesaria la caída de París para deshacernos de Chamberlain y el sufrimiento innecesario de decenas de miles de personas en el East End para deshacernos total o parcialmente de sir John Anderson. No vale la pena perder una batalla para enterrar un cadáver. Porque estamos luchando contra rápidas inteligencias malignas, y el tiempo apremia, y:

La historia a los vencidos puede decir ¡Ay! pero no puede alterar ni perdonar.

III

Durante los últimos seis meses se ha hablado mucho de «la Quinta Columna». De vez en cuando se ha encarcelado a oscuros lunáticos por pronunciar discursos a favor de Hitler, y se ha internado a un gran número de refugiados alemanes, cosa que casi con toda seguridad nos ha hecho mucho daño en Europa. Por supuesto, es obvio que la idea de que un gran ejército organizado de quintacolumnistas aparezca de repente en las calles con las armas en la mano, como en Holanda y Bélgica, es ridícula. Sin embargo, el peligro de la Quinta Columna existe. Solo se puede considerar si también se considera de qué manera Inglaterra podría ser derrotada.

No parece probable que los bombardeos aéreos puedan resolver una gran guerra. Inglaterra bien podría ser invadida y conquistada, pero la invasión sería una apuesta peligrosa, y si ocurriera y fracasara probablemente nos dejaría más unidos y menos asolados por los *Blimp* que antes. Además, si Inglaterra fuera invadida por tropas extranjeras, el pueblo inglés se sabría vencido y continuaría la lucha. Es dudoso que pudieran ser retenidos permanentemente, o que Hitler desee mantener un ejército de un millón de hombres estacionado en estas islas. Un gobierno de ...., ... y .... (usted puede completar los nombres) le convendría más. Probablemente no se puede intimidar a los ingleses para que se rindan, pero se les puede aburrir, engatusar o engañar para que lo hagan, siempre que, como en Múnich, no sepan que se están rindiendo. Esto podía ocurrir más fácilmente cuando la guerra parecía ir más bien que mal. El tono amenazador de gran parte de la propaganda alemana e italiana es un error psicológico. Solo llega a los intelectuales. Con el público en general, el enfoque adecuado sería «Llamémoslo un empate». Cuando se haga una oferta de paz en *ese* sentido, los fascistas alzarán la voz.

Pero ¿quiénes son los profascistas? La idea de una victoria de Hitler atrae a los muy ricos, a los comunistas, a los seguidores de Mosley, a los pacifistas y a ciertos sectores de los católicos. Además, si las cosas van lo suficientemente mal en el frente interno, todo el sector más pobre de la clase obrera podría adoptar una posición derrotista, aunque no activamente pro-Hitler.

En esta variopinta lista se aprecia la audacia de la propaganda alemana, su voluntad de ofrecer todo a todos. Pero las diversas fuerzas profascistas no actúan conscientemente de forma conjunta, y operan de diferentes maneras.

Los comunistas deben ser considerados ciertamente como pro-Hitler, y están obligados a seguir siéndolo a menos que cambie la política rusa, pero no tienen mucha influencia. Los Camisas Negras de Mosley, aunque ahora se encuentran en un nivel muy bajo, constituyen un peligro más serio, debido a la posición que probablemente ocupan en las fuerzas armadas. Sin embargo, incluso en sus días más felices, los seguidores de Mosley difícilmente podían contar con 50.000 personas. El pacifismo es una curiosidad psicológica más que un movimiento político. Algunos de los pacifistas más extremos, que empezaron renunciando totalmente a la violencia, han acabado defendiendo calurosamente a Hitler e incluso jugando con el antisemitismo. Esto es interesante, pero no es importante. El pacifismo «puro», que es un subproducto del poder naval, solo puede atraer a personas en posiciones muy protegidas. Además, al ser negativo e irresponsable, no inspira mucha devoción. De los miembros de la *Peace Pledge Union*,* menos del 15 por ciento paga su suscripción anual. Ninguno de estos grupos de personas, pacifistas, comunistas o camisas negras, podría crear un movimiento para detener la guerra a gran escala con sus propios esfuerzos. Pero podrían ayudar a facilitar mucho las cosas a un gobierno traidor que negocie la rendición. Como los comunistas franceses, podrían convertirse en agentes semiconscientes de millonarios.

El verdadero peligro viene de arriba. No hay que prestar atención a la reciente línea de discurso de Hitler sobre ser el amigo del pobre, el enemigo de la plutocracia, etcétera. El verdadero yo de Hitler está en *Mein Kampf* y en sus acciones.

Nunca ha perseguido a los ricos, excepto cuando eran judíos o cuando intentaban oponérsele activamente. Defiende una economía centralizada que despoja al capitalista de la mayor parte de su poder, pero deja la estructura de la sociedad prácticamente igual que antes. El Estado controla la industria, pero sigue habiendo ricos y pobres, amos y hombres. Por tanto, frente al auténtico socialismo, la clase adinerada siempre ha estado de su lado. Esto quedó meridianamente claro en el momento de la Guerra Civil española, y volvió a quedar claro en el momento de la rendición de Francia. El gobierno títere de Hitler no son hombres traba-

---

* Organización no gubernamental que promueve el pacifismo, con sede en el Reino Unido. Sus miembros son signatarios del siguiente compromiso: «La guerra es un crimen contra la humanidad. Renuncio a la guerra y, por lo tanto, estoy decidido a no apoyar ningún tipo de guerra».

jadores, sino una banda de banqueros, generales gaga y políticos corruptos de derecha.

Ese tipo de traición espectacular y *consciente* es menos probable que tenga éxito en Inglaterra; de hecho, es mucho menos probable incluso que se intente. Sin embargo, para muchos contribuyentes esta guerra es simplemente una insensata disputa familiar que debe detenerse a toda costa. No hay duda de que un movimiento «pacifista» está en marcha en algún lugar de las altas esferas; probablemente ya se ha formado un gabinete en la sombra. Esta gente tendrá su oportunidad no en el momento de la derrota, sino en algún periodo de estancamiento en el que el aburrimiento se vea reforzado por el descontento. No hablarán de rendición, solo de paz; y sin duda se convencerán a sí mismos, y quizá a otras personas, de que están actuando para bien. Un ejército de desempleados dirigidos por millonarios que citan el Sermón de la Montaña: ese es nuestro peligro. Pero no puede surgir cuando hayamos introducido un grado razonable de justicia social. La señora del Rolls Royce es más dañina para la moral que una flota de aviones de bombardeo de Göring.

PARTE III. LA REVOLUCIÓN INGLESA

I

La revolución inglesa comenzó hace varios años, y empezó a cobrar impulso cuando las tropas volvieron de Dunkerque. Como todo lo demás en Inglaterra, ocurre de una manera somnolienta y sin ganas, pero está ocurriendo. La guerra la ha acelerado, pero también ha aumentado, y desesperadamente, la necesidad de velocidad.

El progreso y la reacción están dejando de tener que ver con las etiquetas de los partidos. Si se quiere señalar un momento concreto, se puede decir que la antigua distinción entre derecha e izquierda se rompió cuando se publicó por primera vez *Picture Post*. ¿Cuál es la política de *Picture Post*? ¿O de *Cavalcade*,* o de las emisiones de Priestley, o de los principales artículos del *Evening Standard*? Ninguna de las viejas clasificaciones se ajusta a ellas. Simplemente señalan la existencia de multitudes de personas sin etiqueta que han comprendido en el último año o dos que algo va mal. Pero como en general se habla de una sociedad sin clases ni propietarios como «socialismo», podemos dar ese nombre a la sociedad hacia la que nos dirigimos ahora. La guerra y la revolución son inseparables. No podemos establecer nada que una nación occidental considere socialismo sin derrotar a Hitler; por otra parte, no podemos derrotar a Hitler mientras sigamos económica y socialmente en el siglo XIX. El pasado está luchando contra el futuro y tenemos dos años, un año, posiblemente solo unos meses, para asegurarnos de que el futuro gane.

No podemos esperar que este u otro gobierno similar introduzca por sí solo los cambios necesarios. La iniciativa tendrá que venir de abajo. Eso significa que tendrá que surgir algo que nunca ha existido en Inglaterra, un movimiento socialista que realmente cuente con el apoyo de la masa del pueblo. Pero hay que empezar por reconocer por qué ha fracasado el socialismo inglés.

En Inglaterra solo hay un partido socialista que haya tenido alguna vez importancia, el Partido Laborista. Nunca ha sido capaz de lograr ningún cambio importante porque, excepto en asuntos puramente domésticos, nunca ha poseído una política genuinamente independiente. Era y es principalmente un partido de los sindicatos, dedicado a aumentar

---

* Película de 1933 donde se repasa la vida de la sociedad inglesa desde el Día de Año Nuevo de 1899 hasta 1933, donde una familia lucha por sobrevivir en Inglaterra en los difíciles tiempos de la Primera Guerra Mundial.

los salarios y mejorar las condiciones de trabajo. Esto significa que durante todos los años críticos estuvo directamente interesado en la prosperidad del capitalismo británico. En particular, estaba interesado en el mantenimiento del Imperio Británico, ya que la riqueza de Inglaterra procedía en gran medida de Asia y África. El nivel de vida de los trabajadores sindicales, a los que el Partido Laborista representaba, dependía indirectamente del sudor de los *coolies* indios. Al mismo tiempo, el Partido Laborista era un partido socialista que utilizaba una fraseología socialista, pensaba en términos de un antiimperialismo anticuado y se comprometía más o menos a restituir a las razas de color. Tenía que defender la «independencia» de la India, al igual que tenía que defender el desarme y el «progreso» en general. Sin embargo, todo el mundo era consciente de que se trataba de un disparate. En la era de los tanques y los aviones de bombardeo, los países agrícolas atrasados como la India y las colonias africanas no pueden ser más independientes que un gato o un perro. Si algún gobierno laborista hubiera llegado al poder con una clara mayoría y hubiera procedido a conceder a la India algo que realmente pudiera llamarse independencia, la India simplemente habría sido absorbida por Japón, o dividida entre Japón y Rusia.

A un gobierno laborista en el poder se le habrían abierto tres políticas imperiales. Una era seguir administrando el Imperio exactamente igual que antes, lo que significaba abandonar toda pretensión de socialismo. Otra era «liberar» a los pueblos sometidos, lo que en la práctica significaba entregarlos a Japón, Italia y otras potencias depredadoras y, de paso, provocar una catastrófica caída del nivel de vida británico. La tercera era desarrollar una política imperial *positiva* y aspirar a transformar el Imperio en una federación de Estados socialistas, como una versión más laxa y libre de la Unión de Repúblicas Soviéticas. Pero la historia y los antecedentes del Partido Laborista lo hacían imposible. Era un partido de los sindicatos, irremediablemente pueblerino, con poco interés en los asuntos imperiales y sin contactos con los hombres que realmente mantenían unido el Imperio. Habría tenido que entregar la administración de la India y África y todo el trabajo de la defensa imperial a hombres de una clase diferente y tradicionalmente hostiles al socialismo. Por encima de todo estaba la duda de si un gobierno laborista que se tomara en serio los negocios podría hacerse obedecer. A pesar de su gran número de seguidores, el Partido Laborista no tenía ninguna base en la marina, muy poca o ninguna en el ejército o la fuerza aérea, ninguna en los servicios coloniales, y ni siquiera una base segura en la administración pública nacional. En Inglaterra su posición era fuerte pero no indiscutible, y fuera de Inglaterra todos los puntos clave estaban en manos de sus enemigos. Una vez en el poder, siempre se habría enfrentado al mismo dilema: cumplir sus promesas y arriesgarse a una revuelta, o continuar con la misma política que los conservadores y dejar de hablar de socialismo. Los dirigentes laboristas nunca encontraron una solución y, a partir de 1935, era muy dudoso que quisieran seguir en el poder. Habían degenerado en una Oposición Permanente.

Fuera del Partido Laborista existían varios partidos extremistas, de los cuales los comunistas eran los más fuertes. Los comunistas tuvieron una influencia considerable en el Partido Laborista en los años 1920-1926 y 1935-1939. Su principal importancia, y la de toda el ala izquierda del movimiento laborista, fue el papel que desempeñaron en alejar a las clases medias del socialismo.

La historia de los últimos siete años ha dejado perfectamente claro que el comunismo no tiene ninguna posibilidad en Europa occidental. El atractivo del fascismo es mucho mayor. En un país tras otro, los comunistas han sido desarraigados por sus enemigos más actuales, los nazis. En los países de habla inglesa nunca han tenido una base seria. El credo que difundían solo podía atraer a un tipo de persona bastante raro, que se encuentra principalmente en la *in-*

telligentsia de clase media, el tipo que ha dejado de amar a su propio país pero que todavía siente la necesidad del patriotismo y, por lo tanto, desarrolla sentimientos patrióticos hacia Rusia. En 1940, después de trabajar durante veinte años y gastar mucho dinero, los comunistas británicos apenas tenían 20.000 miembros, en realidad un número menor que con el que habían empezado en 1920. Los demás partidos marxistas tenían aún menos importancia. No contaban con el dinero y el prestigio rusos a sus espaldas, y aún más que los comunistas estaban atados a la doctrina decimonónica de la guerra de clases. Continuaron año tras año predicando este evangelio anticuado, y nunca sacaron ninguna conclusión del hecho de que no les conseguía seguidores.

Tampoco surgió ningún movimiento fascista autóctono fuerte. Las condiciones materiales no eran suficientemente malas y no surgió ningún líder que pudiera ser tomado en serio. Habría que buscar durante mucho tiempo para encontrar un hombre más vacío de ideas que sir Oswald Mosley. Era tan vacío como una jarra. Incluso el hecho elemental de que el fascismo no debe ofender el sentimiento nacional se le había escapado. Todo su movimiento fue imitado servilmente del extranjero, el uniforme y el programa del partido de Italia y el saludo de Alemania, con el ataque a los judíos añadido como una ocurrencia tardía, ya que Mosley había empezado su movimiento con judíos entre sus seguidores más prominentes. Un hombre de la talla de Bottomley o Lloyd George podría haber dado vida a un verdadero movimiento fascista británico. Pero tales líderes solo aparecen cuando existe la necesidad psicológica de ellos.

Después de veinte años de estancamiento y desempleo, todo el movimiento socialista inglés fue incapaz de producir una versión del socialismo que la masa del pueblo pudiera siquiera considerar deseable. El Partido Laborista defendía un tímido reformismo, los marxistas miraban el mundo moderno a través de unas lentes del siglo XIX. Ambos ignoraban la agricultura y los problemas imperiales, y ambos antagonizaban con las clases medias. La asfixiante estupidez de la propaganda izquierdista había asustado a clases enteras de gente necesaria, directores de fábricas, aviadores, oficiales navales, agricultores, trabajadores de cuello blanco, comerciantes, policías. A toda esta gente se le había enseñado a pensar en el socialismo como algo que amenazaba su sustento, o como algo sedicioso, ajeno, «antibritánico», como lo habrían llamado. Solo los intelectuales, el sector menos útil de la clase media, gravitaban hacia el movimiento.

Un Partido Socialista que realmente quisiera conseguir algo habría empezado por enfrentarse a varios hechos que hasta el día de hoy se consideran innombrables en los círculos de izquierda. Habría reconocido que Inglaterra está más unida que la mayoría de los países, que los trabajadores británicos tienen mucho que perder además de sus cadenas, y que las diferencias de perspectiva y hábitos entre clase y clase están disminuyendo rápidamente. En general, habría reconocido que la anticuada «revolución proletaria» es una imposibilidad. Pero a lo largo de los años de entreguerras nunca apareció un programa socialista que fuera a la vez revolucionario y viable; básicamente, sin duda, porque nadie quería realmente que se produjera ningún cambio importante. Los dirigentes laboristas querían seguir y seguir, cobrando sus sueldos e intercambiando periódicamente sus puestos con los conservadores. Los comunistas querían seguir y seguir, sufriendo un cómodo martirio, sufriendo derrotas interminables y culpando después a otras personas. Los intelectuales de izquierdas querían seguir y seguir, riéndose de los *Blimps*, minando la moral de la clase media, pero manteniendo su posición privilegiada como parásitos de los que reparten dividendos. La política del Partido Laborista se había convertido en una variante del conservadurismo, la política «revolucionaria» se había convertido en un juego de fantasía.

Ahora, sin embargo, las circunstancias han cambiado, los años de letargo han terminado. Ser socialista ya no significa patalear teóricamente contra un sistema con el que en la práctica se está bastante satisfecho. Esta vez nuestra situación es real. Es «los filisteos están sobre ti, Sansón». Tenemos que hacer que nuestras palabras tomen forma física, o perecer. Sabemos muy bien que con su actual estructura social Inglaterra no puede sobrevivir, y tenemos que hacer que los demás vean este hecho y actúen en consecuencia. No podemos ganar la guerra sin introducir el socialismo, ni establecer el socialismo sin ganar la guerra. En un momento así es posible, como no lo fue en los años de paz, ser al mismo tiempo revolucionario y realista. Un moviento socialista capaz de movilizar a la masa del pueblo, de expulsar a los profascistas de los puestos de mando, de acabar con las injusticias más flagrantes y de hacer ver a la clase obrera que tiene algo por lo que luchar, de ganarse a las clases medias en lugar de enemistarse con ellas, de elaborar una política imperial viable en lugar de una mezcla de patrañas y utopías, de unir patriotismo e inteligencia; por primera vez, un movimiento de este tipo se hace posible.

II

El hecho de que estemos en guerra ha hecho que el socialismo deje de ser una palabra de manual para convertirse en una política realizable.

La ineficacia del capitalismo privado se ha demostrado en toda Europa. Su injusticia se ha demostrado en el East End de Londres. El patriotismo, contra el que los socialistas lucharon tanto tiempo, se ha convertido en una tremenda palanca en sus manos. La gente que en cualquier otro momento se aferraría como pegamento a sus miserables trozos de privilegio, los abandonará con la suficiente rapidez cuando su país esté en peligro. La guerra es el mayor de todos los agentes de cambio. Acelera todos los procesos, borra las distinciones menores, saca las realidades a la superficie. Sobre todo, la guerra hace comprender al individuo que no es del todo un individuo. Solo porque son conscientes de ello mueren los hombres en el campo de batalla. En este momento no se trata tanto de renunciar a la vida como de renunciar al ocio, a la comodidad, a la libertad económica, al prestigio social. Hay muy poca gente en Inglaterra que realmente quiera ver a su país conquistado por Alemania. Si se puede dejar claro que derrotar a Hitler significa acabar con el privilegio de clase, la gran masa de gente de clase media, la clase de 6 libras a la semana a 2.000 libras al año, probablemente estará de nuestro lado. Esta gente es bastante indispensable, porque incluye a la mayoría de los expertos técnicos. Obviamente, el esnobismo y la ignorancia política de gente como los aviadores y los oficiales navales supondrán una gran dificultad. Pero sin esos aviadores, comandantes de destructores, etc., no podríamos sobrevivir ni una semana. La única forma de llegar a ellos es a través de su patriotismo. Un movimiento socialista inteligente utilizará su patriotismo, en lugar de limitarse a insultarlo, como hasta ahora.

Pero ¿quiero decir que no habrá oposición? Por supuesto que no. Sería infantil esperar algo así.

Habrá una lucha política encarnizada, y habrá sabotajes inconscientes y semiconscientes por todas partes. En algún momento será necesario recurrir a la violencia. Es fácil imaginar que estalle una rebelión profascista, por ejemplo, en la India. Tendremos que luchar contra el soborno, la ignorancia y el esnobismo. Los banqueros y los grandes hombres de negocios, los terratenientes y los que cobran dividendos, los funcionarios con sus traseros prensiles, obstruirán todo lo que puedan. Incluso las clases medias se retorcerán cuando su acostumbrado modo de vida se vea amenazado. Pero como el sentimiento inglés de unidad nacional nunca se ha desintegrado, porque el patriotismo es finalmente más fuerte que el odio de clase, lo más probable es que prevalezca la voluntad de la mayoría. No sirve de nada imaginar que se pueden hacer cambios fundamentales sin provocar una escisión en la nación; pero la minoría traidora será mucho menor en tiempos de guerra que en cualquier otro momento.

El cambio de opinión se está produciendo visiblemente, pero no se puede contar con que ocurra lo bastante rápido por sí solo. Esta guerra es una carrera entre la consolidación del imperio de Hitler y el crecimiento de la conciencia democrática. En todas partes de Inglaterra se puede ver una batalla de ding-dong que va de un lado a otro: en el Parlamento y en el Gobierno, en las fábricas y en las fuerzas armadas, en los pubs y en los refugios antiaéreos, en los periódicos y en la radio. Cada día hay pequeñas derrotas, pequeñas victorias. Morrison para la Seguridad Interior: unos pocos pasos adelante. Priestley expulsado del aire; unos metros atrás. Es una lucha entre los que van a tientas y los que no, entre los jóvenes y los viejos, entre los vivos y los muertos. Pero es muy necesario que el descontento que indudablemente existe adopte una forma resuelta y no meramente obstruccionista. Es hora de que *el pueblo* defina sus objetivos de guerra. Lo que se necesita es un programa de acción simple y concreto, que pueda recibir toda la publicidad posible y en torno al cual pueda agruparse la opinión pública.

Sugiero que el siguiente programa de seis puntos es lo que necesitamos. Los tres primeros puntos se refieren a la política interior de Inglaterra, los otros tres al Imperio y al mundo:

1. Nacionalización de la tierra, las minas, los ferrocarriles, los bancos y las grandes industrias.
2. Limitación de los ingresos, en una escala tal que los ingresos libres de impuestos más elevados en Gran Bretaña no superen a los más bajos en más de diez a uno.
3. Reforma democrática del sistema educativo.

4. Estatus de Dominio inmediato para la India, con poder de separación cuando termine la guerra.
5. Formación de un Consejo General Imperial, en el que estarán representados los pueblos de color.
6. Declaración de alianza formal con China, Abisinia y todas las demás víctimas de las potencias fascistas.

La tendencia general de este programa es inequívoca. Pretende francamente convertir esta guerra en una guerra revolucionaria y a Inglaterra en una democracia socialista. Deliberadamente no he incluido en él nada que la persona más sencilla no pueda entender y comprender. En la forma en que lo he presentado, podría imprimirse en la primera página del *Daily Mirror*. Pero para los propósitos de este libro es necesaria cierta amplificación.

1. NACIONALIZACIÓN. Se puede «nacionalizar» la industria de un plumazo, pero el proceso real es lento y complicado. Lo que hace falta es que la propiedad de todas las grandes industrias recaiga formalmente en el Estado, en representación de la gente común. Una vez hecho esto, será posible eliminar la clase de meros propietarios que no viven en virtud de nada de lo que producen, sino de la posesión de títulos de propiedad y certificados de acciones. La propiedad estatal implica, por lo tanto, que nadie vivirá sin trabajar. No es tan seguro hasta qué punto implica un cambio repentino en la conducta de la industria. En un país como Inglaterra no podemos derribar toda la estructura y volver a construir desde abajo, y menos aún en tiempos de guerra. Inevitablemente, la mayoría de las empresas industriales continuarán con el mismo personal que antes, y los antiguos propietarios o directores generales seguirán trabajando como empleados del Estado. Hay razones para pensar que muchos de los pequeños capitalistas acogerían con agrado un acuerdo de este tipo. La resistencia vendrá de los grandes capitalistas, los banqueros, los terratenientes y los ricos ociosos, en términos generales, la clase con más de

2.000 libras al año, e incluso si se cuenta a todos sus dependientes, no hay más de medio millón de estas personas en Inglaterra. La nacionalización de las tierras agrícolas implica eliminar al terrateniente y al recaudador de diezmos, pero no necesariamente interferir con el agricultor. Es difícil imaginar una reorganización de la agricultura inglesa que no mantenga la mayoría de las granjas existentes como unidades, al menos al principio. El agricultor, cuando sea competente, seguirá siendo un administrador asalariado. Prácticamente ya lo es, con la desventaja añadida de tener que obtener beneficios y estar permanentemente endeudado con el banco. Es probable que el Estado no se inmiscuya en ciertos tipos de pequeño comercio, e incluso en la propiedad de la tierra a pequeña escala. Sería un gran error empezar por victimizar a la clase de los pequeños propietarios, por ejemplo. Estas personas son necesarias, en general son competentes, y la cantidad de trabajo que realizan depende del sentimiento de que son «sus propios amos». Pero el Estado impondrá, sin duda, un límite al alza de la propiedad de la tierra (probablemente quince acres como máximo), y nunca permitirá la propiedad de la tierra en las zonas urbanas.

Desde el momento en que todos los bienes productivos hayan sido declarados propiedad del Estado, el pueblo sentirá, como no puede sentir ahora, que el Estado es él mismo. Estarán entonces dispuestos a soportar los sacrificios que nos esperan, con guerra o sin ella. Y aunque el rostro de Inglaterra apenas parezca cambiar, el día en que nuestras principales industrias sean formalmente nacionalizadas, se habrá roto el dominio de una sola clase. A partir de entonces, se pasará de la propiedad a la gestión, del privilegio a la competencia. Es muy posible que la propiedad estatal produzca por sí misma menos cambios sociales que los que nos impondrán las dificultades comunes de la guerra. Pero es el primer paso necesario sin el cual cualquier reconstrucción *real* es imposible.

2. INGRESOS. La limitación de los ingresos implica la fijación de un salario mínimo, lo que implica una moneda interna administrada basada simplemente en la cantidad de bienes de consumo disponibles. Y esto implica de nuevo un sistema de racionamiento más estricto que el actual. A estas alturas de la historia del mundo, es inútil sugerir que todos los seres humanos deberían tener exactamente los mismos ingresos. Se ha demostrado una y otra vez que sin algún tipo de recompensa monetaria no hay incentivo para realizar determinados trabajos. Por otra parte, la recompensa en dinero no tiene por qué ser muy grande. En la práctica, es imposible limitar los ingresos tan rígidamente como he sugerido. Siempre habrá anomalías y evasiones. Pero no hay razón para que diez a uno no sea la variación máxima normal. Y dentro de esos límites es posible cierto sentido de igualdad. Un hombre con 3 libras a la semana y otro con 1.500 libras al año pueden sentirse semejantes, cosa que el duque de Westminster y los que duermen en los bancos del Embankment no pueden.

3. EDUCACIÓN. En tiempos de guerra, la reforma educativa debe ser necesariamente una promesa más que un rendimiento. Por el momento no estamos en condiciones de elevar la edad de escolarización ni de aumentar el personal docente de las escuelas primarias. Pero hay ciertos pasos inmediatos que podríamos dar hacia un sistema educativo democrático. Podríamos empezar por suprimir la autonomía de las escuelas públicas y de las antiguas universidades e inundarlas de alumnos subvencionados por el Estado, elegidos simplemente en función de su capacidad. En la actualidad, la enseñanza pública es en parte un entrenamiento en los prejuicios de clase y en parte una especie de impuesto que las clases medias pagan a la clase alta a cambio del derecho a acceder a determinadas profesiones. Es cierto que esta situación está cambiando. Las clases medias han empezado a rebelarse contra lo costosa que resulta la educación, y la guerra llevará a la quiebra a la mayoría de las escuelas públi-

cas si continúa durante uno o dos años más. La evacuación también está produciendo ciertos cambios menores. Pero existe el peligro de que algunas de las escuelas más antiguas, que podrán capear la tormenta financiera durante más tiempo, sobrevivan de una forma u otra como centros enconados de esnobismo. En cuanto a las 10.000 escuelas «privadas» que posee Inglaterra, la inmensa mayoría de ellas no merecen otra cosa que la supresión. Son simples empresas comerciales, y en muchos casos su nivel educativo es realmente inferior al de las escuelas primarias. Simplemente existen debido a la idea generalizada de que hay algo vergonzoso en ser educado por las autoridades públicas. El Estado podría sofocar esta idea declarándose responsable de toda la educación, aunque al principio no fuera más que un gesto. Necesitamos tanto gestos como acciones. Es demasiado evidente que hablar de «defensa de la democracia» no tiene sentido mientras sea un mero accidente de nacimiento lo que decida si un niño superdotado recibirá o no la educación que merece.

4. INDIA. Lo que debemos ofrecer a la India no es «libertad», que como he dicho antes, es imposible, sino alianza, asociación, en una palabra, igualdad. Pero también debemos decir a los indios que son libres de separarse, si quieren. Sin eso no puede haber igualdad de asociación, y nuestra pretensión de defender a los pueblos de color contra el fascismo nunca será creída. Pero es un error imaginar que si los indios fueran libres de separarse lo harían inmediatamente. Cuando un gobierno británico les ofrezca la independencia incondicional, la rechazarán. Porque tan pronto como tengan el poder de separarse, las principales razones para hacerlo habrán desparecido.

Una separación completa de los dos países sería un desastre para la India tanto como para Inglaterra. Los indios inteligentes lo saben. Tal como están las cosas actualmente, la India no solo no puede defenderse, sino que apenas es capaz de alimentarse. Toda la administración del país depende de un entramado de expertos (ingenieros, funcionarios forestales, ferroviarios, soldados, médicos) que son predominantemente ingleses y no podrían ser sustituidos en cinco o diez años. Además, el inglés es la principal lengua franca y casi toda la *intelligentsia* india está profundamente anglizada. Cualquier transferencia a un gobierno extranjero —porque si los británicos se marcharan de la India, los japoneses y otras potencias entrarían inmediatamente— significaría una inmensa dislocación. Ni los japoneses, ni los rusos, ni los alemanes, ni los italianos serían capaces de administrar la India, ni siquiera con el bajo nivel de eficacia alcanzado por los británicos.

No poseen los suministros necesarios de expertos técnicos ni el conocimiento de los idiomas y las condiciones locales, y probablemente no podrían ganarse la confianza de intermediarios indispensables como los euroasiáticos. Si la India fuera simplemente «liberada», es decir, privada de la protección militar británica, el primer resultado sería una nueva conquista extranjera, y el segundo una serie de enormes hambrunas que matarían a millones de personas en pocos años.

Lo que la India necesita es poder elaborar su propia constitución sin la interferencia británica, pero en algún tipo de asociación que garantice su protección militar y asesoramiento técnico. Esto es impensable hasta que haya un gobierno socialista en Inglaterra. Durante al menos ochenta años, Inglaterra ha impedido artificialmente el desarrollo de la India, en parte por miedo a la competencia comercial si las industrias indias se desarrollaban demasiado, en parte porque los pueblos atrasados son más fáciles de gobernar que los civilizados. Es un lugar común que el indio medio sufre mucho más de sus propios compatriotas que de los británicos. El pequeño capitalista indio explota al trabajador de la ciudad con la mayor crueldad, el campesino vive desde el nacimiento hasta la muerte en las garras del prestamista. Pero todo esto es un resultado indirecto de la dominación británica, cuyo objetivo semiconsciente es mantener a la India lo más atrasada posible. Las clases más leales a Gran Bretaña son los príncipes, los terratenientes y la comunidad empresarial; en general, las clases reaccionarias a las que les va bastante bien con el *statu quo*. En el momento en que Inglaterra dejara de estar frente a la India en la relación de un explotador, el equilibrio de fuerzas se alteraría. Ya no sería necesario que los británicos adularan a los ridículos príncipes indios, con sus elefantes dorados y sus ejércitos de cartón, que impidieran el crecimiento de los sindicatos indios, que enfrentaran a musulmanes e hindúes, que protegieran la vida sin valor de los prestamistas, que recibieran los zalemas de los aduladores funcionarios menores, que prefirieran al medio bárbaro *gurkha** al educado bengalí. Una vez controlada esa corriente de dividendos que fluye desde los cuerpos de los *coolies* indios hasta las cuentas bancarias de las ancianas de Cheltenham, todo el nexo *sahib*-nativo, con su altiva ignorancia por un lado y su envidia y servilismo por el otro, puede llegar a su fin. Ingleses e indios pueden trabajar codo con codo para el desarrollo de la India y para la formación de los indios en todas las artes que, hasta ahora, se les ha impedido sistemáticamente aprender. Cuánto del personal británico existente en la India, comercial u oficial, aceptaría tal arreglo —que significaría dejar de una vez por todas de ser *sahibs*— es una cuestión diferente. Pero, en términos generales, cabe esperar más de los hombres más jóvenes y de aquellos funcionarios (ingenieros civiles, expertos forestales y agrícolas, médicos, pedagogos) que han recibido una educación científica. Los altos funciona-

---

* *Gurkha* (o *gurjas* y a veces escrito *gorkha*, que es como se pronuncia en nepalés e hindi) es un pueblo originario de Nepal, que debe su nombre al guerrero hindú del siglo VIII, Guru Gorkhanath, cuyos seguidores fundaron la dinastía de Gorkha, que fue a su vez fundadora del Reino de Nepal. Los *gurkhas* son conocidos por ser feroces combatientes y servir en unidades especiales de las fuerzas armadas del Reino Unido y de la India.

rios, los gobernadores provinciales, los comisarios, los jueces, etc., no tienen remedio; pero también son los más fácilmente reemplazables.

Esto es, a grandes rasgos, lo que significaría el estatus de Dominio si un gobierno socialista se lo ofreciera a la India. Es una oferta de asociación en igualdad de condiciones hasta el momento en que el mundo deje de estar gobernado por aviones bombarderos. Pero debemos añadirle el derecho incondicional a la secesión. Es la única manera de demostrar que lo que decimos va en serio. Y lo que se aplica a la India se aplica, *mutatis mutandis*, a Birmania, Malaya y la mayoría de nuestras posesiones africanas.

5 y 6 se explican por sí mismos. Son el preliminar necesario para cualquier afirmación de que estamos librando esta guerra para proteger a los pueblos pacíficos contra la agresión fascista.

¿Es imposible pensar que una política como esta pueda tener seguidores en Inglaterra? Hace un año, incluso hace seis meses, lo habría sido, pero no ahora. Además —y esta es la peculiar oportunidad de este momento— se le podría dar la publicidad necesaria. Existe ahora una considerable prensa semanal, con una tirada de millones de ejemplares, que estaría dispuesta a popularizar, si no exactamente el programa que he esbozado más arriba, en todo caso alguna política en esa línea. Hay incluso tres o cuatro diarios que estarían dispuestos a escucharlo con simpatía. Esta es la distancia que hemos recorrido en los últimos seis meses.

Pero ¿es factible una política así? Eso depende enteramente de nosotros mismos.

Algunos de los puntos que he sugerido son del tipo que podría llevarse a cabo inmediatamente, otros llevarían años o décadas e incluso entonces no se conseguirían perfectamente. Ningún programa político se cumple nunca en su totalidad. Pero lo que importa es que esa o algo parecido sea nuestra política declarada. Lo que cuenta siempre es la *dirección*. Por supuesto, es totalmente inútil esperar que el Gobierno actual se comprometa con una política que implique convertir esta guerra en una guerra revolucionaria. Es, en el mejor de los casos, un gobierno de compromiso, con Churchill montando dos caballos como un acróbata de circo. Antes de que medidas tales como la limitación de los ingresos sean siquiera pensables, tendrá que producirse un cambio completo de poder que se aleje de la vieja clase dominante. Si durante este invierno la guerra se asienta en otro periodo de estancamiento, deberíamos, en mi opinión, promover unas elecciones generales, cosa que la maquinaria del Partido Conservador hará frenéticos esfuerzos por impedir. Pero incluso sin elecciones podemos conseguir el gobierno que queremos, siempre que lo queramos con la suficiente urgencia. Un verdadero empujón desde abajo lo conseguirá. En cuanto a quién estará en ese gobierno cuando llegue, no hago conjeturas. Solo sé que los hombres adecuados estarán allí cuando el pueblo realmente los quiera, porque son los movimientos los que hacen a los líderes y no los líderes a los movimientos.

Dentro de un año, tal vez incluso dentro de seis meses, si todavía no hemos sido conquistados, veremos surgir algo que nunca ha existido antes, un movimiento socialista específicamente *inglés*. Hasta ahora solo había existido el Partido Laborista, que fue la creación de la clase obrera pero que no aspiraba a ningún cambio fundamental, y el marxismo, que era una teoría alemana interpretada por rusos y trasplantada sin éxito a Inglaterra. No había nada que llegara realmente al corazón del pueblo inglés. A lo largo de toda su historia, el movimiento socialista inglés nunca ha producido una canción con una melodía pegadiza —nada como *La Marsellesa* o *La Cucaracha*, por ejemplo—. Cuando aparezca un movimiento socialista originario de Inglaterra, los marxistas, como todos los demás con intereses creados en el pasado, serán sus acérrimos enemigos. Inevitablemente lo denunciarán como «fascismo». Ya es costumbre entre los intelectuales más blandos de la izquierda declarar que si luchamos contra los nazis, nosotros mismos nos «volveremos nazis». Casi igual de bien podrían decir que si luchamos contra los negros nos volveremos negros. Para «volvernos nazis» tendríamos que haber dejado atrás la historia de Alemania. Las naciones no escapan de su pasado simplemente haciendo una revolución. Un gobierno socialista inglés transformará la nación de arriba abajo, pero seguirá llevando por todas partes las marcas inconfundibles de nuestra propia civilización, la peculiar civilización de la que he hablado antes en este libro. No será doctrinaria, ni siquiera lógica. Abolirá la Cámara de los Lores, pero muy probablemente no abolirá la monarquía. Dejará anacronismos y cabos sueltos por todas partes, el juez con su ridícula peluca de crin y el león y el unicornio en los botones de las gorras de los soldados. No establecerá ninguna dictadura de clase explícita. Se agrupará en torno al viejo Partido Laborista y su masa de seguidores estará en los sindicatos, pero atraerá a la mayor parte de la clase media y a muchos de los hijos más jóvenes de la burguesía. La mayoría de sus cerebros directores procederán de la nueva clase indeterminada de trabajadores cualificados, expertos técnicos, aviadores, científicos, arquitectos y periodistas, la gente que se siente como en casa en la era de la radio y el hormigón armado. Pero nunca perderá el contacto con la tradición del compromiso y la creencia en una ley que está por encima del Estado. Fusilará a los traidores, pero los someterá previamente a un juicio solemne y, en ocasiones, los absolverá. Aplastará con prontitud y crueldad cualquier revuelta abierta, pero interferirá muy poco en la palabra hablada y escrita. Los partidos políticos seguirán existiendo con nombres diferentes, las sectas revolucionarias seguirán publicando sus periódicos y causando tan poca impresión como siempre. Desestructurará la Iglesia, pero no perseguirá la religión. Conservará una vaga reverencia por el código moral cristiano, y de vez en cuando se referirá a Inglaterra como «un país cristiano». La Iglesia católica le hará la guerra, pero las sectas no conformistas y el grueso de la Iglesia anglicana podrán llegar a un acuerdo. Demostrará un poder de asimilación del pasado que chocará a los observadores extranjeros y a veces les hará dudar de que se haya producido alguna revolución. Pero, en cualquier caso, habrá hecho lo esencial. Habrá nacionalizado la industria, reducido las rentas y establecido un sistema educativo sin clases. Su verdadera naturaleza se pondrá de manifiesto por el odio que le profesarán los ricos supervivientes del mundo. Su objetivo no será desintegrar el Imperio, sino convertirlo en una federación de Estados socialistas, liberados no tanto de la bandera británica como del prestamista, del cobrador de dividendos y del funcionario británico con cabeza de palo. Su estrategia de guerra será totalmente diferente de la de cualquier Estado regido por la propiedad, porque no temerá las secuelas revolucionarias cuando se derribe cualquier régimen existente. No tendrá el menor escrúpulo en atacar a neutrales hostiles o en provocar la rebelión nativa en colonias enemigas. Luchará de tal manera que, incluso si es derrotado, su recuerdo será peligroso para el vencedor, como el recuerdo de la Revolución francesa fue peligroso para la Europa de Metternich. Los dictadores le temerán como no podrían temer al actual régimen británico, aunque su fuerza militar fuera diez veces mayor de lo que es.

Pero en este momento, cuando la somnolienta vida de Inglaterra apenas se ha alterado, y el ofensivo contraste de riqueza y pobreza sigue existiendo en todas partes, incluso en medio de las bombas, ¿por qué me atrevo a decir que todas estas cosas «sucederán»?

Porque ha llegado el momento en que se puede predecir el futuro en términos de «o lo uno o lo otro». O convertimos esta guerra en una guerra revolucionaria (no digo que nuestra política vaya a ser exactamente la que he indicado más arriba, sino simplemente que seguirá esas líneas generales) o la perdemos, y mucho más. Muy pronto será posible decir definitivamente que nuestros pies están puestos en uno u otro camino. Pero en cualquier caso es seguro que con nuestra actual estructura social no podemos ganar. Nuestras fuerzas reales, físicas, morales o intelectuales, no pueden movilizarse.

III

El patriotismo no tiene nada que ver con el conservadurismo. En realidad, es lo contrario del conservadurismo, ya que es una devoción a algo que siempre está cambiando y que, sin embargo, se siente místicamente igual. Es el puente entre el futuro y el pasado. Ningún verdadero revolucionario ha sido nunca internacionalista.

Durante los últimos veinte años, el punto de vista negativo y pusilánime que ha estado de moda entre los izquierdistas ingleses, las burlas de los intelectuales hacia el patriotismo y el coraje físico, el persistente esfuerzo por minar la moral inglesa y propagar una actitud hedonista y de «qué saco yo de esto» ante la vida, no ha hecho más que daño. Habría sido perjudicial incluso si hubiéramos vivido en el miserable universo de la Sociedad de Naciones que esta gente imaginaba. En una época de *Führeres* y aviones bombarderos, fue un desastre. Por poco que nos guste, la dureza es el precio de la supervivencia. Una nación educada para pensar de forma hedonista no puede sobrevivir entre pueblos que trabajan como esclavos y se reproducen como conejos, y cuya principal industria nacional es la guerra. Los socialistas ingleses de casi todos los colores han querido oponerse al fascismo, pero al mismo tiempo han intentado que sus propios compatriotas no sean belicistas. Han fracasado, porque en Inglaterra las lealtades tradicionales son más fuertes que las nuevas. Pero a pesar de todas las heroicidades «antifascistas» de la prensa de izquierda, ¿qué posibilidades habríamos tenido cuando llegó la verdadera lucha contra el fascismo, si el inglés medio hubiera sido el tipo de criatura que el *New Statesman*, el *Daily Worker* o incluso el *News Chronicle* querían hacer de él? Hasta 1935, prácticamente todos los izquierdistas ingleses eran vagamente pacifistas. Después de 1935, los más ruidosos se lanzaron con entusiasmo al movimiento del Frente Popular, que no era más que una evasión de todo el problema planteado por el fascismo. Pretendía ser «antifascista» en un sentido puramente negativo —«contra» el fascismo sin estar «a favor» de ninguna política identificable— y debajo de él subyacía la vaga idea de que, llegado el momento, los rusos lucharían por nosotros. Es asombroso cómo esta ilusión no muere. Cada semana llega una avalancha de cartas a la prensa señalando que, si tuviéramos un gobierno sin conservadores, los rusos difícilmente podrían evitar ponerse de nuestro lado. O debemos publicar altisonantes objetivos de guerra (libros como *Unser Kampf, A Hundred Million Allies, If We Choose*, etcétera), con lo que las poblaciones europeas se levantarán infaliblemente en nuestro favor. Es la misma idea todo el tiempo: buscar inspiración en el extranjero, conseguir que otro luche por ti. Bajo esta idea subyace el espantoso complejo de inferioridad del intelectual inglés, la creencia de que los ingleses ya no son una raza marcial, que ya no son capaces de resistir.

La verdad es que no hay razón para pensar que nadie vaya a luchar por nosotros todavía durante un tiempo, excepto los chinos, que ya llevan tres años haciéndolo.* Los rusos pueden verse empujados a luchar de nuestro lado por el hecho de un ataque directo, pero han dejado suficientemente claro que no se enfrentarán al ejército alemán si hay alguna forma de evitarlo. En cualquier caso, no es probable que se sientan atraídos por el espectáculo de un gobierno de izquierda en Inglaterra. Es casi seguro que el actual régimen ruso será hostil a cualquier revolución en Occidente. Los

---

* Escrito antes del estallido de la guerra en Grecia. *(Nota del autor.)*

pueblos sometidos de Europa se rebelarán cuando Hitler empiece a tambalearse, pero no antes. Nuestros aliados potenciales no son los europeos, sino, por un lado, los estadounidenses, que necesitarán un año para movilizar sus recursos, incluso si se consigue doblegar a las grandes empresas, y, por otro, los pueblos de color, que no pueden estar de nuestro lado, ni siquiera sentimentalmente, hasta que haya comenzado nuestra propia revolución. Durante mucho tiempo, un año, dos años, posiblemente tres años, Inglaterra tiene que ser el amortiguador del mundo. Tenemos que enfrentarnos a bombardeos, hambre, exceso de trabajo, gripe, aburrimiento y ofertas de paz traicioneras. Es evidente que es el momento de fortalecer la moral, no de debilitarla. En lugar de adoptar la actitud mecánicamente antibritánica que es habitual en la izquierda, es mejor considerar cómo sería realmente el mundo si pereciera la cultura anglosajona. Porque es infantil suponer que los demás países de habla inglesa, incluso Estados Unidos, no se verán afectados si Gran Bretaña es conquistada.

Lord Halifax, y toda su tribu, creen que cuando termine la guerra las cosas volverán a ser exactamente como antes. De vuelta al loco pavimento de Versalles, de vuelta a la «democracia», es decir, al capitalismo, de vuelta a las colas del desempleo y a los coches Rolls Royce, de vuelta a los sombreros grises de copa y a los pantalones de esponja, in *saecula saeculorum*. Por supuesto, es obvio que nada de eso va a ocurrir. En el caso de una paz negociada, es posible que se produzca una débil imitación, pero solo durante un breve periodo de tiempo. El capitalismo del *laissez faire* ha muerto.* La elección está entre el tipo de sociedad colectiva que Hitler establecerá y el tipo que puede surgir si es derrotado.

---

* Es interesante notar que el señor Kennedy, embajador de Estados Unidos en Londres, comentó a su regreso a Nueva York en octubre de 1940 que, como resultado de la guerra, «la democracia está acabada».

Si Hitler gana esta guerra, consolidará su dominio sobre Europa, África y Oriente Medio y, si sus ejércitos no se han agotado demasiado de antemano, arrebatará vastos territorios a la Rusia soviética. Establecerá una sociedad de castas graduadas en la que el *Herrenvolk* alemán ('raza superior' o 'raza aristocrática') gobernará sobre los eslavos y otros pueblos inferiores cuyo trabajo consistirá en producir productos agrícolas de bajo precio. Reducirá a los pueblos de color de una vez por todas a la esclavitud absoluta. El verdadero problema de las potencias fascistas con el imperialismo británico es que saben que se está desintegrando. Otros veinte años en la actual línea de desarrollo y la India será una república campesina unida a Inglaterra solo por una alianza voluntaria. Los «semiapes» de los que Hitler habla con tanto odio volarán aviones y fabricarán ametralladoras. El sueño fascista de un imperio esclavista habrá llegado a su fin. Por otra parte, si somos derrotados, simplemente entregaremos nuestras propias víctimas a nuevos amos que llegan frescos al trabajo y no han desarrollado ningún escrúpulo.

Pero hay algo más en juego que el destino de los pueblos de color. Dos visiones incompatibles de la vida luchan entre sí. «Entre democracia y totalitarismo», dice Mussolini, «no puede haber compromiso». Los dos credos ni siquiera pueden, durante un tiempo, convivir. Mientras exista la democracia, incluso en su muy imperfecta forma inglesa, el totalitarismo corre un peligro mortal. Todo el mundo de habla inglesa está obsesionado por la idea de la igualdad humana, y aunque sería simplemente una mentira decir que nosotros o los americanos hemos actuado alguna vez a la altura de nuestras profesiones, aun así, la *idea* está ahí, y es capaz de convertirse un día en realidad. De la cultura anglófona, si no perece, acabará surgiendo una sociedad

---

Por «democracia», por supuesto, se refería al capitalismo privado. *(Nota del autor.)*

de seres humanos libres e iguales. Pero es precisamente la idea de igualdad humana —la idea «judía» o «judeocristiana» de igualdad— lo que Hitler vino al mundo a destruir. Dios sabe que lo ha dicho muchas veces. La idea de un mundo en el que los negros fueran tan buenos como los blancos y los judíos fueran tratados como seres humanos le produce el mismo horror y desesperación que nos produce a nosotros la idea de una esclavitud sin fin.

Es importante tener en cuenta lo irreconciliables que son estos dos puntos de vista. Es bastante probable que en algún momento del próximo año se produzca una reacción pro-Hitler dentro de la *intelligentsia* de izquierda. Ya hay signos premonitorios de ello. El logro positivo de Hitler apela al vacío de esta gente y, en el caso de aquellos con inclinaciones pacifistas, a su masoquismo. Uno sabe de antemano más o menos lo que van a decir. Empezarán por negarse a admitir que el capitalismo británico está evolucionando hacia algo diferente, o que la derrota de Hitler puede significar algo más que una victoria para los millonarios británicos y estadounidenses. Y a partir de ahí procederán a argumentar que, después de todo, la democracia es «igual que» o «tan mala como» el totalitarismo. En Inglaterra no hay mucha libertad de expresión; por lo tanto, no hay más de la que existe en Alemania. Estar desempleado es una experiencia horrible; por lo tanto, no *es peor* estar en las cámaras de tortura de la Gestapo. En general, dos negros hacen un blanco, media hogaza es lo mismo que no tener pan.

Pero en realidad, sea lo que sea lo cierto sobre la democracia y el totalitarismo, no es cierto que sean lo mismo. No lo sería aunque la democracia británica fuera incapaz de evolucionar más allá de su estadio actual. Toda la concepción del Estado continental militarizado, con su policía secreta, su literatura censurada y su mano de obra conscripta, es completamente diferente de la de la democracia marítima suelta, con sus barrios marginales y su desempleo, sus huelgas y sus partidos políticos. Es la diferencia entre el poder terrestre y el poder marítimo, entre la crueldad y la ineficacia, entre la mentira y el autoengaño, entre el hombre de las SS y el recaudador de rentas. Y al elegir entre ellos, uno elige no tanto por lo que son ahora como por lo que son capaces de llegar a ser. Pero en cierto sentido es irrelevante si la democracia, en su nivel más alto o más bajo, es «mejor» que el totalitarismo. Para decidirlo habría que tener acceso a normas absolutas. La única cuestión que importa es cuáles serán las verdaderas simpatías de cada uno cuando llegue el momento. Los intelectuales a los que tanto les gusta contraponer la democracia al totalitarismo y «demostrar» que una cosa es tan mala como la otra son simplemente personas frívolas que nunca se han visto enfrentadas a la realidad. Muestran la misma incomprensión superficial del fascismo ahora, cuando empiezan a coquetear con él, que hace uno o dos años, cuando clamaban contra él. La pregunta no es: «¿Puede presentar un "caso" de sociedad de debate a favor de Hitler?». La pregunta es: «¿Acepta realmente ese argumento? ¿Está dispuesto a someterse al gobierno de Hitler? ¿Quiere ver a Inglaterra conquistada o no?». Sería mejor estar seguro sobre ese punto antes de ponerse frívolamente del lado del enemigo. Porque en la guerra no existe la neutralidad; en la práctica hay que ayudar a uno u otro bando.

Cuando llegue el momento, nadie criado en la tradición occidental podrá aceptar la visión fascista de la vida. Es importante darse cuenta de ello ahora, y comprender lo que implica. Con toda su pereza, hipocresía e injusticia, la civilización anglosajona es el único gran obstáculo en el camino de Hitler. Es una contradicción viva de todos los dogmas «infalibles» del fascismo. Por eso, desde hace años, todos los escritores fascistas están de acuerdo en que el poder de Inglaterra debe ser destruido. Inglaterra debe ser «exterminada», debe ser «aniquilada», debe «dejar de existir». Estratégicamente sería posible que esta guerra terminara con Hitler en posesión segura de Europa, y con el Imperio Británico intacto y el poder marítimo británico apenas afectado. Pero ideológicamente no es posible; si Hitler hiciera una oferta en ese sentido, solo podría ser a traición, con vistas a conquistar Inglaterra indirectamente o renovar el ataque en algún momento más favorable. No se puede permitir que Inglaterra siga siendo una especie de embudo a través del cual las ideas mortíferas del otro lado del Atlántico fluyan hacia los estados policiales de Europa. Y volviendo a nuestro propio punto de vista, vemos la inmensidad de la cuestión que tenemos ante nosotros, la importancia de preservar nuestra democracia más o menos como la hemos conocido. Pero *preservar* es siempre *ampliar*. La elección que tenemos ante nosotros no es tanto entre la victoria y la derrota como entre la revolución y la apatía. Si aquello por lo que luchamos queda totalmente destruido, lo habrá sido en parte por nuestra propia acción.

Podría ocurrir que Inglaterra introdujera los principios del socialismo, convirtiera esta guerra en una guerra revolucionaria y aun así fuera derrotada. Eso es, en cualquier caso, pensable. Pero, por terrible que fuera para cualquiera que ahora sea adulto, sería mucho menos mortal que la «paz de compromiso» que unos pocos hombres ricos y sus mentirosos a sueldo están esperando. La ruina final de Inglaterra solo podría ser llevada a cabo por un gobierno inglés que actuara bajo las órdenes de Berlín. Pero eso no puede ocurrir si Inglaterra ha despertado de antemano. Porque en ese caso la derrota sería inequívoca, la lucha continuaría, la idea sobreviviría. La diferencia entre caer luchando y rendirse sin luchar no es en absoluto una cuestión de «honor» y heroísmo escolar. Hitler dijo una vez que *aceptar* la derrota destruye el alma de una nación. Esto suena a disparate, pero es estrictamente cierto. La derrota de 1870 no disminuyó la influencia mundial de Francia. La Tercera República tuvo más influencia, intelectualmente, que la Francia de Napoleón III. Pero el tipo de paz que

Pétain, Laval y compañía han aceptado solo puede comprarse aniquilando deliberadamente la cultura nacional. El Gobierno de Vichy solo disfrutará de una falsa independencia a condición de que destruya los signos distintivos de la cultura francesa: republicanismo, laicismo, respeto por el intelecto, ausencia de prejuicios de color. No podemos ser *completamente* derrotados si hemos hecho nuestra revolución de antemano. Podemos ver a las tropas alemanas marchando por Whitehall, pero se habrá iniciado otro proceso, en última instancia mortal para el sueño de poder alemán. El pueblo español fue derrotado, pero las cosas que aprendió durante esos dos años y medio memorables volverán algún día sobre los fascistas españoles como un *boomerang*. Al principio de la guerra se citó mucho un fragmento de Shakespeare. Incluso Chamberlain la citó una vez, si mi memoria no me engaña:

> Vengan los cuatro rincones del mundo en armas
> Y los escandalizaremos: nada nos hará lamentar
> Si Inglaterra para sí misma no descansa más que en la
> [verdad.

Es bastante correcto, si se interpreta correctamente. Pero Inglaterra tiene que ser fiel a sí misma. No es fiel a sí misma mientras los refugiados que han buscado nuestras costas son encerrados en campos de concentración y los directores de las empresas elaboran sutiles planes para eludir el impuesto sobre el exceso de beneficios. Adiós al *Tatler* y al *Bystander*, y adiós a la dama del Rolls Royce. Los herederos de Nelson y de Cromwell no están en la Cámara de los Lores. Están en los campos y en las calles, en las fábricas y en las fuerzas armadas, en el bar de cuatro cervezas y en el jardín trasero de los suburbios; y en la actualidad una generación de fantasmas aún los mantiene ocultos. Comparada con la tarea de sacar a la superficie la verdadera Inglaterra, incluso la victoria en la guerra, por necesaria que sea, es secundaria. Con la revolución somos más nosotros mismos, no menos. No se trata de detenernos, de llegar a un compromiso, de salvar la «democracia», de quedarnos quietos. Nada se queda quieto. Debemos aumentar nuestro patrimonio o perderlo, debemos crecer más o crecer menos, debemos avanzar o retroceder. Yo creo en Inglaterra y creo que avanzaremos.

Wells, Hitler y el Estado mundial (1941)

En marzo o abril, dicen los sabios, habrá un estupendo golpe de gracia a Gran Bretaña... No puedo imaginar con qué cuenta Hitler para hacerlo. Sus menguantes y dispersos recursos militares no son ahora probablemente mucho mayores que los de los italianos antes de ser puestos a prueba en Grecia y África. El poder aéreo alemán se ha gastado en gran parte. Está atrasado y sus hombres de primer orden están en su mayoría muertos o desanimados o agotados. En 1914 el ejército Hohenzollern era el mejor del mundo. Detrás de ese pequeño y chillón defecto de Berlín no hay nada de eso... Sin embargo, nuestros «expertos» militares discuten sobre el fantasma de la espera. En su imaginación es perfecto en su equipamiento e invencible en disciplina... A veces se trata de dar un «golpe» decisivo a través de España y el norte de África, o marchar a través de los Balcanes, marchar del Danubio a Ankara, a Persia, a la India, o «aplastar a Rusia», o «verter» sobre el Brennero hacia Italia. Pasan las semanas y el fantasma no hace ninguna de estas cosas por una excelente razón. No existe en esa medida. La mayor parte de las armas y municiones inadecuadas que poseían debieron de serles arrebatadas y desperdiciadas en los estúpidos amagos de Hitler de invadir Gran Bretaña. Y su cruda disciplina se está marchitando al darse cuenta de que la Blitzkrieg se ha agotado y que la guerra está llegando a su fin.

Estas citas no están tomadas del *Cavalry Quarterly*, sino de una serie de artículos periodísticos de H. G. Wells, escritos a principios de este año y ahora reimpresos en un libro titulado *Guide to the New World*. Desde que fueron escritos, el ejército alemán ha invadido los Balcanes y reconquistado Cirenaica, puede marchar a través de Turquía o España en el momento que le convenga, y ha emprendido la invasión de Rusia. No sé cómo resultará esa campaña, pero vale la pena observar que el Estado Mayor alemán, cuya opinión probablemente vale algo, no la habría iniciado si no se hubiera sentido bastante seguro de terminarla en un plazo de tres meses. Hasta aquí la idea de que el ejército alemán es un desastre, de que su equipo es inadecuado, de que su moral está por los suelos, etcétera.

¿Qué tiene Wells que oponer al «defectuoso gritón de Berlín»? La palabrería habitual sobre un Estado mundial, más la Declaración Sankey, que es un intento de definición de los derechos humanos fundamentales, de tendencia antitotalitaria.

Excepto que ahora está especialmente preocupado por el control federal mundial del poder aéreo, es el mismo evangelio que ha estado predicando casi sin interrupción durante los últimos cuarenta años, siempre con un aire de airada sorpresa ante los seres humanos que pueden no comprender algo tan obvio.

¿De qué sirve decir que necesitamos un control federal mundial del aire? La cuestión es cómo conseguirlo. ¿De qué sirve señalar que es deseable un Estado mundial? Lo que importa es que a ninguna de las cinco grandes potencias militares se le ocurriría someterse a tal cosa. Todos los hombres sensatos durante décadas han estado sustancialmente de acuerdo con lo que dice el señor Wells, pero los hombres sensatos no tienen poder y, en demasiados casos, no están dispuestos a sacrificarse. Hitler es un loco criminal y tiene un ejército de millones de hombres, miles de aviones, decenas de miles de tanques. Por él, una gran nación ha estado dispuesta a sobrecargarse de trabajo durante seis años y luego a luchar durante dos años más, mientras que, por el sentido común, la esencialmente hedonista visión del mundo que el señor Wells propone, apenas una criatura humana está dispuesta a derramar una pinta de sangre. Antes de poder hablar siquiera de reconstrucción del mundo, o incluso de paz, hay que eliminar a Hitler, lo que significa poner en marcha una dinámica no necesariamente igual a la de los nazis, pero probablemente igual de inaceptable para la gente «ilustrada» y hedonista. ¿Qué ha mantenido a Inglaterra en pie durante el último año? En parte, sin duda, alguna vaga idea sobre un futuro mejor, pero sobre todo la atávica emoción del patriotismo, el arraigado sentimiento de los pueblos de habla inglesa de que son superiores a los extranjeros. Durante los últimos veinte años, el principal objetivo de los intelectuales de izquierda ingleses ha sido acabar con este sentimiento, y si lo hubieran conseguido, en este momento podríamos estar viendo a los hombres de las SS patrullando por las calles de Londres. Del mismo modo, ¿por qué los rusos luchan como tigres contra la invasión alemana? En parte, quizá, por algún ideal medio olvidado de socialismo utópico, pero sobre todo en defensa de la Santa Rusia (el «suelo sagrado de la Patria», etcétera), que Stalin ha revivido en una forma solo ligeramente alterada. La energía que realmente da forma al mundo surge de emociones —orgullo racial, culto al líder, creencias religiosas, amor a la guerra— que los intelectuales liberales descartan mecánicamente como anacronismos, y que, por lo general, han destruido tan completamente en sí mismos que han perdido todo poder de acción.

La gente que dice que Hitler es el Anticristo o, en su defecto, el Espíritu Santo, está más cerca de comprender la verdad que los intelectuales que, durante diez terribles años, han mantenido que no es más que una figura salida de una ópera cómica a la que no merece la pena tomar en serio. Todo lo que esta idea realmente refleja son las condiciones protegidas de la vida inglesa. El *Left Book Club* era en el fondo un producto de Scotland Yard, igual que la *Peace Pledge Union* es un producto de la marina. Uno de los avances de los últimos diez años ha sido la aparición del «libro político», una especie de panfleto ampliado que combina la historia con la crítica política, como una forma literaria importante. Pero los mejores escritores en esta línea —Trotski, Rauschning, Rosenberg, Silone, Borkenau, Koestler y otros— no han sido ingleses, y casi todos ellos han sido renegados de uno u otro partido extremista, que han visto de cerca el totalitarismo y han conocido el significado del exilio y la persecución. Solo en los países de habla inglesa estuvo de moda creer, hasta el estallido de la guerra, que Hitler era un lunático sin importancia y los tanques alemanes de cartón. El señor Wells, como se desprende de las citas que he dado más arriba, sigue creyendo algo parecido. No creo que ni las bombas ni la campaña alemana en Grecia hayan modificado su opinión. Un hábito de pensamiento de toda la vida se interpone entre él y la comprensión del poder de Hitler.

Wells, como Dickens, pertenece a la clase media no militar. El tronar de las armas, el tintineo de las espuelas, el nudo en la garganta cuando pasa la vieja bandera, le dejan manifiestamente frío. Siente un odio invencible hacia el lado luchador, cazador y espadachín de la vida, simbolizado en todos sus primeros libros por una violenta propaganda contra los caballos. El principal villano de su *Esquema de la historia universal* es el aventurero militar Napoleón. Si uno hojea casi todos los libros que ha escrito en los últimos cuarenta años, encuentra la misma idea constantemente recurrente: la supuesta antítesis entre el hombre de ciencia que trabaja por un Estado Mundial planificado y el reaccionario que intenta restaurar un pasado desordenado. En novelas, utopías, ensayos, películas, panfletos, la antítesis aparece, siempre más o menos la misma. Por un lado, la ciencia, el orden, el progreso, el internacionalismo, los aviones, el acero, el hormigón, la higiene; por otro, la guerra, el nacionalismo, la religión, la monarquía, los campesinos, los profesores de griego, los poetas, los caballos. Para él, la *Historia* es una sucesión de victorias del hombre científico sobre el hombre romántico. Ahora bien, probablemente tenga razón al suponer que una forma «razonable» y planificada de sociedad, con científicos y no brujos al mando, se impondrá tarde o temprano, pero eso es muy distinto de suponer que está a la vuelta de la esquina. Sobrevive en alguna parte una interesante controversia que tuvo lugar entre Wells y Churchill en la época de la Revolución rusa. Wells acusa a Churchill de no creer realmente en su propia propaganda acerca de que los bolcheviques eran monstruos chorreantes de sangre, etcétera, sino de temer simplemente que iban a introducir una era de sentido común y control científico, en la que no tendrían cabida los abanderados como el propio Churchill. Sin embargo, la opinión de Churchill sobre los bolcheviques era más acertada que la de Wells. Puede que los primeros bolcheviques fueran ángeles o demonios, según se les considere, pero en cualquier caso no eran hombres sensatos. No estaban introduciendo una utopía wellsiana, sino una Regla de los Santos que, como la Regla de los Santos inglesa, era un despotismo militar animado por juicios de brujería. El mismo concepto erróneo reaparece de forma invertida en la actitud de Wells hacia los nazis. Hitler es, en uno, todos los señores de la guerra y hechiceros de la historia. Por lo tanto, argumenta Wells, es un absurdo, un fantasma del pasado, una criatura condenada a desaparecer casi de inmediato. Pero, por desgracia, la equiparación de la ciencia con el sentido común no es realmente válida. El aeroplano, que se esperaba como una influencia civilizadora, pero que en la práctica apenas se ha utilizado salvo para lanzar bombas, es el símbolo de este hecho. La Alemania moderna es mucho más científica que Inglaterra, y mucho más bárbara. Mucho de lo que Wells ha imaginado y por lo que ha trabajado está físicamente allí, en la Alemania nazi. El orden, la planificación, el fomento estatal de la ciencia, el acero, el hormigón, los aviones, todo está ahí, pero todo al servicio de ideas propias de la Edad de Piedra. La ciencia lucha del lado de la superstición. Pero obviamente es imposible que Wells acepte esto. Contradeciría la visión del mundo en la que se basan sus propias obras. Los señores de la guerra y los hechiceros deben fracasar, el Estado Mundial del sentido común, tal como lo ve un liberal del siglo XIX cuyo corazón no salta al sonido de las cornetas, debe triunfar. Dejando a un lado la traición y el derrotismo, Hitler no puede ser un peligro. Que finalmente ganara sería una inversión imposible de la historia, como una restauración jacobita.

Pero ¿no es una especie de parricidio que una persona de mi edad (treinta y ocho años) encuentre defectos en H.G. Wells? Las personas pensantes que nacieron a principios de este siglo son, en cierto sentido, creación de Wells. Cuánta influencia tiene un simple escritor, y especialmente un escritor «popular» cuya obra surte efecto rápidamente, es cuestionable, pero dudo que alguien que escribiera libros entre 1900 y 1920, al menos en lengua inglesa, influyera tanto en los jóvenes. Las mentes de todos nosotros, y, por lo tanto, el mundo físico, serían perceptiblemente diferentes si Wells nunca hubiera existido. Solo que la unicidad de mente, la imaginación unilateral que le hicieron parecer un profeta inspirado en la época eduardiana, le convierten ahora en un pensador superficial e inadecuado. Cuando Wells era joven, la antítesis entre ciencia y reacción no era falsa. La sociedad estaba gobernada por gente estrecha de miras y profundamente incrédula, empresarios depredadores, escuderos aburridos, obispos, políticos que podían citar a Horacio, pero nunca habían oído hablar de álgebra. La ciencia era ligeramente desprestigiada y la creencia religiosa obligatoria. El tradicionalismo, la estupidez, el esnobismo, el patriotismo, la superstición y el amor a la guerra parecían estar todos en el mismo bando; hacía falta alguien que expusiera el punto de vista opuesto. En el siglo XIX, descubrir a H. G.

Wells era una experiencia maravillosa para un niño. Allí estabas, en un mundo de pedantes, clérigos y golfistas, con tus futuros empleadores exhortándote a «progresar o largarte», tus padres deformando sistemáticamente tu vida sexual, y tus torpes maestros de escuela riéndose por encima de sus etiquetas en latín; y aquí estaba este hombre maravilloso que podía hablarte de los habitantes de los planetas y del fondo del mar, y que sabía que el futuro no iba a ser lo que la gente respetable imaginaba. Una década antes de que los aviones fueran técnicamente viables, Wells sabía que dentro de poco los hombres podrían volar. Lo sabía porque él mismo deseaba poder volar y, por lo tanto, estaba seguro que la investigación en esa dirección continuaría. Por otra parte, incluso cuando yo era pequeño, en una época en la que los hermanos Wright habían levantado realmente su máquina del suelo durante cincuenta y nueve segundos, la opinión generalmente aceptada era que si Dios hubiera querido que voláramos nos habría dado alas. Hasta 1914, Wells fue, en lo esencial, un verdadero profeta. En los detalles físicos, su visión del nuevo mundo se ha cumplido hasta un punto sorprendente.

Pero como pertenecía al siglo XIX y a una nación y clase no militar, no podía comprender la tremenda fuerza del viejo mundo que simbolizaban en su mente los *tories* cazadores de zorros. Era, y sigue siendo, incapaz de comprender que el nacionalismo, el fanatismo religioso y la lealtad feudal son fuerzas mucho más poderosas que lo que él mismo describiría como cordura. Criaturas salidas de la Edad Oscura han llegado marchando al presente, y si son fantasmas, son en todo caso fantasmas que necesitan una magia poderosa para dejarlos. Las personas que mejor han entendido el fascismo son las que lo han sufrido o las que tienen una vena fascista en sí mismas. Un libro tan crudo como *El talón de hierro*, escrito hace casi treinta años, es una profecía del futuro más verdadera que *Un mundo feliz* o *El esquema de los tiempos futuros*. Si hubiera que elegir entre los propios contemporáneos de Wells a un escritor que pudiera situarse frente a él como corrector, se podría elegir a Kipling, que no era sordo a las voces malignas del poder y la «gloria» militar. Kipling habría comprendido el atractivo de Hitler, o para el caso de Stalin, cualquiera que fuera su actitud hacia ellos. Wells es demasiado cuerdo para entender el mundo moderno. La sucesión de novelas de clase media-baja que constituyen su mayor logro se detuvo en la otra guerra y nunca volvió a empezar, y desde 1920 ha malgastado su talento matando dragones de papel. Pero cuánto es, después de todo, tener algún talento que desperdiciar.

Una mirada retrospectiva a la guerra española (1942)

I

En primer lugar, los recuerdos físicos, los sonidos, los olores y la superficie de las cosas.

Es curioso que, más vívidamente que todo lo que vino después en la guerra española, recuerdo la semana de supuesto entrenamiento que recibimos antes de ser enviados al frente: los enormes cuarteles de caballería de Barcelona, con sus establos llenos de corrientes de aire y sus patios empedrados, el frío glacial de la bomba donde uno se lavaba, las comidas mugrientas que se hacían tolerables con jarras de vino, las milicianas de pantalones cortando leña y el pase de lista por las mañanas temprano donde mi prosaico nombre inglés generaba una especie de interludio cómico entre los sonoros nombres españoles, Manuel González, Pedro Aguilar, Ramón Fenellosa, Roque Ballaster, Jaime Domenech, Sebastián Viltrón, Ramón Nuvo Bosch. Nombro a esos hombres en particular porque recuerdo las caras de todos ellos. A excepción de dos que eran mera gentuza y que, sin duda, a estas alturas se han convertido en buenos falangistas, es probable que todos ellos estén muertos. Dos de ellos sé que están muertos. El mayor tendría unos veinticinco años, el menor dieciséis.

Una de las experiencias esenciales de la guerra es no poder escapar nunca de los repugnantes olores de origen humano. Las letrinas son un tema demasiado tratado en la literatura bélica, y no las mencionaría si no fuera porque la letrina de nuestras barracas aportó su granito de arena necesario para perforar mis propias ilusiones sobre la Guerra Civil española. Las letrinas de tipo latino, en las que hay que ponerse en cuclillas, son bastante malas en el mejor de los casos, pero estas estaban hechas de una especie de piedra pulida tan resbaladiza que era todo lo que podías hacer para mantenerte en pie. Además, siempre estaban obstruidas. Ahora tengo muchas otras cosas repugnantes en mi memoria, pero creo que fueron estas letrinas las primeras que me trajeron a casa el pensamiento, tan a menudo recurrente: «Aquí estamos, soldados de un ejército revolucionario, defendiendo la Democracia contra el Fascismo, luchando en una guerra que tiene que *ver* con algo, y el detalle de nuestras vidas es tan sórdido y degradante como podría serlo en la cárcel, y no digamos en un ejército burgués». Muchas otras cosas reforzaron esta impresión más tarde; por ejemplo, el aburrimiento y el hambre animal de la vida en las trincheras, las escuálidas intrigas por las sobras de comida, las mezquinas y fastidiosas peleas a las que se entregan las personas agotadas por la falta de sueño. El horror esencial de la vida en el ejército (cualquiera que haya sido soldado sabrá a qué me refiero con el horror esencial de la vida en el ejército) apenas se ve afectado por la naturaleza de la guerra en la que se esté luchando. La disciplina, por ejemplo, es la misma en todos los ejércitos. Las órdenes tienen que ser obedecidas y aplicadas con castigos si es necesario, la relación del oficial y el hombre tiene que ser la relación del superior y el inferior. La imagen de la guerra expuesta en libros como *Sin novedad en el frente oeste* es sustancialmente cierta. Las balas duelen, los cadáveres apestan, los hombres bajo fuego a menudo se asustan tanto que mojan los pantalones. Es cierto que el origen social de un ejército influye en su entrenamiento, sus tácticas y su eficacia general, y también que la conciencia de tener razón puede reforzar la moral, aunque esto afecta más a la población civil que a las tropas (la gente olvida que un soldado en cualquier lugar cerca de la línea del frente suele estar demasiado hambriento, o asustado, o frío, o, sobre todo, demasiado cansado para preocuparse por los orígenes políticos de la guerra). Pero las leyes de la naturaleza no se suspenden para un ejército «rojo» más que para uno «blanco». Un piojo es un piojo y una bomba es una bomba, aunque la causa por la que se luche sea justa.

¿Por qué merece la pena señalar algo tan obvio? Porque el grueso de la *intelligentsia* británica y estadounidense era manifiestamente inconsciente de ello entonces, y lo es ahora. Nuestra memoria es corta hoy en día, pero miremos un poco hacia atrás, desenterremos los archivos de *New Masses* o el *Daily Worker*, y echemos un vistazo a la porquería romántica belicista que nuestros izquierdistas estaban derramando en ese momento. ¡Todas las viejas frases rancias! ¡Y su insensibilidad sin imaginación! La sangre fría con la que Londres se enfrentó al bombardeo de Madrid. No me estoy preocupando por los contrapropagandistas de la derecha, los Lunns, Garvins *et hoc genus*; no hace falta decirlo. Pero aquí estaba la misma gente que durante veinte años se había burlado de la «gloria» de la guerra, de las historias de atrocidades, del patriotismo, incluso del valor físico, saliendo con cosas que con la alteración de unos pocos nombres habrían encajado en el *Daily Mail* de 1918. Si había algo con lo que la *intelligentsia* británica estaba comprometida era con la versión desmitificadora de la guerra, la teoría de que la guerra es todo cadáveres y letrinas y nunca conduce a ningún buen resultado. Bueno, la misma gente que en 1933 se reía con lástima si decías que en ciertas circunstancias lucharías por tu país, en 1937 te denunciaban como un Trotski-fascista si sugerías que las historias en *New Masses* sobre hombres recién heridos clamando por volver a la lucha podían ser exageradas. Y la *intelligentsia* de izquierda pasó del «La guerra es el infierno» al «La guerra es gloriosa», no solo sin ningún sentido de incongruencia, sino casi sin ninguna etapa intermedia. Más tarde, la mayor parte de ellos iban a hacer otras transiciones igualmente violentas. Debe de haber un gran número de personas, una especie de núcleo central de la *intelligentsia*, que aprobaron la declaración de «Rey y Patria» en 1935, gritaron a favor de una «línea firme contra Alemania» en 1937, apoyaron la Convención Popular en 1940 y ahora exigen un Segundo Frente.* En cuanto a las masas populares, las extraordinarias oscilaciones de opinión que se producen hoy en día, las emociones que pueden abrirse y cerrarse como un grifo, son el resultado de la hipnosis de los periódicos y la radio. En la *intelligentsia* diría que son más bien el resultado del dinero y de la mera seguridad física. En un momento dado pueden estar «a favor de la guerra» o «en contra de la guerra», pero en ambos casos no tienen una imagen realista de la guerra en sus mentes. Cuando se entusiasmaban con la guerra española sabían, por supuesto, que se mataba a gente y que matar es desagradable, pero sentían que para un soldado del ejército republicano español la experiencia de la guerra no era degradante de alguna manera. De alguna manera, las letrinas apestaban menos; la disciplina era menos fastidiosa. No hay más que echar un vistazo al *New Statesman* para ver que ellos creían eso; en este momento se está escribiendo exactamente lo mismo sobre el Ejército Rojo. Nos hemos vuelto demasiado civilizados para comprender lo obvio. Porque la verdad es muy sencilla. Para sobrevivir, a menudo, hay que luchar, y para luchar hay que ensuciarse. La guerra es el mal y, a menudo, es el mal menor. Los que toman la espada perecen por la espada, y los

* El frente de la Europa Occidental o frente occidental fue el segundo frente europeo en importancia durante la Segunda Guerra Mundial. Cubría el oeste de Europa y fue abierto inesperadamente por la Alemania nazi al invadir Noruega, Dinamarca y Francia en 1940, siendo cerrado por las fuerzas conjuntas de Estados Unidos y Gran Bretaña en 1945, manteniéndose inactivo desde la mitad de 1940 hasta la batalla de Normandía en junio de 1944.

que no toman la espada perecen por enfermedades malolientes. El hecho de que merezca la pena escribir semejante tópico demuestra lo que nos han hecho los años de capitalismo rentista.

II

En relación con lo que acabo de decir, una nota a pie de página, sobre las atrocidades.

Tengo pocas pruebas directas sobre las atrocidades de la Guerra Civil española. Sé que algunas fueron cometidas por los republicanos, y muchas más (aún continúan) por los fascistas. Pero lo que me impresionó entonces, y me ha impresionado desde entonces, es que se crea o se deje de creer en las atrocidades únicamente por motivos de predilección política. Todo el mundo cree en las atrocidades del enemigo y no cree en las de su propio bando, sin molestarse nunca en examinar las pruebas. Hace poco elaboré una tabla de atrocidades durante el periodo comprendido entre 1918 y la actualidad; no hubo un solo año en que no se produjeran atrocidades en algún lugar u otro, y apenas hubo un solo caso en que la izquierda y la derecha creyeran simultáneamente en las mismas historias. Y lo que es más extraño, en cualquier momento la situación puede invertirse de repente y la historia de atrocidad demostrada hasta la saciedad de ayer puede convertirse en una mentira ridícula, simplemente porque el panorama político ha cambiado.

En la guerra actual nos encontramos en la curiosa situación que nuestra «campaña contra las atrocidades» se hizo en gran parte antes de que empezara la guerra, y la hizo sobre todo la izquierda, la gente que normalmente se enorgullece de su incredulidad. En el mismo periodo, la *Derecha*, los traficantes de atrocidades de 1914-1918, miraban a la Alemania nazi y se negaban rotundamente a ver el mal en ella. Tan pronto como estalló la guerra, fueron los pronazis de ayer los que repitieron historias de terror, mientras que los antinazis se encontraron de repente dudando si la Gestapo existía realmente. Esto no se debió únicamente al pacto ruso-alemán. En parte se debió a que antes de la guerra la izquierda había creído erróneamente que Gran Bretaña y Alemania nunca lucharían y, por lo tanto, podía ser antialemana y antibritánica simultáneamente; en parte también porque la propaganda de guerra oficial, con su repugnante hipocresía y fariseísmo, siempre tiende a hacer que la gente pensante simpatice con el enemigo. Parte del precio que pagamos por la mentira sistemática de 1914-1917 fue la exagerada reacción proalemana que siguió. Durante los años 1918-1933, en los círculos de izquierda te abucheaban si sugerías que Alemania tenía siquiera una mínima parte de responsabilidad en la guerra. En todas las denuncias de Versalles que escuché durante esos años, no creo haber oído ni una sola vez la pregunta «¿Qué habría pasado si Alemania hubiera ganado?», incluso mencionado, y mucho menos discutido. Lo mismo ocurre con las atrocidades. La verdad, se siente, se convierte en falsedad cuando la pronuncia tu enemigo. Hace poco me di cuenta de que las mismas personas que se tragaban todas y cada una de las historias de horror sobre los japoneses en Nankín en 1937 se negaban a creer exactamente las mismas historias sobre Hong Kong en 1942. Incluso había una tendencia a pensar que las atrocidades de Nankín se habían convertido, por así decirlo, en falsas retrospectivamente porque el Gobierno británico había llamado la atención sobre ellas.

Pero, por desgracia, la verdad sobre las atrocidades es mucho peor que el hecho de que se mienta sobre ellas y se conviertan en propaganda. La verdad es que ocurren. El hecho que a menudo se aduce como motivo de escepticismo —que las mismas historias de horror surgen guerra tras guerra— no hace sino aumentar las probabilidades de que esas historias sean ciertas. Evidentemente, son fantasías muy extendidas, y la guerra ofrece la oportunidad de ponerlas en práctica. Por otra parte, aunque ya no esté de moda decirlo, no cabe duda que lo que podríamos denominar, a grandes rasgos, los «blancos» cometen muchas más y peores atrocidades que los «rojos». No existe la menor duda, por ejemplo, sobre el comportamiento de los japoneses en China. Tampoco hay muchas dudas sobre la larga historia de atrocidades fascistas durante los últimos diez años en Europa. El volumen de testimonios es enorme, y una parte respetable de ellos procede de la prensa y la radio alemanas. Estas cosas realmente sucedieron, eso es lo que hay que tener en cuenta. Ocurrieron, aunque lord Halifax dijera que ocurrieron. Las violaciones y matanzas en las ciudades chinas, las torturas en los sótanos de la Gestapo, los ancianos profesores judíos arrojados a pozos negros, el ametrallamiento de refugiados en las carreteras españolas... todo eso ocurrió, y no por eso el *Daily Telegraph* se ha enterado de ello cinco años más tarde.

III

Dos recuerdos, el primero no prueba nada en particular; el segundo, creo, da una cierta idea de la atmósfera de un periodo revolucionario:

Temprano una mañana, otro hombre y yo habíamos salido a disparar a los fascistas en las trincheras de las afueras de Huesca. Su línea y la nuestra estaban separadas por trescientos metros, a una distancia en la que nuestros viejos fusiles no disparaban con precisión, pero si te escabullías a un lugar a unos cien metros de la trinchera fascista podías, si tenías suerte, disparar a alguien a través de un hueco en el parapeto. Desgraciadamente, el terreno intermedio era un campo llano de remolacha sin más cobertura que algunas zanjas, y era necesario salir cuando aún estaba oscuro y regresar poco después del amanecer, antes de que la luz fuera demasiado buena. Esta vez no apareció ningún fascista, nos quedamos demasiado tiempo y nos sorprendió el amanecer. Estábamos en una zanja, pero detrás de nosotros había doscientos metros de terreno llano con apenas suficiente cobertura para un conejo. Todavía estábamos tratando de armarnos de valor para salir corriendo cuando se oyó un alboroto y un toque de silbatos en la trinchera fascista. Algunos de nuestros aviones se acercaban. En ese momento, un hombre que presumiblemente llevaba un mensaje a un oficial, saltó de la trinchera y corrió a lo largo de la parte superior del parapeto a la vista de todos. Estaba a medio vestir y se sujetaba los pantalones con ambas manos mientras corría. Me abstuve de dispararle. Es cierto que soy un mal tirador y que es improbable que acierte a un hombre corriendo a cien metros, y también estaba pensando principalmente en volver a nuestra trinchera mientras los fascistas tenían su atención fija en los aviones. Aun así, no disparé en parte por ese detalle de los pantalones. Había venido aquí para disparar a los «fascistas», pero un hombre que se levanta los pantalones no es un «fascista», es visiblemente un semejante, parecido a ti, y no te apetece dispararle.

¿Qué demuestra este incidente? No mucho, porque es el tipo de cosas que ocurren siempre en todas las guerras. El otro es diferente. No creo que al contarlo pueda conmover a quienes lo lean, pero les pido que crean que es conmovedor para mí, como incidente característico de la atmósfera moral de un momento determinado.

Uno de los reclutas que se unió a nosotros mientras yo estaba en el cuartel era un chico de aspecto salvaje procedente de las callejuelas de Barcelona. Estaba harapiento y descalzo. También era muy moreno (sangre árabe, me atrevería a decir), y hacía gestos que no se suelen ver en un europeo; uno en particular —el brazo extendido, la palma en vertical— era un gesto característico de los indios. Un día me robaron de la litera un paquete de puros, que en aquella época aún se podían comprar muy baratos. Un poco tontamente informé de esto al oficial, y uno de los sinvergüenzas que ya he mencionado se presentó de inmediato y dijo con toda falsedad que le habían robado veinticinco pesetas de su litera. Por alguna razón, el oficial decidió al instante que el muchacho de cara morena debía de ser el ladrón. En la milicia eran muy duros con el robo, y en teoría se podía fusilar a la gente por ello. El desdichado muchacho se dejó conducir a la sala de guardia para ser registrado. Lo que más me sorprendió fue que apenas intentara protestar por su inocencia. En el fatalismo de su actitud se podía ver la pobreza desesperada en la que se había criado. El oficial le ordenó que se quitara la ropa. Con una humildad que me resultó horrible, se desnudó y le registraron la ropa. Por supuesto, ni los cigarros ni el dinero estaban allí; de hecho, no los había robado. Lo más doloroso de todo fue que, una vez demostrada su inocencia, no parecía menos avergonzado. Aquella noche lo llevé al cine y le di brandy y chocolate. Pero eso también fue horrible: me refiero al intento de borrar una injuria con dinero. Durante unos minutos estuve a punto de creer que era un ladrón, y eso no podía borrarse.

Unas semanas más tarde, en el frente, tuve problemas con uno de los hombres de mi sección. Para entonces yo era cabo, al mando de doce hombres. Era una guerra estática, hacía un frío horrible, y el trabajo principal consistía en conseguir que los centinelas permanecieran despiertos en sus puestos. Un día, un hombre se negó repentinamente a ir a un puesto que, según él, estaba expuesto al fuego enemigo. Era una criatura débil, lo agarré y comencé a arrastrarlo hacia su puesto. Esto despertó los sentimientos de los demás contra mí, porque creo que a los españoles les molesta que les toquen más que a nosotros. Al instante me vi rodeado por un círculo de hombres que gritaban: «¡Fascista! ¡Fascista! ¡Suelten a ese hombre! Este no es un ejército burgués. Fascista», etcétera. Grité lo mejor que pude en mi mal español que las órdenes tenían que ser obedecidas, y la pelea se convirtió en una de esas enormes discusiones por medio de las cuales la disciplina se va forjando gradualmente en los ejércitos revolucionarios. Algunos decían que yo tenía razón, otros que estaba equivocado. Pero el caso es que el que se puso de mi lado con más calor de todos fue el chico de la cara morena. En cuanto vio lo que ocurría, saltó al ruedo y empezó a defenderme apasionadamente. Con su extraño y salvaje gesto indio no cesaba de exclamar: «¡Es el mejor cabo que tenemos!» (¡No hay cabo como él!). Más tarde solicitó permiso para cambiarse a mi sección.

¿Por qué me conmueve este incidente? Porque en circunstancias normales habría sido imposible que se restablecieran los buenos sentimientos entre este chico y yo. La acusación implícita de robo no habría mejorado, sino probablemente empeorado, con mis esfuerzos por enmendarla. Uno de los efectos de la vida segura y civilizada es una inmensa hipersensibilidad que hace que todas las emociones primarias parezcan algo repugnantes. La generosidad es tan dolorosa como la mezquindad, la gratitud tan odiosa como la ingratitud. Pero en la España de 1936 no vivíamos una época normal. Era una época en la que los sentimientos y los gestos generosos eran más fáciles de lo normal. Podría contar una docena de incidentes similares, no realmente comunicables, pero ligados en mi propia mente a la atmósfera especial de la época, las ropas raídas y los carteles revolucionarios de colores alegres, el uso universal de la palabra «camarada», las baladas antifascistas impresas en papel endeble y vendidas por un penique, las frases como «solidaridad proletaria internacional», patéticamente repetidas por hombres ignorantes que creían que significaban algo. ¿Podrías sentir amistad por alguien y defenderle en una pelea, después de haber sido ignominiosamente registrado en su presencia por una propiedad que supuestamente le habías robado? No, no podrías; pero sí podrías si ambos hubieran pasado por alguna experiencia emocionalmente enriquecedora. Ese es uno de los subproductos de la revolución, aunque en este caso solo era el comienzo de una revolución, y obviamente estaba condenada al fracaso.

IV

La lucha por el poder entre los partidos republicanos españoles es un asunto desgraciado y lejano que no deseo revivir en este momento. Solo lo menciono para decir: no crean nada, o casi nada, de lo que lean sobre asuntos internos del lado del Gobierno. Todo es, de cualquier fuente, propaganda del partido, es decir, mentiras. La verdad general sobre la guerra es bastante simple. La burguesía española vio su oportunidad de aplastar al movimiento obrero y la aprovechó, ayudada por los nazis y por las fuerzas de la reacción de todo el mundo. Es dudoso que se llegue a establecer algo más.

Recuerdo que una vez le dije a Arthur Koestler: «La Historia se detuvo en 1936», a lo que él asintió con un gesto de comprensión inmediata. Ambos pensábamos en el totalitarismo en general, pero más concretamente en la Guerra Civil española. Desde muy joven me he dado cuenta de que ningún acontecimiento se relata correctamente en un periódico, pero en España, por primera vez, vi informes periodísticos que no guardaban ninguna relación con los hechos, ni siquiera la relación que implica una mentira ordinaria. Vi grandes batallas en las que no se había combatido y un silencio absoluto en las que habían sido asesinados cientos de hombres. Vi a tropas que habían luchado valientemente denunciadas como cobardes y traidoras, y a otras que nunca habían disparado un tiro aclamadas como los héroes de victorias imaginarias; y vi a periódicos de Londres vendiendo al por menor estas mentiras y a intelectuales ansiosos construyendo superestructuras emocionales sobre acontecimientos que nunca habían ocurrido. Vi, de hecho, cómo se escribía la historia, no en términos de lo que ocurrió, sino lo que debería haber ocurrido según diversas «líneas de partido». Sin embargo, en cierto modo, por horrible que fuera todo esto, carecía de importancia. Se refería a cuestiones secundarias, a saber, la lucha por el poder entre la *Comintern* y los partidos de izquierda españoles, y los esfuerzos del Gobierno ruso por impedir la revolución en España. Pero la imagen general de la guerra que el Gobierno español presentó al mundo no era falsa. Las cuestiones principales eran las que decía que eran. Pero en cuanto a los fascistas y sus partidarios, ¿cómo podrían acercarse a la verdad? ¿Cómo podrían mencionar sus verdaderos objetivos? Su versión de la guerra era pura fantasía y, dadas las circunstancias, no podía ser de otro modo.

La única línea propagandística abierta a los nazis y fascistas era representarse a sí mismos como patriotas cristianos que salvaban a España de una dictadura rusa. Esto implicaba fingir que la vida en la España gubernamental era solo una larga masacre (véase el *Catholic Herald* o el *Daily Mail*, pero estos eran un juego de niños comparados con la prensa fascista continental), e implicaba exagerar inmensamente la escala de la intervención rusa. De la enorme pirámide de mentiras que la prensa católica y reaccionaria de todo el mundo construyó, permítanme tomar solo un punto: la presencia en España de un ejército ruso. Todos los devotos partisanos franquistas creían en ello; las estimaciones de su fuerza llegaban a medio millón. Ahora bien, no había ejército ruso en España. Puede que hubiera un puñado de aviadores y otros técnicos, unos cientos como mucho, pero no había un ejército. Algunos miles de extranjeros que lucharon en España, por no hablar de millones de españoles, fueron testigos de ello. Pues bien, su testimonio no impresionó en absoluto a los propagandistas franquistas, ninguno de los cuales había puesto un pie en la España gubernamental.

Simultáneamente estos se negaban rotundamente a admitir el hecho de la intervención alemana o italiana al mismo tiempo que la prensa alemana e italiana se jactaban abiertamente de las hazañas de sus «legionarios». He elegido mencionar solo un punto, pero de hecho toda la propaganda fascista sobre la guerra era de este nivel.

Este tipo de cosas me asustan porque, a menudo, me da la sensación que el propio concepto de verdad objetiva se está desvaneciendo en el mundo. Al fin y al cabo, lo más probable es que esas mentiras, o en todo caso mentiras similares, pasen a la historia. ¿Cómo se escribirá la historia de la guerra de España? Si Franco sigue en el poder, sus designados escribirán los libros de historia, y (para ceñirme al punto que he elegido) ese ejército ruso que nunca existió se convertirá en un hecho histórico, y los escolares aprenderán sobre él dentro de varias generaciones. Pero supongamos que el fascismo es finalmente derrotado y se restaura algún tipo de gobierno democrático en España en un futuro bastante cercano; incluso entonces, ¿cómo se escribirá la historia de la guerra? ¿Qué tipo de registros habrá dejado Franco tras de sí? Supongamos incluso que los archivos del Gobierno se puedan recuperar; aun así, ¿cómo se puede escribir una verdadera historia de la guerra? Porque, como ya he señalado, el Gobierno también mintió mucho. Desde el punto de vista antifascista, se podría escribir una historia verídica de la guerra, pero sería una historia partidista, poco fiable en todos los aspectos menores. Sin embargo, al fin y al cabo, algún tipo de historia se escribirá, y cuando aquellos que realmente recuerdan la guerra hayan muerto, será aceptada universalmente. Así que, a efectos prácticos, la mentira se habrá convertido en verdad.

Sé que está de moda decir que la mayor parte de la historia escrita es mentira. Estoy dispuesto a creer que la historia es, en su mayor parte, inexacta y tendenciosa, pero lo que es peculiar de nuestra época es el abandono de la idea que la historia pueda escribirse con veracidad. En el pasado la gente mentía deliberadamente, o coloreaba inconscientemente lo que escribía, o se esforzaba por encontrar la verdad, sabiendo que cometería muchos errores; pero en todos los casos creían que los «hechos» existían y eran más o menos descubribles. Y en la práctica siempre hubo un conjunto considerable de hechos con los que casi todo el mundo habría estado de acuerdo. Si se busca la historia de la última guerra, por ejemplo, en la *Enciclopedia Británica*, se verá que una parte respetable del material procede de fuentes alemanas. Un historiador británico y un historiador alemán discreparían profundamente en muchas cosas, incluso en los fundamentos, pero seguiría existiendo ese conjunto de hechos, por así decirlo, neutrales, en los que ninguno desafiaría seriamente al otro. Es precisamente esta base común de acuerdo —con su implicación de que los seres humanos son en su totalidad una especie animal— lo que el totalitarismo destruye. De hecho, la teoría nazi niega específicamente que exista algo como «la verdad». Por ejemplo, la «ciencia» no existe. Solo existe la «ciencia alemana», la «ciencia judía», etc. El objetivo implícito de esta línea de pensamiento es un mundo de pesadilla en el que el Líder, o alguna camarilla gobernante, controla no solo el futuro sino también *el pasado*. Si el Líder dice de tal o cual acontecimiento: «Nunca ocurrió», pues nunca ocurrió. Si dice que dos y dos son cinco, pues dos y dos son cinco. Esta perspectiva me asusta mucho más que las bombas, y después de nuestras experiencias de los últimos años, no es una afirmación frívola.

Pero ¿es acaso infantil o morboso aterrorizarse con visiones de un futuro totalitario? Antes de descartar el mundo totalitario como una pesadilla que no puede hacerse realidad, basta recordar que en 1925 el mundo de hoy habría parecido una pesadilla que no podía hacerse realidad. Contra ese mundo fantasmagórico y cambiante en el que el negro puede ser blanco mañana y el tiempo de ayer puede cambiarse por decreto, en realidad solo hay dos salvaguardas. Una es que, por mucho que niegues la verdad, la verdad sigue existiendo, por así decirlo, a tus espaldas, y, en consecuencia, no puedes violarla de forma que perjudique la eficiencia militar. La otra es que mientras algunas partes de la tierra permanezcan sin conquistar, la tradición liberal puede mantenerse viva. Si el fascismo, o incluso una combinación de varios fascismos, conquista el mundo entero, esas dos condiciones dejarán de existir. En Inglaterra infravaloramos el peligro de este tipo de cosas, porque nuestras tradiciones y nuestra seguridad pasada nos han dado la creencia sentimental que todo sale bien al final y lo que más temes nunca sucede realmente. Alimentados durante cientos de años con una literatura en la que la *Derecha* triunfa invariablemente en el último capítulo, creemos medio instintivamente que el mal siempre se derrota a sí mismo a la larga. El pacifismo, por ejemplo, se basa en gran medida en esta creencia. Si no te resistes al mal, de algún modo se destruirá a sí mismo. Pero ¿por qué debería hacerlo? ¿Qué pruebas hay de que lo haga? ¿Y qué ejemplo hay de un Estado industrializado moderno que se derrumbe a menos que sea conquistado desde el exterior por la fuerza militar?

Pensemos, por ejemplo, en la reinstauración de la esclavitud. ¿Quién podía imaginar hace veinte años que la esclavitud volvería a Europa? Pues bien, la esclavitud se ha restablecido delante de nuestras narices. Los campos de trabajos forzados de toda Europa y del norte de África, donde polacos, rusos, judíos y prisioneros políticos de todas las razas trabajan en la construcción de carreteras o en el drenaje de pantanos por sus escasas raciones, son una simple esclavitud. Lo más que se puede decir es que la compra y venta de esclavos por particulares aún no está permitida. En otros aspectos —como la disolución de las familias, por ejemplo—, las condiciones son probablemente peores que en las plantaciones de algodón estadounidenses. No hay razón para pensar que este estado de cosas vaya a cambiar mientras perdure cualquier dominación totalitaria. No captamos todas sus implicaciones, porque a nuestra manera mística sentimos que un régimen fundado en la esclavitud debe derrumbarse. Pero vale la pena comparar la duración de los imperios esclavistas de la antigüedad con la de cualquier Estado moderno. Las civilizaciones basadas en la esclavitud han durado hasta cuatro mil años.

Cuando pienso en la antigüedad, el detalle que me asusta es que esos cientos de millones de esclavos sobre cuyas espaldas descansó la civilización generación tras generación no han dejado tras de sí registro alguno. Ni siquiera conocemos sus nombres. En toda la historia griega y romana, ¿cuántos nombres de esclavos se conocen? Se me ocurren dos, o posiblemente tres. Uno es Espartaco y el otro Epicteto. Además, en la sala romana del Museo Británico hay un tarro de cristal con el nombre del fabricante inscrito en el fondo: *felix fecit*. Tengo una imagen mental del pobre Félix (un galo pelirrojo con un collar metálico alrededor del cuello), pero en realidad puede que no fuera un esclavo; así que solo hay dos esclavos cuyos nombres conozco con certeza, y probablemente pocas personas puedan recordar más. El resto se ha sumido en el más absoluto silencio.

V

La columna vertebral de la resistencia contra Franco fue la clase obrera española, especialmente los sindicalistas urbanos. A largo plazo —es importante recordar que es solo a largo plazo—, la clase obrera sigue siendo el enemigo más fiable del fascismo, sencillamente porque la clase obrera es la que más puede ganar con una reconstrucción decente de la sociedad. A diferencia de otras clases o categorías, no puede ser sobornada permanentemente.

Decir esto no es idealizar a la clase obrera. En la larga lucha que ha seguido a la Revolución rusa son los trabajadores manuales los que han sido derrotados, y es imposible no sentir que ha sido por su propia culpa. Una y otra vez, en un país tras otro, los movimientos obreros organizados han sido aplastados por la violencia abierta e ilegal, y sus camaradas en el extranjero, ligados a ellos en solidaridad teórica, se han limitado a mirar y no han hecho nada; y bajo esto, causa secreta de muchas traiciones, ha subyacido el hecho que entre los trabajadores blancos y los de color no hay ni siquiera una solidaridad de palabra. ¿Quién puede creer en el proletariado internacional con conciencia de clase después de los acontecimientos de los últimos diez años? A la clase obrera británica la masacre de sus camaradas en Viena, Berlín, Madrid o dondequiera que fuera le pareció menos interesante y menos importante que el partido de fútbol de ayer. Sin embargo, esto no cambia el hecho que la clase obrera seguirá luchando contra el fascismo después que los demás hayan cedido. Una característica de la conquista nazi de Francia fueron las sorprendentes deserciones entre la *intelligentsia*, incluida parte de la *intelligentsia* política de izquierda. La *intelligentsia* es la gente que más grita contra el fascismo y, sin embargo, una proporción respetable de ellos se derrumba en el derrotismo cuando llega el aprieto. Son lo suficientemente previsores como para ver las probabilidades en su contra y, además, se les puede sobornar, pues es evidente que los nazis creen que vale la pena sobornar a los intelectuales. Con la clase obrera es al revés. Demasiado ignorantes para darse cuenta de la trampa que se les tiende, se tragan fácilmente las promesas del fascismo, pero tarde o temprano siempre retoman la lucha. Deben hacerlo, porque en sus propios cuerpos siempre descubren que las promesas del fascismo no pueden cumplirse. Para ganarse permanentemente a la clase obrera, los fascistas tendrían que elevar el nivel de vida general, cosa que no pueden y probablemente no quieran hacer. La lucha de la clase obrera es como el crecimiento de una planta. La planta es ciega y estúpida, pero sabe lo suficiente como para seguir empujando hacia arriba, hacia la luz, y lo hará a pesar de los interminables desalientos.

¿Por qué luchan los trabajadores? Sencillamente, por una vida digna que, cada vez más, saben que es técnicamente posible. Su conciencia de este objetivo fluye y refluye. En España, durante un tiempo, la gente actuó conscientemente, avanzando hacia una meta que deseaba alcanzar y que creía poder alcanzar. Esto explicaba la sensación curiosamente optimista que se vivió en la España gubernamental durante los primeros meses de la guerra. El pueblo sabía que la República era su amiga y Franco su enemigo. Sabían que tenían razón, porque luchaban por algo que el mundo les debía y podía darles.

Hay que recordar esto para ver la guerra española en su verdadera perspectiva. Cuando se piensa en la crueldad, la miseria y la inutilidad de la guerra —y en este caso concreto en las intrigas, las persecuciones, las mentiras y los malentendidos— siempre existe la tentación de decir: «Un bando es tan malo como el otro. Yo soy neutral». En la práctica, sin embargo, no se puede ser neutral, y difícilmente existe una guerra en la que no importe quién gane. Casi siempre uno defiende más o menos el progreso, el otro más o menos la reacción. El odio que la República española despertó en millonarios, duques, cardenales, playboys, *blimps* y demás, bastaría por sí solo para mostrar cómo estaba el terreno. En esencia, era una guerra de clases. Si se hubiera ganado, se habría fortalecido la causa de la gente común en todas partes. Se perdió, y los repartidores de dividendos de todo el mundo se frotaron las manos. Esa era la verdadera cuestión; todo lo demás era espuma en su superficie.

VI

El resultado de la guerra española se decidió en Londres, París, Roma o Berlín, pero no en España. Después del verano de 1937, los que tenían los ojos en la cabeza se dieron cuenta de que el Gobierno no podía ganar la guerra a menos que se produjera algún cambio profundo en la configuración internacional, y al decidir luchar Negrín y los demás puede que se vieran influidos en parte por la expectativa de que la guerra mundial que estalló realmente en 1939 llegaría en 1938. La tan publicitada desunión en el bando gubernamental no fue una causa principal de la derrota. Las milicias del Gobierno se formaron apresuradamente, estaban mal armadas y eran poco imaginativas en su perspectiva militar, pero habrían sido las mismas si hubiera existido un acuerdo político completo desde el principio. Al estallar la guerra, el obrero medio español ni siquiera sabía disparar un fusil (nunca había habido conscripción universal en España), y el tradicional pacifismo de la izquierda era un gran obstáculo. Los miles de extranjeros que sirvieron en España formaban una buena infantería, pero había muy pocos expertos de cualquier tipo entre ellos. La tesis trotskista de que se podría haber ganado la guerra si no se hubiera saboteado la revolución era probablemente falsa. Nacionalizar fábricas, demoler iglesias y publicar manifiestos revolucionarios no habría hecho que los ejércitos fueran más eficientes. Los fascistas ganaron porque eran los más fuertes, tenían armas modernas y los demás no. Ninguna estrategia política podía contrarrestarlo.

Lo más desconcertante de la guerra española fue el comportamiento de las grandes potencias. En realidad, la guerra la ganaron para Franco los alemanes y los italianos, cuyos motivos eran bastante obvios. Los motivos de Francia y Gran Bretaña son menos fáciles de entender. En 1936 todo el mundo tenía claro que, si Gran Bretaña ayudaba al Gobierno español, aunque solo fuera con unos pocos millones de libras en armas, Franco se derrumbaría y la estrategia alemana se vería gravemente afectada. Por aquel entonces no hacía falta ser clarividente para prever que la guerra entre Gran Bretaña y Alemania se acercaba; incluso se podía predecir en uno o dos años cuándo llegaría. Sin embargo, de la manera más mezquina, cobarde e hipócrita, la clase dirigente británica hizo todo lo que pudo para entregar España a Franco y a los nazis. ¿Por qué? Porque eran profascistas; era la respuesta obvia. Sin duda lo eran y, sin embargo, cuando llegó el enfrentamiento final optaron por enfrentarse a Alemania. Aún no se sabe con certeza qué plan tenían para apoyar a

Franco, y es posible que no tuvieran ningún plan claro. Si la clase dirigente británica es malvada o simplemente estúpida es una de las cuestiones más difíciles de nuestro tiempo y, en ciertos momentos, una cuestión muy importante. En cuanto a los rusos, sus motivos en la guerra de España son completamente inescrutables. ¿Intervinieron en España, como creían los *rosas*, para defender la democracia y frustrar a los nazis? Entonces, ¿por qué intervinieron a una escala tan mezquina y finalmente dejaron a España en la estacada? ¿O, como sostenían los católicos, intervinieron para fomentar la revolución en España? Entonces, ¿por qué hicieron todo lo posible para aplastar los movimientos revolucionarios españoles, defender la propiedad privada y entregar el poder a la clase media frente a la clase obrera? ¿O, como sugirieron los trotskistas, intervinieron simplemente para *impedir* una revolución española? Entonces, ¿por qué no haber apoyado a Franco? De hecho, sus acciones se explican más fácilmente si se asume que actuaban por varios motivos contradictorios. Creo que en el futuro llegaremos a pensar que la política exterior de Stalin, en lugar de ser tan diabólicamente inteligente como se pretende, ha sido simplemente oportunista y estúpida. Pero, en cualquier caso, la Guerra Civil española demostró que los nazis sabían lo que hacían y sus oponentes no. La guerra se libró a un bajo nivel técnico y su estrategia principal era muy simple. Ganaría el bando que tuviera armas. Los nazis y los italianos dieron armas a los amigos fascistas españoles, y las democracias occidentales y los rusos no dieron armas a los que deberían haber sido sus amigos. Así que la República española pereció, habiendo «ganado lo que ninguna república perdió».

Si fue correcto, como sin duda hicieron todos los izquierdistas de otros países, animar a los españoles a seguir luchando cuando no podían ganar es una pregunta difícil de responder. Yo mismo pienso que fue correcto, porque creo que es mejor, incluso desde el punto de vista de la supervivencia, luchar y ser conquistado que rendirse sin luchar.

Los efectos sobre la gran estrategia de la lucha contra el fascismo aún no pueden evaluarse. Los ejércitos andrajosos y desarmados de la República resistieron dos años y medio, sin duda más de lo que esperaban sus enemigos. Pero aún no se sabe con certeza si eso alteró el calendario fascista o si, por el contrario, se limitó a aplazar la gran guerra y a dar a los nazis tiempo extra para poner a punto su maquinaria bélica.

VII

Nunca pienso en la guerra de España sin que me vengan a la mente dos recuerdos. Uno es el de la sala del hospital de Lérida y las voces más bien tristes de los milicianos heridos cantando alguna canción con un estribillo que terminaba:

¡Una resolución... Luchar hasta el fin!

Bueno, lucharon hasta el final. Durante los últimos dieciocho meses de la guerra, los ejércitos republicanos debieron luchar casi sin cigarrillos y con muy poca comida. Incluso cuando salí de España a mediados de 1937, la carne y el pan escaseaban, el tabaco era una rareza, el café y el azúcar casi imposibles de conseguir.

El otro recuerdo es el del miliciano italiano que me estrechó la mano en el cuerpo de guardia, el día que me alisté en la milicia. Escribí sobre este hombre al principio de mi libro sobre la guerra española [*Homenaje a Cataluña*], y no quiero repetir lo que allí dije. Cuando recuerdo —¡oh, qué vívidamente!— su uniforme raído y su rostro feroz, patético e inocente, las complejas cuestiones secundarias de la guerra parecen desvanecerse y veo con claridad que, en cualquier caso, no había ninguna duda sobre quién tenía razón. A pesar de las políticas de poder y las mentiras periodísticas, el tema central de la guerra fue el intento de personas como esta de ganarse la vida decente que sabían que era su derecho de nacimiento. Es difícil pensar en el probable final de este hombre en particular sin varios tipos de amargura. Como lo conocí en el cuartel Lenin, probablemente era trotskista o anarquista, y en las peculiares condiciones de nuestro tiempo, cuando la Gestapo no mata a gente de ese tipo, suele matarla la GPU. Pero eso no afecta a los problemas a largo plazo. El rostro de este hombre, que solo vi durante uno o dos minutos, permanece conmigo como una especie de recordatorio visual de lo que fue realmente la guerra. Simboliza para mí la flor y nata de la clase obrera europea, acosada por la policía de todos los países, la gente que llena las fosas comunes de los campos de batalla españoles y que ahora, por varios millones, se pudre en campos de trabajos forzados.

Cuando uno piensa en todas las personas que apoyan o han apoyado el fascismo, se queda asombrado de su diversidad. ¡Menuda tripulación! Pensemos en un programa que, al menos durante un tiempo, podría reunir en el mismo barco a Hitler, Pétain, Montagu Norman, Pavelitch, William Randolph Hearst, Streicher, Buchman, Ezra Pound, Juan March, Cocteau, Thyssen, el padre Coughlin, el muftí de Jerusalén, Arnold Lunn, Antonescu, Spengler, Beverley Nichols, lady Houston y Marinetti. Pero la pista es realmente muy sencilla. Todos ellos son personas con algo que perder, o personas que anhelan una sociedad jerárquica y temen la perspectiva de un mundo de seres humanos libres e iguales. Detrás de toda la palabrería que se habla de la Rusia «atea» y del «materialismo» de la clase obrera se esconde la simple intención de quienes tienen dinero o privilegios de aferrarse a ellos. Lo mismo ocurre, aunque contenga una verdad parcial, con toda la palabrería sobre la inutilidad de la reconstrucción social que no va acompañada de un «cambio de corazón». Los piadosos, desde el Papa hasta los yoguis de California, son grandes en el «cambio de corazón», mucho más tranquilizador desde su punto de vista que un cambio en el sistema económico. Pétain atribuye la caída de Francia al «amor al placer» del pueblo llano. Uno ve esto en su justa perspectiva si se detiene a preguntarse cuánto placer contendría la vida del campesino u obrero francés ordinario en comparación con la del propio Pétain. Maldita impertinencia la de esos políticos, curas, literatos y demás que dan lecciones de «materialismo» al obrero socialista. Todo lo que el trabajador exige es lo que estos otros considerarían el mínimo indispensable sin el cual la vida humana no puede ser vivida en absoluto. Suficiente para comer, estar libre del terror del desempleo, saber que tus hijos tendrán una oportunidad justa, un baño una vez al día, ropa limpia razonablemente a menudo, un techo que no gotee, y jornadas laborales lo suficientemente cortas como para dejarte con un poco de energía al terminar el día. Ninguno de los que predican contra el «materialismo» consideraría que se puede vivir sin estas cosas. Y ¡qué fácil sería alcanzar ese mínimo si nos lo propusiéramos durante solo veinte años! Elevar el nivel de vida de todo el mundo al de Gran Bretaña no sería una empresa mayor que la guerra que acabamos de librar. No afirmo, y no sé quién lo hace, que eso no resolvería nada en sí mismo. Es simplemente que la privación y el trabajo bruto tienen que ser abolidos antes que los verdaderos problemas de la humanidad puedan ser abordados. El principal problema de nuestro tiempo es la decadencia de la creencia en la inmortalidad personal, y no puede abordarse mientras el ser humano medio trabaje como un buey o tiemble de miedo ante la policía secreta. ¡Cuánta razón tienen las clases trabajadoras en su «materialismo»! ¡Cuánta razón tienen al darse cuenta de que el vientre está antes que el alma, no en la escala de valores, sino en la de tiempo! Compréndalo, y el largo horror que estamos padeciendo se hace al menos inteligible. Todas las consideraciones pueden hacernos vacilar —los cantos de sirena de un Pétain o de un Gandhi, el hecho ineludible de que para luchar hay que degradarse, la equívoca posición moral de Gran Bretaña, con sus frases democráticas y su imperio *coolie,** el siniestro desarrollo de la Rusia soviética, la escuálida farsa de la política de izquierda— todo esto se desvanece y solo vemos la lucha de la gente común que despierta gradualmente contra los señores de la propiedad y sus mentirosos y vividores a sueldo. La cuestión es muy sencilla. ¿Deberá permitirse a personas como ese soldado italiano vivir la vida decente y plenamente humana que ahora es técnicamente alcanzable, o no? ¿Se empujará al hombre común de nuevo al fango, o no? Yo mismo creo, tal vez sobre bases insuficientes, que el hombre común ganará su lucha tarde o temprano, pero quiero que sea temprano y no tarde, en algún momento dentro de los próximos cien años, digamos, y no en algún momento dentro de los próximos diez mil años. Esa fue la verdadera cuestión de la guerra española, y de la última guerra, y quizá de otras guerras aún por venir.

Nunca volví a ver al miliciano italiano ni supe su nombre. Se puede dar por seguro que está muerto. Casi dos años después, cuando la guerra estaba visiblemente perdida, escribí estos versos en su memoria:

El soldado italiano me estrechó la mano
Junto a la mesa de la guardia,
La mano fuerte y la mano sutil
Cuyas palmas solo son capaces

De encontrarse al sonido de las armas,
Pero ¡oh! qué paz conocí entonces
Al contemplar su rostro maltrecho
¡Más puro que el de cualquier mujer!

* Voz inglesa dada por los colonos ingleses de la India y China al trabajador o criado nativo, y que también se usa, en general, para designar al trabajador de origen oriental.

Por las palabras voladas que me hacen vomitar
Aún en sus oídos eran santas
Y nació sabiendo lo que yo había aprendido
De los libros y poco a poco.

(Las armas traicioneras habían contado su historia y ambos la habíamos comprado, pero mi ladrillo de oro estaba
hecho de oro, ¿quién lo habría pensado?)

Que la suerte te acompañe, ¡soldado italiano!
Pero la suerte no es para los valientes;
¿Qué te devolvería el mundo?
Siempre menos de lo que diste.

Entre la sombra y el fantasma,
Entre el blanco y el rojo,
Entre la bala y la mentira,
¿Dónde esconderías la cabeza?

¿Porque dónde está Manuel González,
Y dónde está Pedro Aguilar,
Y dónde está Ramón Fenellosa?
Las lombrices saben dónde están.

Tu nombre y tus hazañas se olvidaron
Antes de que tus huesos se secaran,
Y la mentira que te mató está enterrada
Bajo una mentira más profunda;

Pero lo que vi en tu rostro
Ningún poder puede desheredar:
Ninguna bomba que haya estallado
Rompe el espíritu de cristal.

Antisemitismo en Gran Bretaña (1945)

En Gran Bretaña hay alrededor de 400.000 judíos conocidos, a los que hay que añadir algunos miles o, como mucho, decenas de miles de refugiados judíos que han entrado en el país a partir de 1934. La población judía se concentra casi exclusivamente en media docena de grandes ciudades y trabaja sobre todo en los sectores de la alimentación, la ropa y los muebles. Algunos de los grandes monopolios, como el ICI, uno o dos de los principales periódicos y al menos una gran cadena de grandes almacenes son de propiedad judía o en parte, pero estaría muy lejos de la verdad decir que la vida empresarial británica está dominada por los judíos. Por el contrario, parece que los judíos no se han adaptado a la tendencia moderna hacia las grandes fusiones y han permanecido fijos en aquellos oficios que necesariamente se llevan a cabo a pequeña escala y con métodos anticuados.

Comienzo con estos antecedentes, que ya son conocidos por cualquier persona bien informada, para subrayar que no existe un verdadero «problema» judío en Inglaterra. Los judíos no son lo suficientemente numerosos ni poderosos, y solo tienen una influencia notable en los llamados «círculos intelectuales». Sin embargo, en general se admite que el antisemitismo va en aumento, que la guerra lo ha exacerbado enormemente y que las personas humanas e ilustradas no son inmunes a él. No adopta formas violentas (los ingleses son casi invariablemente amables y respetuosos con la ley), pero es bastante malintencionado y, en circunstancias favorables, podría tener resultados políticos. He aquí algunos ejemplos de comentarios antisemitas que me han hecho en los últimos dos años:

— *Empleado de oficina de mediana edad*: «Generalmente vengo al trabajo en autobús. Se tarda más, pero hoy en día no me importa utilizar el metro desde Golders Green. Hay demasiados de la Raza Elegida viajando en esa línea».

— *Vendedora de tabaco*: «No, no tengo cerillas para usted. Debería probar con la señora de la calle de abajo. *Ella* siempre tiene cerillas. Una de la Raza Elegida, ya ves».

— *Joven intelectual, comunista o casi comunista*: «No, no me gustan los judíos. Nunca lo he ocultado. No me gustan. Eso sí, no soy antisemita, por supuesto».

— *Mujer de clase media*: «Bueno, nadie podría llamarme antisemita, pero creo que la forma en que estos judíos se comportan es absolutamente apestosa. La forma en que se abren paso hasta llegar a la cabeza de las colas, etcétera. Son tan abominablemente egoístas. Creo que son responsables de mucho de lo que les pasa».

— *Lechero*: «Un judío no hace el mismo trabajo que un inglés. Es demasiado listo. Nosotros trabajamos con esto» (flexiona los bíceps). «Ellos trabajan con eso de ahí» (se da golpecitos en la frente).

— *Contador público, inteligente, de izquierda sin rumbo*: «Estos malditos judíos son todos proalemanes. Cambiarían de bando mañana mismo si llegaran los nazis. Veo a muchos de ellos en mi negocio. Admiran a Hitler en el fondo de su corazón. Siempre le harán la pelota a quien les dé la patada».

— *Mujer inteligente, al ofrecérsele un libro sobre el antisemitismo y las atrocidades alemanas*: «No me lo enseñes, *por favor*, no me lo enseñes. Solo hará que odie a los judíos más que nunca».

Podría llenar páginas con observaciones similares, pero estas bastarán para continuar. De ellas se desprenden dos hechos. Uno —que es muy importante y sobre el que volveré dentro de un momento— es que, a partir de un cierto nivel intelectual, la gente se avergüenza de ser antisemita y se cuida de establecer una distinción entre «antisemitismo» y «aversión a los judíos». La otra es que el antisemitismo es algo irracional. Se acusa a los judíos de delitos concretos (por ejemplo, mal comportamiento en las colas de la comida) que la persona que habla siente profundamente, pero es obvio que estas acusaciones no hacen sino racionalizar algún prejuicio muy arraigado. Intentar rebatirlas con hechos y estadísticas es inútil y, a veces, puede ser peor que inútil. Como demuestra el último de los comentarios citados, la gente puede seguir siendo antisemita, o al menos antijudía, siendo plenamente consciente de que su punto de vista es indefendible. Si alguien te desagrada, te desagrada y punto: tus sentimientos no mejoran con un recital de sus virtudes.

Sucede que la guerra ha fomentado el crecimiento del antisemitismo e incluso, a los ojos de mucha gente corriente, le ha dado cierta justificación. Para empezar, los judíos son uno de los pueblos de los que se puede decir con total certeza que se beneficiarán de una victoria aliada. En consecuencia, la teoría de que «esta es una guerra judía» tiene cierta plausibilidad, tanto más cuanto que el esfuerzo bélico judío rara vez recibe el reconocimiento que le corresponde. El Imperio Británico es una enorme organización heterogénea que se mantiene unida en gran medida por consentimiento mutuo, y a menudo es necesario halagar a los elementos menos fiables a expensas de los más leales. Dar a conocer las hazañas de los soldados judíos, o incluso admitir la existencia de un ejército judío considerable en Oriente Medio, despierta hostilidad en Sudáfrica, los países árabes y otros lugares: es más fácil ignorar todo el tema y permitir que el hombre de la calle siga pensando que los judíos son excepcionalmente listos para eludir el servicio militar. Por otra parte, los judíos se dedican exactamente a aquellos oficios que en tiempos de guerra son impopulares entre la población civil. Los judíos se dedican sobre todo a la venta de alimentos, ropa, muebles y tabaco, precisamente los productos cuya escasez es crónica, con los consiguientes sobreprecios, mercado negro y favoritismo. Y de nuevo, la acusación común de que los judíos se comportan de forma excepcionalmente cobarde durante los ataques aéreos recibió cierto colorido con las grandes incursiones de 1940. Sucedió que el barrio judío de Whitechapel fue una de las primeras zonas en ser bombardeada, con el resultado natural de que enjambres de refugiados judíos se distribuyeron por todo Londres. Si uno juzgara meramente a partir de estos fenómenos de tiempos de guerra, sería fácil imaginar que el antisemitismo es algo cuasi racional, fundado en premisas erróneas. Y, naturalmente, el antisemita se considera un ser razonable. Cada vez que he tocado este tema en un artículo de periódico, siempre he recibido una considerable «respuesta», e invariablemente algunas de las cartas son de personas equilibradas, de clase media —médicos, por ejemplo— sin aparente agravio económico. Estas personas siempre dicen (como dice Hitler en *Mein Kampf*) que empezaron sin prejuicios antijudíos, pero que la mera observación de los hechos les llevó a su posición actual. Sin embargo, una de las características del antisemitismo es la capacidad de creer historias que no pueden ser ciertas. Un buen ejemplo de ello es el extraño accidente que ocurrió en Londres en 1942, cuando una multitud, asustada por el estallido de una bomba en las inmediaciones, huyó a la boca de una estación de metro, con el resultado que algo más de cien personas murieron aplastadas. El mismo día se repitió por todo Londres que «los judíos eran los responsables». Evidentemente, si la gente se cree este tipo de cosas, no se llegará mucho más lejos discutiendo con ellos. El único enfoque útil es descubrir *por qué* pueden tragarse absurdos sobre un tema en particular mientras se mantienen cuerdos sobre otros.

Pero ahora permítanme volver al punto que mencioné antes: que existe una conciencia generalizada de la prevalencia del sentimiento antisemita y una falta de voluntad para admitir que se comparte. Entre las personas educadas, el antisemitismo se considera un pecado imperdonable y de una categoría muy diferente a la de otros tipos de prejuicios raciales. La gente hace todo lo posible por demostrar que *no* es antisemita. Así, en 1943 se celebró en una sinagoga de St John's Wood un servicio de intercesión en favor de los judíos polacos. Las autoridades locales se declararon deseosas de participar en ella, y a la misa asistieron el alcalde del distrito con su toga y su cadena, representantes de todas las iglesias y destacamentos de la RAF, la Guardia Nacional, enfermeras, *boy scouts* y demás. A primera vista, fue una conmovedora demostración de solidaridad con los judíos que sufren. Pero se trataba esencialmente de un esfuerzo consciente por comportarse de manera decente por parte de personas cuyos sentimientos subjetivos debían de ser, en muchos casos, muy diferentes. Ese barrio de Londres es en parte judío, el antisemitismo está muy extendido allí y, como yo bien sabía, algunos de los hombres que estaban sentados a mi alrededor en la sinagoga estaban teñidos por él. De hecho, el comandante de mi pelotón de la Guardia Nacional, que de antemano había puesto especial interés en que «diéramos un buen espectáculo» en el servicio de intercesión, era un exmiembro de los *Camisas Negras* de Mosley. Mientras exista esta división de sentimientos, la tolerancia de la violencia masiva contra los judíos o, lo que es más importante, la legislación antisemita, no son posibles en Inglaterra. De hecho, actualmente no es posible que el antisemitismo se convierta en *algo respetable*. Pero esto es menos ventajoso de lo que podría parecer.

Uno de los efectos de las persecuciones en Alemania ha sido impedir que se estudie seriamente el antisemitismo. En Inglaterra, hace uno o dos años, *Mass Observation** realizó un breve e inadecuado estudio, pero si ha habido alguna otra investigación sobre el tema, sus conclusiones se han mantenido en estricto secreto. Al mismo tiempo ha habido una supresión consciente, por parte de toda la gente pensante, de cualquier cosa que pudiera herir las susceptibilidades judías. Después de 1934, el chiste del judío desapareció como por arte de magia de las tarjetas postales, las publicaciones periódicas y los escenarios de los *music halls*, y la inclusión de un personaje judío antipático en una novela o un relato corto pasó a considerarse antisemitismo. En la cuestión de Palestina, también era de *rigor* entre la gente ilustrada aceptar el caso judío como probado y evitar examinar las reclamaciones de los árabes, una decisión que podía ser correcta por sus propios méritos, pero que se adoptó principalmente porque los judíos estaban en apuros y se consideraba que no había que criticarlos. Gracias a Hitler, por lo tanto, se llegó a una situación en la que la prensa estaba censurada en favor de los judíos, mientras que en privado el antisemitismo iba en aumento, incluso, hasta cierto punto, entre las personas sensibles e inteligentes. Esto fue particularmente notable en 1940, en el momento del internamiento de los refugiados. Naturalmente, toda persona pensante sintió que era su deber protestar contra el encierro masivo de extranjeros desafortunados que, en su mayoría, solo estaban en Inglate-

---

* Organización que funcionó desde 1937 hasta mediados de los años sesenta, y fue reactivada en 1981 en la Universidad de Sussex. En un principio, pretendía registrar la vida cotidiana en Gran Bretaña a través de un panel de unos 500 observadores voluntarios sin formación que llevaban diarios o respondían a cuestionarios abiertos (conocidos como directivas). La organización también pagaba a investigadores para que grabaran anónimamente las conversaciones y el comportamiento de la gente en el trabajo, en la calle y en diversas ocasiones públicas, como reuniones y acontecimientos deportivos y religiosos.

rra porque eran opositores a Hitler. En privado, sin embargo, se escuchaban opiniones muy diferentes. Una minoría de los refugiados se comportaba con muy poco tacto, y el sentimiento contra ellos tenía necesariamente un trasfondo antisemita, ya que en su mayoría eran judíos. Una figura muy eminente del Partido Laborista —no diré su nombre, pero es una de las personas más respetadas de Inglaterra— me dijo con bastante violencia: «Nunca le pedimos a esta gente que viniera a este país. Si deciden venir, que asuman las consecuencias». Sin embargo, este hombre se habría asociado como algo natural a cualquier tipo de petición o manifiesto contra el internamiento de extranjeros. Este sentimiento de que el antisemitismo es algo pecaminoso y vergonzoso, algo que una persona civilizada no sufre, es desfavorable a un enfoque científico y, de hecho, muchas personas admitirán que tienen miedo de indagar demasiado en el tema. Tienen miedo, es decir, de descubrir no solo que el antisemitismo se está extendiendo, sino que ellos mismos están infectados por él.

Para ver esto en perspectiva hay que retroceder unas décadas, hasta los días en que Hitler era un pintor de casas desempleado del que nadie había oído hablar. Entonces uno se daría cuenta de que, aunque el antisemitismo está suficientemente presente ahora, probablemente es *menos* frecuente en Inglaterra que hace treinta años. Es cierto que el antisemitismo, como doctrina racial o religiosa plenamente concebida, nunca ha florecido en Inglaterra. Nunca ha habido mucho sentimiento en contra de los matrimonios mixtos, ni en contra que los judíos ocupen un lugar destacado en la vida pública. Sin embargo, hace treinta años se aceptaba más o menos como una ley de la naturaleza que un judío era una figura divertida y —aunque superior en inteligencia— ligeramente deficiente en «carácter». En teoría, un judío no sufría ninguna discapacidad legal, pero en la práctica se le excluía de ciertas profesiones. Probablemente no lo habrían aceptado como oficial en la marina, por ejemplo, ni en lo que se llama un regimiento «inteligente» en el ejército. Un niño judío en una escuela pública casi siempre la pasaba mal. Podía, por supuesto, disimular su judaísmo si era excepcionalmente encantador o atlético, pero era una discapacidad inicial comparable a un tartamudeo o una marca de nacimiento. Los judíos ricos tendían a disfrazarse con nombres aristocráticos ingleses o escoceses, y al ciudadano medio le parecía natural que lo hicieran, igual que a un criminal le parece natural cambiar de identidad si es posible. Hace unos veinte años, en Rangún, estaba subiendo a un taxi con un amigo cuando un chiquillo harapiento de tez clara se abalanzó sobre nosotros y empezó una complicada historia sobre que había llegado de Colombo en un barco y quería dinero para volver. Sus modales y su aspecto eran difíciles de «ubicar», y le dije:

Hablas muy bien inglés. ¿De qué nacionalidad eres? Respondió con entusiasmo en su acento chi-chi: «¡Soy un *joo*, señor!».

Y recuerdo que me volví hacia mi compañero y le dije, solo en parte en broma: «Lo admite abiertamente». Todos los judíos que había conocido hasta entonces eran personas que se avergonzaban de ser judíos o, en todo caso, preferían no hablar de su ascendencia, y si se veían obligados a hacerlo tendían a utilizar la palabra «hebreo». La actitud de la clase obrera no era mejor. El judío que crecía en Whitechapel daba por sentado que sería agredido, o al menos abucheado, si se aventuraba a entrar en uno de los barrios cristianos cercanos, y el «chiste judío» de los *music halls* y los periódicos cómicos era casi siempre malintencionado.*

* Es interesante comparar el «chiste judío» con el otro clásico de los *music halls*, el «chiste escocés», al que se parece superficialmente. De vez en cuando se cuenta una historia (por ejemplo, la del judío y el escocés que entraron juntos en un bar y ambos murieron de sed) que pone a

También existía la burla literaria a los judíos, que en manos de Belloc, Chesterton y sus seguidores alcanzaba un nivel de escarnio casi continental. Los escritores no católicos eran a veces culpables de lo mismo de una forma más suave. En la literatura inglesa ha habido una perceptible corriente antisemita desde Chaucer en adelante, y sin levantarme siquiera de esta mesa para consultar un libro se me ocurren pasajes que *si se escribieran ahora* serían estigmatizados como antisemitas, en las obras de Shakespeare, Smollett, Thackeray, Bernard Shaw, H. G. Wells, T. S. Eliot, Aldous Huxley y varios otros. A primera vista, los únicos escritores ingleses que se me ocurren que, antes de Hitler, se esforzaron por defender a los judíos son Dickens y Charles Reade. Y por poco que el intelectual medio pudiera estar de acuerdo con las opiniones de Belloc y Chesterton, no las desaprobaba agudamente. Las interminables diatribas de Chesterton contra los judíos, que introducía en relatos y ensayos con los pretextos más endebles, nunca le causaron problemas; de hecho, Chesterton era una de las figuras más respetadas de la vida literaria inglesa. Cualquiera que escribiera en esa línea *ahora* se vería sometido a una tormenta de insultos o, lo que es más probable, le resultaría imposible publicar sus escritos.

Si, como sugiero, el prejuicio contra los judíos siempre ha estado bastante extendido en Inglaterra, no hay razón para pensar que Hitler lo haya disminuido realmente. Simplemente ha provocado una fuerte división entre la persona políticamente consciente que se da cuenta de que no es momento de tirar piedras a los judíos, y la persona incons-

---

ambas razas en pie de igualdad, pero en general al judío se le atribuye *simplemente* astucia y avaricia, mientras que al escocés se le atribuye también dureza física. Esto se ve, por ejemplo, en la historia del judío y el escocés que van juntos a una reunión que se ha anunciado como gratuita. Inesperadamente hay una colecta, y para evitarlo el judío se desmaya y el escocés lo saca a hombros. Aquí el escocés realiza la hazaña atlética de cargar al otro. Si fuera al revés, parecería un error. *(Nota del autor.)*

ciente cuyo antisemitismo nativo se ve incrementado por la tensión nerviosa de la guerra. Se puede suponer, por lo tanto, que muchas personas que perecerían antes que admitir sentimientos antisemitas son secretamente propensas a ellos. Ya he indicado que creo que el antisemitismo es esencialmente una neurosis, pero por supuesto tiene sus racionalizaciones, en las que se cree sinceramente y que son parcialmente ciertas. La racionalización esgrimida por el hombre común es que el judío es un explotador. La justificación parcial de esto es que el judío, en Inglaterra, es generalmente un pequeño hombre de negocios, es decir, una persona cuyas depredaciones son más obvias e inteligibles que las de, por ejemplo, un banco o una compañía de seguros. Más arriba en la escala intelectual, el antisemitismo se racionaliza diciendo que el judío es una persona que propaga el desafecto y debilita la moral nacional. También en este caso existe una justificación superficial. Durante los últimos veinticinco años, las actividades de los llamados «intelectuales» han sido en gran medida malignas. No me parece exagerado decir que, si los «intelectuales» hubieran hecho su trabajo un poco más a fondo, Gran Bretaña se habría rendido en 1940. Pero la *intelligentsia* descontenta incluía inevitablemente a un gran número de judíos. Con cierta plausibilidad puede decirse que los judíos son los enemigos de nuestra cultura autóctona y de nuestra moral nacional. Si se examina con cuidado, se ve que la afirmación no tiene sentido, pero siempre hay algunos individuos prominentes que pueden ser citados en su apoyo. En los últimos años se ha producido lo que equivale a un contraataque contra el izquierdismo más bien superficial que estuvo de moda en la década anterior y que ejemplificaban organizaciones como el *Left Book Club*. Este contraataque (véanse, por ejemplo, libros como *The Good Gorilla*, de Arnold Lutin, o *Put Out More Flags*, de Evelyn Waugh) tiene un matiz antisemita, y probablemente sería más marcado si el tema no fuera tan obviamente peligroso. Ocurre que durante algunas décadas Gran Bretaña no ha tenido una *intelligentsia* nacionalista de la que valga la pena preocuparse. Pero el nacionalismo británico, es decir, el nacionalismo de tipo intelectual, puede resurgir, y probablemente resurgirá si Gran Bretaña sale muy debilitada de la presente guerra. Los jóvenes intelectuales de 1950 pueden ser tan ingenuamente patrióticos como los de 1914. En ese caso, el tipo de antisemitismo que floreció entre los «anti-Dreyfusards» en Francia, y que Chesterton y Belloc intentaron importar a este país, podría afianzarse.

No tengo una teoría rígida sobre los orígenes del antisemitismo. Las dos explicaciones actuales, que se debe a causas económicas, o, por otro lado, que es un legado de la Edad Media, me parecen insatisfactorias, aunque admito que si se combinan se puede conseguir que cubran los hechos. Lo único que puedo decir con seguridad es que el antisemitismo forma parte de un problema más amplio, el del nacionalismo, que todavía no ha sido examinado seriamente, y que el judío es evidentemente un chivo expiatorio, aunque todavía no sabemos de qué. En este ensayo me he basado casi por completo en mi propia y limitada experiencia, y tal vez cada una de mis conclusiones sería refutada por otros observadores. El hecho es que casi no existen datos sobre este tema. Pero, por lo que valen, resumiré mis opiniones. Resumidas, son las siguientes:

— En Inglaterra hay más antisemitismo del que nos gustaría admitir, y la guerra lo ha acentuado, pero no es seguro que vaya en aumento si se piensa en términos de décadas en lugar de años.

— En la actualidad no conduce a una persecución abierta, pero tiene el efecto de hacer que la gente sea insensible a los sufrimientos de los judíos en otros países.

— En el fondo es bastante irracional y no cede a los argumentos.

— Las persecuciones en Alemania han ocultado en gran medida el sentimiento antisemita y, por lo tanto, han oscurecido todo el panorama.

El tema requiere una investigación seria.

Solo merece la pena profundizar en el último punto. Para estudiar científicamente cualquier tema se necesita una actitud imparcial, lo que obviamente es más difícil cuando están en juego los propios intereses o emociones. Mucha gente que es bastante capaz de ser objetiva sobre los erizos de mar, por ejemplo, o la raíz cuadrada de 2, se vuelve esquizofrénica si tiene que pensar en las fuentes de sus propios ingresos. Lo que vicia casi todo lo que se escribe sobre el antisemitismo es la suposición en la mente del escritor de que él mismo es inmune a él. «Puesto que sé que el antisemitismo es irracional», argumenta, «se deduce que no lo comparto». De este modo, no comienza su investigación en el único lugar donde podría conseguir alguna prueba fiable, es decir, en su propia mente.

Me parece una suposición segura que la enfermedad vagamente llamada nacionalismo es ahora casi universal. El antisemitismo es solo una manifestación del nacionalismo, y no todo el mundo padecerá la enfermedad en esa forma concreta. Un judío, por ejemplo, no sería antisemita: pero muchos judíos sionistas me parecen simplemente antisemitas al revés, del mismo modo que muchos indios y negros muestran los prejuicios normales de color de forma invertida. La cuestión es que algo, alguna vitamina psicológica, falta en la civilización moderna, y como resultado todos estamos más o menos sujetos a esta locura de creer que razas o naciones enteras son misteriosamente buenas o misteriosamente malas. Desafío a cualquier intelectual moderno a que examine detenida y honestamente su propia mente sin toparse con lealtades y odios nacionalistas de uno u otro tipo. Es el hecho de que pueda sentir el tirón emocional de tales cosas, y sin embargo verlas desapasionadamente por lo que son, lo que le da su estatus de intelectual. Se verá, por lo tanto, que el punto de partida de cualquier investigación sobre el antisemitismo no debería ser «¿Por qué esta creencia obviamente irracional atrae a otras personas?», sino «¿Por qué el antisemitismo me atrae *a mí*? ¿Qué hay en él que yo sienta como verdadero?». Si uno se hace esta pregunta, al menos descubre sus propias racionalizaciones, y puede que sea posible averiguar qué hay debajo de ellas. El antisemitismo debería ser investigado —y no diré por antisemitas, sino en todo caso por personas que saben que no son inmunes a ese tipo de emoción—. Cuando Hitler haya desaparecido será posible una verdadera investigación sobre este tema, y probablemente sería mejor empezar no por desacreditar el antisemitismo, sino por reunir todas las justificaciones que se puedan encontrar para él, en la mente de uno mismo o de cualquier otra persona. De ese modo se podrían obtener algunas pistas que condujeran a sus raíces psicológicas. Pero no creo que el antisemitismo *se cure* definitivamente sin curar la enfermedad más amplia del nacionalismo.

El futuro de una Alemania en ruinas (1945)

A medida que prosigue el avance sobre Alemania y se va descubriendo cada vez más la devastación causada por los bombardeos aliados, hay tres comentarios que casi todos los observadores se hacen. El primero es: «La gente en casa no tiene ni idea de esto». El segundo es: «Es un milagro que hayan seguido luchando». Y el tercero es: «¡Piensa en el trabajo que supone reconstruir todo esto!».

Es cierto que la magnitud del bombardeo aliado sobre Alemania aún no se conoce en este país, y probablemente se subestime su contribución a la ruptura de la resistencia alemana. Es difícil dar actualidad a los informes sobre la guerra aérea y se puede perdonar al hombre de la calle si imagina que lo que hemos hecho a Alemania en los últimos cuatro años es simplemente lo mismo que nos hicieron en 1940.

Pero este error, que debe ser aún más común en Estados Unidos, encierra un peligro potencial, y las numerosas protestas contra los bombardeos indiscriminados que han proferido pacifistas y humanitarios no han hecho sino confundir la cuestión. Los bombardeos no son especialmente inhumanos. La guerra en sí es inhumana y el avión de bombardeo, que se utiliza para paralizar la industria y el transporte, es un arma relativamente civilizada. La guerra «normal» o «legítima» es igual de destructiva para los objetos inanimados y enormemente destructiva para las vidas humanas.

Además, una bomba mata a una parte casual de la población, mientras que los hombres muertos en combate son exactamente los que la comunidad menos puede permitirse perder. El pueblo británico nunca se ha sentido cómodo con el bombardeo de civiles y sin duda estará dispuesto a compadecerse de los alemanes tan pronto como los hayan derrotado definitivamente; pero lo que todavía no ha comprendido —gracias a su propia inmunidad comparativa— es la espantosa destructividad de la guerra moderna y el largo periodo de empobrecimiento que ahora espera al mundo en su conjunto. Pasear por las ciudades en ruinas de Alemania es sentir una duda real sobre la continuidad de la civilización. Hay que recordar que no solo Alemania ha sido bombardeada. La misma desolación se extiende, al menos en zonas considerables, desde Bruselas hasta Stalingrado. Y allí donde ha habido combates terrestres, la destrucción es aún mayor. En las aproximadamente 300 millas entre el Marne y el Rin no hay puente o viaducto que no haya sido volado.

Incluso en Inglaterra somos conscientes de que necesitamos tres millones de viviendas, y que las posibilidades de conseguirlas en un plazo mensurable parecen más bien escasas. Pero, ¿cuántas casas necesitará Alemania, o Polonia, o la URSS, o Italia? Cuando uno piensa en la estupenda tarea de reconstruir cientos de ciudades europeas, se da cuenta de que deberá transcurrir un largo periodo antes de que se pueda restablecer incluso el nivel de vida de 1939.

Aún no conocemos el alcance total de los daños causados a Alemania, pero a juzgar por las zonas que han sido invadidas hasta ahora, es difícil creer en la capacidad de los alemanes para pagar cualquier tipo de reparación, ya sea en bienes o en mano de obra. El simple hecho de realojar al pueblo alemán, poner en funcionamiento las fábricas destruidas y evitar que la agricultura alemana se derrumbe después que los trabajadores extranjeros hayan sido liberados, consumirá toda la mano de obra de la que los alemanes puedan disponer.

Si, como está previsto, millones de ellos deben ser deportados para los trabajos de reconstrucción, la recuperación de la propia Alemania será aún más lenta. Después de la última guerra, se comprendió finalmente la imposibilidad de obtener reparaciones sustanciales en dinero, pero se comprendió menos que el empobrecimiento de un país reacciona desfavorablemente sobre el mundo en su conjunto. No sería ninguna ventaja convertir a Alemania en una especie de barriada rural.

Notas sobre el nacionalismo (1945)

En algún lugar, Byron hace uso de la palabra francesa *longeur* ('longitud'), y comenta de pasada que, aunque en Inglaterra no tenemos la *palabra*, tenemos la *cosa* en considerable profusión. Del mismo modo, hay un hábito mental que está tan extendido que afecta a nuestro pensamiento en casi todos los temas, pero al que todavía no se le ha dado un nombre. He elegido la palabra «nacionalismo» como el equivalente más próximo, pero se verá enseguida que no la utilizo en el sentido corriente, aunque solo sea porque la emoción de la que hablo no siempre está ligada a lo que se llama una nación, es decir, una raza o una zona geográfica. Puede vincularse a una iglesia o a una clase, o puede funcionar en un sentido meramente negativo, *contra* algo y sin necesidad de ningún objeto positivo de lealtad.

Por «nacionalismo» entiendo, en primer lugar, el hábito de suponer que los seres humanos pueden ser clasificados como insectos y que bloques enteros de millones o decenas de millones de personas pueden ser etiquetados con seguridad como «buenos» o «malos».* Pero en segundo lugar —y

---

* Las naciones, e incluso entidades más vagas como la Iglesia católica o el proletariado, suelen considerarse individuos y a menudo se hace referencia a ellas como «ella». En cualquier periódico que se abra se pueden encontrar comentarios absurdos como «Alemania es traicionera por naturaleza», y casi todo el mundo pronuncia generalizaciones temerarias sobre el carácter nacional («El español es un aristócrata por naturaleza»

esto es mucho más importante—, me refiero al hábito de identificarse con una sola nación u otra unidad, situándola más allá del bien y del mal y no reconociendo otro deber que el de promover sus intereses. El nacionalismo no debe confundirse con el patriotismo. Ambas palabras se utilizan normalmente de forma tan vaga que cualquier definición es susceptible de ser cuestionada, pero hay que establecer una distinción entre ellas, ya que se trata de dos ideas diferentes e incluso opuestas. Por «patriotismo» entiendo la devoción a un lugar y un modo de vida determinados, que uno cree que son los mejores del mundo pero que no desea imponer a otras personas. El patriotismo es por naturaleza defensivo, tanto militar como culturalmente. El nacionalismo, en cambio, es inseparable del deseo de poder. El propósito permanente de todo nacionalista es asegurarse más poder y más prestigio, *no* para sí mismo sino para la nación u otra unidad en la que ha elegido hundir su propia individualidad.

Mientras se aplique únicamente a los movimientos nacionalistas más notorios e identificables de Alemania, Japón y otros países, todo esto es suficientemente obvio. Enfrentados a un fenómeno como el nazismo, que podemos observar desde fuera, casi todos diríamos lo mismo sobre él. Pero aquí debo repetir lo que he dicho antes, que solo utilizo la palabra «nacionalismo» a falta de un término mejor. El nacionalismo, en el sentido amplio en que utilizo la palabra, incluye movimientos y tendencias como el comunismo, el catolicismo político, el sionismo, el antisemitismo, el trotskismo y el pacifismo. No significa necesariamente lealtad a un gobierno o a un país, y menos aún al *propio* país, y ni siquiera es estrictamente necesario que las unidades de las que se ocupa existan realmente. Por citar algunos ejemplos

---

o «Todo inglés es un hipócrita»). A veces estas generalizaciones resultan infundadas, pero el hábito de hacerlas persiste, y personas con una visión profesamente internacional, como Tolstoi o Bernard Shaw, son a menudo culpables de ellas. *(Nota del autor.)*

obvios, el judaísmo, el islam, la cristiandad, el proletariado y la raza blanca son todos ellos objetos de apasionados sentimientos nacionalistas: pero su existencia puede ser seriamente cuestionada, y no hay definición de ninguno de ellos que sea universalmente aceptada.

También vale la pena subrayar una vez más que el sentimiento nacionalista puede ser puramente negativo. Hay, por ejemplo, trotskistas que se han convertido simplemente en enemigos de la URSS sin desarrollar una lealtad correspondiente hacia ninguna otra unidad. Cuando uno capta las implicaciones de esto, la naturaleza de lo que entiendo por nacionalismo se vuelve mucho más clara. Un nacionalista es alguien que piensa únicamente, o principalmente, en términos de prestigio competitivo. Puede ser un nacionalista positivo o negativo, es decir, puede emplear su energía mental tanto en ensalzar como en denigrar, pero en cualquier caso sus pensamientos siempre giran en torno a victorias, derrotas, triunfos y humillaciones. Observa la historia, especialmente la historia contemporánea, como el interminable ascenso y declive de grandes unidades de poder, y cada acontecimiento que sucede le parece una demostración que su propio bando está en ascenso y algún odiado rival está en descenso. Pero, por último, es importante no confundir el nacionalismo con la mera adoración del éxito. El nacionalista no se basa simplemente en el principio de aliarse con el bando más fuerte. Al contrario, una vez elegido su bando, se persuade a sí mismo de que *es* el más fuerte, y es capaz de aferrarse a su creencia incluso cuando los hechos están abrumadoramente en su contra. El nacionalismo es hambre de poder y decepción de sí mismo.

Todo nacionalista es capaz de la deshonestidad más flagrante, pero también, puesto que es consciente de estar al servicio de algo más grande que él mismo, tiene la certeza inquebrantable de estar en lo cierto.

Ahora que he dado esta larga definición, creo que se admitirá que el hábito mental del que estoy hablando está muy extendido entre la *intelligentsia* inglesa, y más extendido allí que entre la masa del pueblo. Para aquellos que sienten profundamente la política contemporánea, ciertos temas se han infectado tanto por consideraciones de prestigio que un enfoque genuinamente racional de ellos es casi imposible. Entre los cientos de ejemplos que se podrían elegir, tomemos esta pregunta: ¿Cuál de los tres grandes aliados —URSS, Gran Bretaña y Estados Unidos— han contribuido más a la derrota de Alemania? En teoría, debería ser posible dar una respuesta razonada y tal vez incluso concluyente a esta pregunta. En la práctica, sin embargo, no se pueden hacer los cálculos necesarios, porque cualquiera que se plantee esta cuestión lo hará inevitablemente en términos de prestigio competitivo. Por lo tanto, *empezaría* por decidirse a favor de Rusia, Gran Bretaña o Estados Unidos, según el caso, y solo *después* empezaría a buscar argumentos que parecieran apoyar su postura. Y hay toda una serie de preguntas similares a las que solo se puede obtener una respuesta honesta de alguien que es indiferente a todo el tema en cuestión, y cuya opinión sobre el mismo, en cualquier caso, es probablemente inútil. De ahí, en parte, el notable fracaso en nuestro tiempo de la predicción política y militar. Es curioso observar que entre todos los «expertos» de todas las escuelas no hubo ni uno solo que fuera capaz de prever un acontecimiento tan probable como el Pacto Ruso-Alemán de 1939.* Y cuando se conoció la noticia del Pacto, se dieron las explicaciones más disparatadas y se hicieron predicciones que fueron falsificadas casi inmediatamente, basadas, en casi todos los casos, no en un estudio de probabilidades, sino en el deseo de hacer que la URSS pareciera buena o

---

* Algunos escritores de tendencia conservadora, como Peter Drucker, predijeron un acuerdo entre Alemania y Rusia, pero esperaban una alianza o amalgama real que fuera permanente. Ningún marxista ni ningún otro escritor de izquierdas, del color que fuera, se acercó en absoluto a la predicción del Pacto. *(Nota del autor.)*

mala, fuerte o débil. Los comentaristas políticos o militares, como los astrólogos, pueden sobrevivir a casi cualquier error, porque sus seguidores más devotos no buscan en ellos una valoración de los hechos, sino la estimulación de lealtades nacionalistas.* Y los juicios estéticos, especialmente los literarios, suelen corromperse del mismo modo que los políticos. Sería difícil para un nacionalista indio disfrutar leyendo a Kipling o, para un conservador, ver méritos en Mayakovsky, y siempre existe la tentación de afirmar que cualquier libro con cuya tendencia no se esté de acuerdo debe ser un mal libro desde el punto de vista literario. Las personas de mentalidad fuertemente nacionalista suelen hacer este juego de manos sin ser conscientes de su falta de honestidad.

En Inglaterra, si nos limitamos a considerar el número de personas implicadas, es probable que la forma dominante de nacionalismo sea el patrioterismo británico a la antigua usanza. Es cierto que sigue estando muy extendido, y mucho más de lo que la mayoría de los observadores habrían creído hace una docena de años. Sin embargo, en este ensayo me interesan sobre todo las reacciones de los *intelligentsia*, entre los que el *jingoísmo* e incluso el patriotismo del viejo tipo están casi muertos, aunque ahora parecen estar reviviendo entre una minoría.

* Los comentaristas militares de la prensa popular pueden clasificarse en su mayoría como prorrusos o antirrusos, a favor o en contra. Errores como creer que la Línea Maginot era inexpugnable, o predecir que Rusia conquistaría Alemania en tres meses, no han conseguido hacer tambalear su reputación, porque siempre decían lo que su público particular quería oír. Los dos críticos militares más favorecidos por la *intelligentsia* son el capitán Liddel Hart y el general de división Fuller, el primero de los cuales enseña que la defensa es más fuerte que el ataque, y el segundo que el ataque es más fuerte que la defensa. Esta contradicción no ha impedido que ambos hayan sido aceptados como autoridades por el pequeño público. La razón secreta de su popularidad en los círculos de izquierda es que ambos están en desacuerdo con el Ministerio de Guerra. *(Nota del autor.)*

Entre la *intelligentsia*, no hace falta decir que la forma dominante de nacionalismo es el comunismo —utilizando esta palabra en un sentido muy laxo, para incluir no solo a los miembros del Partido Comunista, sino a los «compañeros de viaje» y a los rusófilos en general. Un comunista, para mi propósito aquí, es alguien que considera a la URSS como su patria y siente que es su deber justificar la política rusa y promover los intereses rusos a toda costa. Obviamente, tales personas abundan hoy en Inglaterra, y su influencia directa e indirecta es muy grande. Pero también florecen muchas otras formas de nacionalismo, y es observando los puntos de semejanza entre corrientes de pensamiento diferentes e incluso aparentemente opuestas como mejor se puede ver el asunto en perspectiva.

Hace diez o veinte años, la forma de nacionalismo que más se parecía al comunismo actual era el catolicismo político. Su exponente más destacado —aunque quizá fuera un caso extremo más que típico— fue G. K. Chesterton. Chesterton era un escritor de considerable talento que tuvo que reprimir tanto su sensibilidad como su honestidad intelectual en aras de la propaganda católica romana. Durante los últimos veinte años de su vida, más o menos, toda su producción fue en realidad una repetición interminable de la misma cosa, bajo su trabajada astucia tan simple y aburrida como «Grande es Diana de los Efesios». Cada libro que escribía, cada trozo de diálogo, tenía que demostrar, más allá de la posibilidad de error, la superioridad del católico sobre el protestante o el pagano. Pero Chesterton no se contentaba con pensar que esta superioridad era meramente intelectual o espiritual: había que traducirla en términos de prestigio nacional y poder militar, lo que implicaba una idealización ignorante de los países latinos, especialmente de Francia.

Chesterton no había vivido mucho tiempo en Francia, y su imagen de ella —como una tierra de campesinos católicos que cantaban incesantemente la *Marseillaise* con vasos de vino tinto— tenía tanta relación con la realidad como la que tiene el *Chu Chin Chow* con la vida cotidiana en Bagdad. Y con esto iba no solo una enorme sobreestimación del poder militar francés (tanto antes como después de 1914-1918 sostenía que Francia, por sí misma, era más fuerte que Alemania), sino una tonta y vulgar glorificación del proceso real de la guerra. Los poemas de batalla de Chesterton, como «Lepanto» o «La balada de Santa Bárbara», hacen que «La carga de la brigada ligera» parezca un tratado pacifista: son quizá los fragmentos más chabacanos de grandilocuencia que se pueden encontrar en nuestro idioma. Lo interesante es que, si la basura romántica que habitualmente escribía sobre Francia y el ejército francés la hubiera escrito otra persona sobre Gran Bretaña y el ejército británico, él habría sido el primero en burlarse. En política interior era un *Little Englander*, un verdadero aborrecedor del patrioterismo y el imperialismo, y según sus opiniones un verdadero amigo de la democracia. Sin embargo, cuando miraba hacia el exterior, al ámbito internacional, podía renunciar a sus principios sin darse cuenta de que lo hacía. Así, su creencia casi mística en las virtudes de la democracia no le impedía admirar a Mussolini. Mussolini había destruido el gobierno representativo y la libertad de prensa por los que Chesterton había luchado tanto en su país, pero Mussolini era italiano y había hecho fuerte a Italia, y eso zanjaba la cuestión. Chesterton tampoco encontró nunca una palabra que decir sobre el imperialismo y la conquista de las razas de color cuando eran practicados por italianos o franceses. Su apego a la realidad, su gusto literario e incluso, en cierta medida, su sentido moral, se dislocaron en cuanto se vieron implicadas sus lealtades nacionalistas.

Obviamente, hay semejanzas considerables entre el catolicismo político, ejemplificado por Chesterton, y el comunismo. También las hay entre cualquiera de estos y, por ejemplo, el nacionalismo escocés, el sionismo, el antisemitismo o el trotskismo. Sería una simplificación excesiva decir que todas las formas de nacionalismo son iguales, incluso en su atmósfera mental, pero hay ciertas reglas que valen en todos los casos. A continuación, se exponen las principales características del pensamiento nacionalista: *obsesión.* En la medida de lo posible, ningún nacionalista piensa, habla o escribe nunca sobre nada que no sea la superioridad de su propia unidad de poder. Es difícil, si no imposible, para cualquier nacionalista ocultar su lealtad. El más mínimo insulto a su propia unidad, o cualquier elogio implícito a una organización rival, le produce un malestar que solo puede aliviar con alguna réplica mordaz. Si la unidad elegida es un país real, como Irlanda o la India, generalmente reivindicará su superioridad no solo en poder militar y virtud política, sino también en arte, literatura, deporte, estructura de la lengua, belleza física de los habitantes y, tal vez, incluso en clima, paisaje y cocina. Mostrará una gran sensibilidad por cosas como la exhibición correcta de las banderas, el tamaño relativo de los titulares y el orden en que se nombran los distintos países.* La nomenclatura desempeña un papel muy importante en el pensamiento nacionalista. Los países que han conseguido su independencia o han pasado por una revolución nacionalista suelen cambiar sus nombres, y cualquier país u otra unidad en torno a la cual giren fuertes sentimientos es probable que tenga varios nombres, cada uno de ellos con una implicación diferente. Los dos bandos de la Guerra Civil española tenían nueve o diez nombres que expresaban diferentes grados de amor y odio. Algunos de estos nombres (por ejemplo, «Patriotas» para los partidarios de Franco, o «Leales» para los partidarios del Gobierno) eran francamente dudosos, y no había ninguno de ellos que las dos facciones rivales pudieran haber acordado utilizar.

Todos los nacionalistas consideran un deber difundir su propia lengua en detrimento de las lenguas rivales, y entre

---

* Algunos estadounidenses han expresado su descontento porque «angloamericano» es la forma de combinación de estas dos palabras. Se ha propuesto utilizar «americano-británico». *(Nota del autor.)*

los anglófonos esta lucha reaparece en formas más sutiles como una lucha entre dialectos.

Los estadounidenses anglófobos se niegan a utilizar una frase de argot si saben que es de origen británico, y el conflicto entre latinizadores y germanizadores a menudo tiene detrás motivos nacionalistas. Los nacionalistas escoceses insisten en la superioridad de los escoceses de las tierras bajas, y los socialistas, cuyo nacionalismo adopta la forma de diatriba de odio de clase contra el acento BBC, e incluso a menudo da la impresión de estar teñido por la creencia en la magia simpática —una creencia que probablemente se manifiesta en la extendida costumbre de quemar a los enemigos políticos en efigie, o de usar fotos de ellos como blancos en las galerías de tiro.

Inestabilidad. La intensidad con la que se mantienen no impide que las lealtades nacionalistas sean transferibles. Para empezar, como ya he señalado, pueden estar y, a menudo, están ligadas a algún país extranjero. Es bastante frecuente encontrar que los grandes líderes nacionales, o los fundadores de movimientos nacionalistas, ni siquiera pertenecen al país que han glorificado. A veces son directamente extranjeros, o más a menudo proceden de zonas periféricas donde la nacionalidad es dudosa.

Algunos ejemplos son Stalin, Hitler, Napoleón, De Valera, Disraeli, Poincaré, Beaverbrook. El movimiento pangermánico fue en parte creación de un inglés, Houston Chamberlain. Durante los últimos cincuenta o cien años, el nacionalismo transferido ha sido un fenómeno común entre los intelectuales literarios. Con Lafcadio Hearn la transferencia fue a Japón, con Carlyle y muchos otros de su época a Alemania, y en nuestra propia época suele ser a Rusia. Pero el hecho peculiarmente interesante es que la retransferencia también es posible. Un país u otra unidad que ha sido venerada durante años puede convertirse repentinamente en detestable, y algún otro objeto de afecto puede ocupar su lugar casi sin intervalo. En la primera versión del *Esquema de la historia universal,* de H. G. Wells, y en otros de sus escritos de esa época, se encuentra a los Estados Unidos elogiados casi tan extravagantemente como Rusia es elogiada hoy por los comunistas: sin embargo, en pocos años esta admiración acrítica se había convertido en hostilidad. El comunista intolerante que se convierte en un espacio de semanas, o incluso de días, en un trotskista igualmente intolerante es un espectáculo común. En la Europa continental, los movimientos fascistas se reclutaron en gran medida entre los comunistas, y es muy posible que en los próximos años se produzca el proceso inverso. Lo que permanece constante en el nacionalista es su estado de ánimo: el objeto de sus sentimientos es cambiante y puede ser imaginario.

Pero para un intelectual, la transferencia tiene una función importante que ya he mencionado brevemente en relación con Chesterton. Le permite ser mucho *más* nacionalista —más vulgar, más tonto, más maligno, más deshonesto— de lo que jamás podría ser en nombre de su país natal, o de cualquier unidad de la que tuviera un conocimiento real. Cuando uno ve la basura servil o jactanciosa que se escribe sobre Stalin, el Ejército Rojo, etc., por personas bastante inteligentes y sensibles, se da cuenta de que esto solo es posible porque se ha producido algún tipo de dislocación.

En sociedades como la nuestra, no es habitual que alguien que pueda describirse como intelectual sienta un apego muy profundo por su propio país. La opinión pública, es decir, el sector de la opinión pública que él conoce como intelectual, no se lo permitirá. La mayoría de las personas que le rodean son escépticas y desafectas, y él puede adoptar la misma actitud por imitación o por pura cobardía: en ese caso, habrá abandonado la forma de nacionalismo que tiene más a mano sin acercarse a una perspectiva genuinamente internacionalista. Sigue sintiendo la necesidad de una Patria, y es natural que la busque en algún lugar del extranjero. Una vez encontrada, puede revolcarse sin restricciones en esas emociones de las que cree haberse emancipado.

Dios, el Rey, el Imperio, la Union Jack... todos los ídolos derrocados pueden reaparecer con otros nombres, y porque no se les reconoce por lo que son pueden ser adorados con buena conciencia. El nacionalismo transferido, al igual que el uso de chivos expiatorios, es una forma de alcanzar la salvación sin alterar la propia conducta.

Indiferencia ante la realidad. Todos los nacionalistas tienen el poder de no ver semejanzas entre conjuntos de hechos similares. Un *tory* británico defenderá la autodeterminación en Europa y se opondrá a ella en la India sin ningún sentimiento de incoherencia. Las acciones se consideran buenas o malas, no por sus propios méritos, sino en función de quién las comete, y no hay casi ningún tipo de ultraje —tortura, uso de rehenes, trabajos forzados, deportaciones masivas, encarcelamiento sin juicio, falsificación, asesinato, bombardeo de civiles— que no cambie su color moral cuando lo comete «nuestro» bando. El diario liberal *News Chronicle* publicó, como ejemplo de espantosa barbarie, fotografías de rusos ahorcados por los alemanes, y uno o dos años después publicó con calurosa aprobación fotografías casi exactamente iguales de alemanes ahorcados por los rusos.* Lo mismo ocurre con los acontecimientos históricos. La Historia se concibe en gran medida en términos nacionalistas, y cosas como la Inquisición, las torturas de la Cámara de las Estrellas, las hazañas de los bucaneros ingleses (sir Francis Drake, por ejemplo, que era dado a hundir vivos a prisioneros españoles), el Reinado del Terror, los héroes del Motín haciendo volar por los aires a cientos de indios desde las armas, o los soldados de Cromwell acuchillando con navajas los rostros de las irlandesas, se convierten en

---

* El *News Chronicle* aconsejó a sus lectores que visitaran la película de noticias en la que se podía presenciar toda la ejecución, con primeros planos. El *Star* publicó con aparente aprobación fotografías de mujeres colaboracionistas casi desnudas que eran provocadas por la turba de París. Estas fotografías tenían un marcado parecido con las fotografías nazis de judíos, siendo provocados por la turba de Berlín. *(Nota del autor.)*

moralmente neutrales o incluso meritorios cuando se considera que se hicieron por la causa «justa». Si uno echa la vista atrás durante el último cuarto de siglo, descubrirá que apenas hubo un solo año en el que no se informara de atrocidades en alguna parte del mundo; y, sin embargo, ni en un solo caso estas atrocidades —en España, Rusia, China, Hungría, México, Amritsar, Esmirna— fueron creídas y desaprobadas por la intelectualidad inglesa en su conjunto. Si tales actos eran censurables, o incluso si ocurrieron, se decidía siempre según la predilección política.

El nacionalista no solo no desaprueba las atrocidades cometidas por su propio bando, sino que tiene una notable capacidad para ni siquiera enterarse de ellas. Durante casi seis años, los admiradores ingleses de Hitler se las ingeniaron para no enterarse de la existencia de Dachau y Buchenwald. Y los que más denuncian los campos de concentración alemanes a menudo ignoran, o solo saben muy vagamente, que también hay campos de concentración en Rusia. Enormes acontecimientos como la hambruna de Ucrania de 1933, que supuso la muerte de millones de personas, han escapado realmente a la atención de la mayoría de los rusófilos ingleses. Muchos ingleses no han oído casi nada sobre el exterminio de judíos alemanes y polacos durante la guerra actual. Su propio antisemitismo ha hecho que este vasto crimen rebote en su conciencia. En el pensamiento nacionalista hay hechos que son a la vez verdaderos y falsos, conocidos y desconocidos. Un hecho conocido puede ser tan insoportable que habitualmente se deja de lado y no se le permite entrar en los procesos lógicos, o, por otro lado, puede entrar en todos los cálculos y, sin embargo, nunca ser admitido como un hecho, ni siquiera en la propia mente.

A todo nacionalista le persigue la creencia de que el pasado puede alterarse.

Pasa parte de su tiempo en un mundo de fantasía en el que las cosas suceden como deberían —en el que, por ejemplo, la Armada Española fue un éxito o la Revolución rusa fue aplastada en 1918— y transferirá fragmentos de este mundo a los libros de historia siempre que sea posible. Gran parte de los escritos propagandísticos de nuestro tiempo equivalen a una simple falsificación. Se suprimen hechos materiales, se alteran fechas, se sacan citas de su contexto y se manipulan para cambiar su significado. Se omiten y, en última instancia, se niegan hechos que se considera que no deberían haber ocurrido.* En 1927, Chiang Kai shek hirvió vivos a cientos de comunistas y, sin embargo, en diez años se había convertido en uno de los héroes de la izquierda.

El reajuste de la política mundial le había llevado al campo antifascista; por lo que se consideraba que la ebullición de los comunistas «no contaba», o tal vez no había ocurrido. El principal objetivo de la propaganda es, por supuesto, influir en la opinión contemporánea, pero los que reescriben la historia probablemente creen con parte de sus mentes que en realidad están empujando hechos al pasado. Cuando se consideran las elaboradas falsificaciones que se han cometido para demostrar que Trotski no desempeñó un papel valioso en la Guerra Civil rusa, es difícil pensar que los responsables estén simplemente mintiendo. Lo más probable es que sientan que su propia versión fue lo que sucedió a los ojos de Dios, y que está justificado reordenar los registros en consecuencia.

La indiferencia ante la verdad objetiva se ve fomentada por el aislamiento de una parte del mundo respecto a otra, lo que hace cada vez más difícil descubrir lo que realmente está ocurriendo. A menudo puede haber una auténtica duda sobre los acontecimientos más enormes. Por ejemplo, es imposible calcular en millones, tal vez incluso decenas de

---

* Un ejemplo es el Pacto ruso-alemán que está siendo borrado lo más rápidamente posible de la memoria pública. Un corresponsal ruso me informa que ya se está omitiendo la mención del Pacto en los anuarios rusos que recogen los acontecimientos políticos recientes. *(Nota del autor.)*

millones, el número de muertes causadas por la guerra actual. Las calamidades de las que se informa constantemente —batallas, masacres, hambrunas, revoluciones— tienden a inspirar en el ciudadano medio un sentimiento de irrealidad. Uno no tiene forma de verificar los hechos, ni siquiera está completamente seguro de que hayan sucedido, y siempre se le presentan interpretaciones totalmente diferentes procedentes de distintas fuentes. ¿Cuáles fueron los aciertos y errores del levantamiento de Varsovia de agosto de 1944? ¿Es cierto lo de los hornos de gas alemanes en Polonia? ¿Quién fue realmente el culpable de la hambruna de Bengala? Probablemente se pueda descubrir la verdad, pero los hechos se expondrán de forma tan deshonesta en casi cualquier periódico que se puede perdonar al lector ordinario tanto que se trague mentiras como que no se forme una opinión. La incertidumbre general en cuanto a lo que realmente está sucediendo hace que sea más fácil aferrarse a creencias lunáticas. Como nunca se demuestra ni se refuta nada del todo, se puede negar impúdicamente el hecho más inequívoco. Por otra parte, aunque no cesa de darle vueltas al poder, a la victoria, a la derrota, a la venganza, el nacionalista suele desinteresarse un tanto de lo que ocurre en el mundo real. Lo que quiere es *sentir* que su propia unidad está superando a alguna otra unidad, y puede conseguirlo más fácilmente marcando a un adversario que examinando los hechos para ver si le apoyan. Toda controversia nacionalista se sitúa en el nivel de la sociedad de debate. Siempre es totalmente inconcluyente, ya que cada contendiente se cree invariablemente vencedor. Algunos nacionalistas no están lejos de la esquizofrenia, y viven felices entre sueños de poder y conquista que no tienen ninguna relación con el mundo físico. He examinado lo mejor que he podido los hábitos mentales que son comunes a todas las formas de nacionalismo. Lo siguiente es clasificar esas formas, pero obviamente esto no puede hacerse de forma exhaustiva. El nacionalismo es un tema enorme. El mundo está atormentado por innumerables delirios y odios que se entrecruzan de forma extremadamente compleja, y algunos de los más siniestros aún no han hecho mella en la conciencia europea. En este ensayo me ocupo del nacionalismo tal como se da entre la *intelligentsia* inglesa. En ellos, mucho más que en el común de los ingleses, no está mezclado con el patriotismo y, por lo tanto, puede estudiarse puro. A continuación, se enumeran las variedades de nacionalismo que florecen actualmente entre los intelectuales ingleses, con los comentarios que parecen necesarios. Es conveniente utilizar tres epígrafes: Positivo, Transferido y Negativo, aunque algunas variedades encajarán en más de una categoría.

Nacionalismo positivo

1. *Neotoryismo.* Ejemplificado por personas como lord Elton, A. P. Herbert, G. M. Young, el Profesor Pickthorn, por la literatura del Comité de Reforma *Tory*, y por revistas como la *New English Review* y *The Nineteenth Century and After*. La verdadera fuerza motriz del *neotoryismo*, que le da su carácter nacionalista y lo diferencia del conservadurismo ordinario, es el deseo de no reconocer que el poder y la influencia británicos han declinado. Incluso aquellos que son lo suficientemente realistas como para ver que la posición militar de Gran Bretaña ya no es lo que era, tienden a afirmar que las «ideas inglesas» (que suelen dejarse sin definir) deben dominar el mundo. Todos los *neotories* son antirrusos, pero a veces el énfasis principal es antiamericano. Lo significativo es que esta escuela de pensamiento parece estar ganando terreno entre los intelectuales jóvenes, a veces excomunistas, que han pasado por el habitual proceso de desilusión y se han desengañado. El anglófobo que de repente se vuelve violentamente probritánico es una figura bastante común. Los escritores que ilustran esta tendencia son F. A. Voigt, Malcolm Muggeridge, Evelyn Waugh, Hugh Kingsmill, y una

evolución psicológicamente similar puede observarse en T. S. Eliot, Wyndham Lewis y varios de sus seguidores.

2. *Nacionalismo celta.* Los nacionalismos galés, irlandés y escocés tienen puntos de diferencia, pero se parecen en su orientación antiinglesa.

Los miembros de los tres movimientos se han opuesto a la guerra sin dejar de describirse a sí mismos como prorrusos, y la franja lunática incluso se las ha ingeniado para ser simultáneamente prorrusa y pronazi. Pero el nacionalismo celta no es lo mismo que la anglofobia. Su fuerza motriz es la creencia en la grandeza pasada y futura de los pueblos celtas, y tiene un fuerte tinte de racismo. Se supone que el celta es espiritualmente superior al sajón —más sencillo, más creativo, menos vulgar, menos esnob, etcétera—, pero el hambre de poder habitual está ahí bajo la superficie.

Un síntoma de ello es la ilusión de que Irlanda, Escocia, o incluso Gales, podrían preservar su independencia sin ayuda y no deben nada a la protección británica.

Entre los escritores, buenos ejemplos de esta corriente de pensamiento son Hugh McDiarmid y Sean O'Casey. Ningún escritor irlandés moderno, ni siquiera de la talla de Yeats o Joyce, está completamente libre de rastros de nacionalismo.

3. *Sionismo.* Este tiene las características inusuales de un movimiento nacionalista, pero la variante americana del mismo parece ser más violenta y maligna que la británica. Lo clasifico bajo nacionalismo directo y no transferido porque florece casi exclusivamente entre los judíos mismos. En Inglaterra, por varias razones bastante incongruentes, la *intelligentsia* es mayoritariamente projudía en la cuestión de Palestina, pero no se siente firmemente al respecto. Todos los ingleses de buena voluntad son también projudíos en el sentido de desaprobar la persecución nazi. Pero la lealtad nacionalista o la creencia en la superioridad innata de los judíos es difícil de encontrar entre los gentiles.

1. *Comunismo*
2. *Catolicismo político*
3. *Sensación de calor.* La antigua actitud despectiva hacia los «nativos» se ha debilitado mucho en Inglaterra, y se han abandonado varias teorías pseudocientíficas que subrayaban la superioridad de la raza blanca.* Entre la *intelligentsia*, el sentimiento del color solo se da en su forma transpuesta, es decir, como creencia en la superioridad innata de las razas de color.

Esto es ahora cada vez más común entre los intelectuales ingleses, probablemente como resultado más a menudo del masoquismo y la frustración sexual que del contacto con los movimientos nacionalistas orientales y negros. El esnobismo y la imitación ejercen una poderosa influencia incluso entre los que no tienen una opinión muy firme sobre la cuestión del color. Casi cualquier intelectual inglés se escandalizaría ante la afirmación de que las razas blancas son superiores a las de color, mientras que la afirmación contraria le parecería intachable, aunque no estuviera de acuerdo con ella. El apego nacionalista a las razas de color suele ir unido a la creencia de que su vida sexual es superior, y existe una gran mitología subterránea sobre las proezas sexuales de los negros.

4. *Sentimiento de clase.* Entre los intelectuales de clase alta y media, solo en su forma transpuesta, es decir, como creen-

---

* Un buen ejemplo es la superstición de la insolación. Hasta hace poco se creía que las razas blancas eran mucho más propensas a la insolación que las de color, y que un hombre blanco no podía caminar con seguridad bajo el sol tropical sin un casco de médula. No había ninguna prueba de esta teoría, pero servía para acentuar la diferencia entre «nativos» y europeos. Durante la guerra, la teoría se abandonó discretamente y ejércitos enteros maniobraron en los trópicos sin cascos de médula. Mientras perduró la superstición de la insolación, los médicos ingleses de la India parecen haber creído en ella tan firmemente como los profanos. (*Nota del autor.*)

cia en la superioridad del proletariado. También en este caso, dentro de la *intelligentsia*, la presión de la opinión pública es abrumadora. La lealtad nacionalista hacia el proletariado y el odio teórico más vicioso hacia la burguesía pueden coexistir, y a menudo lo hacen, con el esnobismo ordinario en la vida cotidiana.

5. *Pacifismo.* La mayoría de los pacifistas pertenecen a oscuras sectas religiosas o son simplemente humanitarios que se oponen a quitar la vida y prefieren no seguir sus pensamientos más allá de ese punto. Pero existe una minoría de pacifistas intelectuales cuyo motivo real, aunque no confesado, parece ser el odio a la democracia occidental y la admiración por el totalitarismo. La propaganda pacifista suele reducirse a decir que un bando es tan malo como el otro, pero si se examinan con detenimiento los escritos de los pacifistas intelectuales más jóvenes, se comprueba que no expresan en absoluto una desaprobación imparcial, sino que se dirigen casi exclusivamente contra Gran Bretaña y Estados Unidos. Además, por regla general no condenan la violencia como tal, sino solo la utilizada en defensa de los países occidentales. No se culpa a los rusos, a diferencia de los británicos, por defenderse con medios bélicos y, de hecho, toda la propaganda pacifista de este tipo evita mencionar a Rusia o China. Tampoco se afirma que los indios deban abjurar de la violencia en su lucha contra los británicos.

La literatura pacifista abunda en comentarios equívocos que, si significan algo, parecen querer decir que los estadistas del tipo de Hitler son preferibles a los del tipo de Churchill, y que la violencia es quizá excusable si es lo suficientemente violenta. Después de la caída de Francia, los pacifistas franceses, enfrentados a una elección real que sus colegas ingleses no han tenido que hacer, se pasaron en su mayoría a los nazis, y en Inglaterra parece haber habido un pequeño solapamiento de miembros entre la *Peace Pledge Union* y los *Blackshirts*. Escritores pacifistas han escrito elogiando a Carlyle, uno de los padres intelectuales del fascismo. En general, es difícil no sentir que el pacifismo, tal y como aparece entre una parte de la *intelligentsia*, está secretamente inspirado por una admiración por el poder y la crueldad exitosa. Se cometió el error de atribuir esta emoción a Hitler, pero podría ser fácilmente retransferida.

Nacionalismo negativo

1. *Anglofobia*. Dentro de la *intelligentsia*, una actitud burlona y ligeramente hostil hacia Gran Bretaña es más o menos obligatoria, pero en muchos casos se trata de una emoción no fingida. Durante la guerra se manifestó en el derrotismo de la *intelligentsia*, que persistió mucho después de que hubiera quedado claro que las potencias del Eje no podían ganar. Mucha gente se alegró sin disimulo cuando cayó Singapur o cuando los británicos fueron expulsados de Grecia, y había una notable falta de voluntad para creer en las buenas noticias, por ejemplo, El Alamein, o el número de aviones alemanes derribados en la batalla de Inglaterra. Los intelectuales ingleses de izquierda no querían, por supuesto, que los alemanes o los japoneses ganaran la guerra, pero muchos de ellos no podían evitar sentir cierto placer al ver a su propio país humillado, y querían sentir que la victoria final se debería a Rusia, o quizá a Estados Unidos, y no a Gran Bretaña. En política exterior, muchos intelectuales siguen el principio de que cualquier facción apoyada por Gran Bretaña debe estar equivocada. Como resultado, la opinión «ilustrada» es en gran medida un reflejo de la política conservadora. La anglofobia es siempre susceptible de invertirse, de ahí ese espectáculo bastante común, el pacifista de una guerra que es belicista en la siguiente.

2. *Antisemitismo*. Hay poca evidencia sobre esto en la actualidad, porque las persecuciones nazis han hecho necesario que cualquier persona pensante se ponga del lado de los judíos contra sus opresores. Cualquiera lo suficiente

educado como para haber oído la palabra «antisemitismo» afirma como algo natural estar libre de ella, y los comentarios antijudíos son cuidadosamente eliminados de todas las clases de literatura. En realidad, el antisemitismo parece estar muy extendido, incluso entre los intelectuales, y la conspiración general de silencio probablemente contribuye a exacerbarlo. La gente de izquierda no es inmune a él, y su actitud a veces se ve afectada por el hecho de que los trotskistas y los anarquistas tienden a ser judíos. Pero el antisemitismo es más natural en las personas de tendencia conservadora, que sospechan que los judíos debilitan la moral nacional y diluyen la cultura nacional. Los *neotories* y los católicos políticos son siempre susceptibles de sucumbir al antisemitismo, al menos de forma intermitente.

3. *Trotskismo.* Esta palabra se utiliza con tanta ligereza que incluye a anarquistas, socialistas democráticos e incluso liberales. La utilizo aquí para referirme a un marxista doctrinario cuyo principal motivo es la hostilidad al régimen de Stalin.

El trotskismo puede estudiarse mejor en oscuros panfletos o en periódicos como *Socialist appeal* que en las obras del propio Trotski, que no era en absoluto un hombre de una sola idea. Aunque en algunos lugares, por ejemplo en Estados Unidos, el trotskismo es capaz de atraer a un número bastante grande de adeptos y de desarrollarse hasta convertirse en un movimiento organizado con un pequeño ejército propio, su inspiración es esencialmente negativa. El trotskista está *contra* Stalin igual que el comunista está *a favor* de él y, como la mayoría de los comunistas, no desea tanto alterar el mundo exterior como sentir que la batalla por el prestigio se desarrolla a su favor. En todos los casos existe la misma fijación obsesiva en un solo tema, la misma incapacidad para formarse una opinión genuinamente racional basada en probabilidades.

El hecho de que los trotskistas sean en todas partes una minoría perseguida, y que la acusación que se les suele hacer, es decir, la de colaborar con los fascistas, sea obviamente falsa, crea la impresión de que el trotskismo es intelectual y moralmente superior al comunismo; pero es dudoso que haya mucha diferencia. Los trotskistas más típicos, en cualquier caso, son excomunistas, y nadie llega al trotskismo si no es a través de uno de los movimientos de izquierda. Ningún comunista, a menos que esté atado a su partido por años de hábito, está seguro contra una repentina caída en el trotskismo. El proceso contrario no parece ocurrir con la misma frecuencia, aunque no hay ninguna razón clara para que no suceda.

En la clasificación que he intentado arriba, parecerá que a menudo he exagerado, simplificado en exceso, hecho suposiciones injustificadas y he dejado fuera de cuenta la existencia de motivos ordinariamente decentes. Esto era inevitable, porque en este ensayo trato de aislar e identificar tendencias que existen en todas nuestras mentes y pervierten nuestro pensamiento, sin que necesariamente se den en estado puro ni operen continuamente. En este punto es importante corregir la imagen excesivamente simplificada que me he visto obligado a hacer. Para empezar, no se tiene derecho a suponer que *todos*, o incluso todos los intelectuales, estén infectados por el nacionalismo. En segundo lugar, el nacionalismo puede ser intermitente y limitado. Un hombre inteligente puede sucumbir a medias a una creencia que sabe que es absurda, y puede mantenerla alejada de su mente durante largos periodos, solo volviendo a ella en momentos de ira o sentimentalismo, o cuando está seguro de que no hay cuestiones importantes en juego. En tercer lugar, un credo nacionalista puede adoptarse de buena fe por motivos no nacionalistas. En cuarto lugar, en una misma persona pueden coexistir varios tipos de nacionalismo, incluso tipos que se anulan.

Hasta aquí he dicho «el nacionalista hace esto» o «el nacionalista hace lo otro», utilizando, a efectos ilustrativos, el tipo extremo, apenas cuerdo, de nacionalista que no tiene áreas neutrales en su mente ni interés en nada excepto la lucha por el poder. En realidad, este tipo de personas son bastante comunes, pero no valen ni la pólvora ni el tiro. En la vida real hay que luchar contra lord Elton, D. N. Pritt, lady Houston, Ezra Pound, lord Vanisttart, el Padre Coughlin y todo el resto de su lúgubre tribu, pero no es necesario señalar sus deficiencias intelectuales. La monomanía no es interesante, y el hecho de que ningún nacionalista del tipo más intolerante pueda escribir un libro que siga pareciendo digno de leerse tras un lapso de años tiene un cierto efecto desodorizante.

Pero cuando se ha admitido que el nacionalismo no ha triunfado en todas partes, que todavía hay pueblos cuyos juicios no están a merced de sus deseos, el hecho es que los problemas acuciantes —India, Polonia, Palestina, la Guerra Civil española, los juicios de Moscú, los negros americanos, el pacto ruso-alemán o lo que sea— no pueden discutirse, o al menos nunca se discuten, a un nivel razonable. Los Elton, los Pritt y los Coughlin, cada uno de los cuales no es más que una enorme boca que brama la misma mentira una y otra vez, son obviamente casos extremos, pero nos engañamos a nosotros mismos si no nos damos cuenta de que todos podemos parecernos a ellos en momentos de descuido. Si se toca una determinada nota, si se pisa tal o cual maíz —y puede tratarse de un maíz cuya existencia era insospechada hasta entonces—, la persona más ecuánime y de temperamento más dulce puede transformarse de repente en un partidario despiadado, ansioso únicamente de «puntuar» sobre su adversario e indiferente a cuántas mentiras diga o cuántos errores lógicos cometa al hacerlo. Cuando Lloyd George, que se oponía a la guerra de los Bóers, anunció en la Cámara de los Comunes que los comunicados británicos, si se sumaban, afirmaban haber matado a más bóers de los que contenía toda la nación bóer, consta que Arthur Balfour se puso en pie y gritó: «¡Canalla!». Muy pocas personas están a prueba de errores de este tipo. El negro desairado por una mujer blanca, el inglés que escucha a Inglaterra criticada ignorantemente por un americano, el apologista católico que recuerda la Armada española, todos reaccionarán de la misma manera. Un pinchazo en el nervio del nacionalismo y las decencias intelectuales pueden desvanecerse, el pasado puede ser alterado y los hechos más claros pueden ser negados.

Si uno alberga en algún lugar de su mente una lealtad u odio nacionalista, ciertos hechos, aunque en cierto sentido se sepa que son ciertos, son inadmisibles.

He aquí algunos ejemplos. A continuación, enumero cinco tipos de nacionalistas, y contra cada uno de ellos adjunto un hecho que es imposible que ese tipo de nacionalista acepte, incluso en sus pensamientos secretos:

— *TORY* BRITÁNICO: Gran Bretaña saldrá de esta guerra con poder y prestigio reducidos.
— COMUNISTA: Si no hubiera sido ayudada por Gran Bretaña y América, Rusia habría sido derrotada por Alemania.
— NACIONALISTA IRLANDÉS: Eire solo puede seguir siendo independiente gracias a la protección británica.
— TROTSKISTA: El régimen de Stalin es aceptado por las masas rusas.
— PACIFISTA: Los que «abjuran» de la violencia solo pueden hacerlo porque otros cometen violencia en su nombre.

Todos estos hechos son manifiestamente obvios si uno no se deja llevar por sus emociones, pero para el tipo de persona que se menciona en cada caso también son *intolerables*, por lo que hay que negarlos y construir teorías falsas sobre la base de su negación. Vuelvo al asombroso fracaso de la predicción militar en la guerra actual. Creo que es cierto que la *intelligentsia* ha estado más equivocada sobre el desarrollo de la guerra que la gente común, y que se ha dejado llevar más por sentimientos partidistas. El intelectual medio de izquierda creía, por ejemplo, que la guerra estaba perdida en 1940, que los alemanes estaban destinados a invadir Egipto en 1942, que los japoneses nunca serían expulsados de las tierras que habían conquistado y que la ofensiva de bombardeos angloamericana no estaba causando ninguna impresión en Alemania. Podía creer estas cosas porque su odio hacia la clase dominante británica le impedía admitir que los planes británicos pudieran tener éxito. No hay límite para las locuras que uno puede tragarse si está bajo la influencia de sentimientos de este tipo. He oído decir, por ejemplo, que las tropas norteamericanas habían sido traídas a Europa no para luchar contra los alemanes, sino para aplastar una revolución inglesa. Hay que pertenecer a la *intelligentsia* para creer cosas así: ningún hombre ordinario podría ser tan tonto. Cuando Hitler invadió Rusia, los funcionarios del MOI emitieron «como antecedente» una advertencia que era de esperar que Rusia colapsara en seis semanas. Por otra parte, los comunistas consideraron cada fase de la guerra como una victoria rusa, incluso cuando los rusos fueron expulsados casi hasta el mar Caspio y habían perdido varios millones de prisioneros. No es necesario multiplicar los ejemplos. La cuestión es que en cuanto intervienen el miedo, el odio, los celos y el culto al poder, el sentido de la realidad se desquicia. Y, como ya he señalado, el sentido del bien y del mal también se desquicia. No hay crimen, absolutamente ninguno, que no pueda ser condenado cuando «nuestro» bando lo comete. Incluso si uno no niega que el crimen ha ocurrido, incluso si uno sabe que es exactamente el mismo crimen que ha condenado en algún otro caso, incluso si uno admite en un sentido intelectual que es injustificado... aun así uno no puede *sentir* que está mal. La lealtad está en juego y, por lo tanto, la piedad deja de funcionar.

La razón del auge y propagación del nacionalismo es una cuestión demasiado amplia para plantearla aquí. Basta con decir que, en las formas en que aparece entre los intelectuales ingleses, es un reflejo distorsionado de las espantosas batallas que se libran en el mundo exterior, y que sus peores locuras han sido posibles gracias al desmoronamiento del patriotismo y de las creencias religiosas. Si se sigue esta línea de pensamiento, se corre el peligro de caer en una especie de conservadurismo o de quietismo político. Se puede argumentar plausiblemente, por ejemplo, que el patriotismo es una vacuna contra el nacionalismo, que la monarquía es una protección contra la dictadura y que la religión organizada es una protección contra la superstición. O también se puede argumentar que *no* es posible una perspectiva imparcial, que *todos* los credos y causas implican las mismas mentiras, locuras y barbaridades; y esto se esgrime a menudo como razón para mantenerse totalmente al margen de la política. No acepto este argumento, aunque solo sea porque en el mundo moderno nadie que pueda describirse como intelectual *puede* mantenerse al margen de la política en el sentido de no preocuparse por ella. Creo que uno debe participar en política —utilizando la palabra en un sentido amplio— y que debe tener preferencias: es decir, debe reconocer que algunas causas son objetivamente mejores que otras, aunque se promuevan por medios igualmente malos. En cuanto a los amores y odios nacionalistas de los que he hablado, forman parte de la constitución de la mayoría de nosotros, nos guste o no. No sé si es posible librarse de ellos, pero sí creo que es posible luchar contra ellos, y que se trata esencialmente de un esfuerzo *moral*. Se trata, en primer lugar, de descubrir lo que uno es en realidad, cuáles son realmente sus propios sentimientos, y luego tener en cuenta los inevitables prejuicios. Si odias y temes a Rusia, si estás celoso de la riqueza y el poder de Estados Unidos, si desprecias a los judíos, si tienes un sentimiento de inferioridad hacia la clase dominante británica, no puedes deshacerte de esos sentimientos simplemente reflexionando. Pero al menos puedes reconocer que los tienes y evitar que contaminen tus procesos mentales.

Los impulsos emocionales que son ineludibles, y tal vez incluso necesarios para la acción política, deberían poder coexistir con la aceptación de la realidad. Pero esto, repito, requiere un esfuerzo *moral*, y la literatura inglesa contemporánea, en la medida en que está viva para los grandes temas de nuestro tiempo, muestra cuán pocos de nosotros estamos preparados para hacerlo.

La venganza es amarga (1945)

Cada vez que leo frases como «juicios por culpa de la guerra», «castigo a los criminales de guerra», etcétera, me viene a la mente el recuerdo de algo que vi en un campo de prisioneros de guerra en el sur de Alemania, a principios de este año. Otro corresponsal y yo estábamos siendo guiados por el campamento por un pequeño judío vienés que había sido alistado en la rama del ejército americano que se ocupa de interrogar a los prisioneros. Era un joven despierto, rubio, bastante apuesto, de unos veinticinco años, y políticamente mucho más informado que el oficial americano medio, por lo que era un placer estar con él. El campo estaba situado en un aeródromo y, después de recorrer las jaulas, nuestro guía nos condujo a un hangar donde varios prisioneros de una categoría diferente a la de los demás estaban siendo «examinados».

En un extremo del hangar había una docena de hombres tumbados en fila sobre el suelo de cemento. Se trataba de oficiales de las SS que habían sido separados de los demás prisioneros. Entre ellos había un hombre vestido de civil que estaba tumbado con el brazo sobre la cara y aparentemente dormido. Tenía unos pies extraños y horriblemente deformados. Los dos eran bastante simétricos, pero tenían una extraordinaria forma globular que los asemejaba más a los cascos de un caballo que a algo humano. A medida que nos acercábamos al grupo, el pequeño judío parecía excitarse.

«Ese es el verdadero cerdo», dijo, y de repente golpeó con su pesada bota militar y propinó al hombre postrado una temible patada justo en la protuberancia de uno de sus deformes pies.

«Levántate, cerdo», gritó cuando el hombre empezó a despertarse, y luego repitió algo parecido en alemán. El prisionero se levantó y se puso torpemente en posición de firmes. Con el mismo aire de ponerse furioso —de hecho, casi bailaba arriba y abajo mientras hablaba— el judío nos contó la historia del prisionero. Era un nazi «de verdad»: su número en el partido indicaba que había sido miembro desde los primeros días y había ocupado un puesto correspondiente a un general en la rama política de las SS. Se podía dar por bastante seguro que había estado a cargo de campos de concentración y había presidido torturas y ahorcamientos. En resumen, representaba todo aquello contra lo que habíamos luchado durante los últimos cinco años.

Mientras tanto, yo estudiaba su apariencia. Aparte del aspecto desaliñado, desnutrido y sin afeitar que suele tener un hombre recién capturado, era un espécimen repugnante. Pero su aspecto no era brutal ni aterrador: solo neurótico y, en cierto modo, intelectual. Sus ojos pálidos y temblorosos estaban deformados por unas potentes gafas. Podría haber sido un clérigo intachable, un actor arruinado por la bebida o un médium espiritista. He visto personas muy parecidas en casas de huéspedes de Londres, y también en la Sala de Lectura del Museo Británico. Era evidente que estaba mentalmente desequilibrado; de hecho, solo estaba dudosamente cuerdo, aunque en aquel momento se encontraba bastante en su sano juicio como para temer que le dieran otra patada. Y, sin embargo, todo lo que el judío me estaba contando de su historia podría haber sido cierto, ¡y probablemente lo era! De modo que el torturador nazi que uno imagina, la monstruosa figura contra la que uno había luchado durante tantos años, se reducía a este lamentable desgraciado, cuya evidente necesidad no era de castigo, sino de algún tipo de tratamiento psicológico.

Más tarde, hubo más humillaciones. A otro oficial de las SS, un hombre corpulento y musculoso, le ordenaron desnudarse hasta la cintura y mostrar el número del grupo sanguíneo tatuado en la axila; a otro le obligaron a explicarnos cómo había mentido sobre su pertenencia a las SS, intentando hacerse pasar por un soldado ordinario de la *Wehrmacht*. Me preguntaba si el judío estaba disfrutando realmente de este nuevo poder que estaba ejerciendo. Llegué a la conclusión que, en realidad, no estaba disfrutando, y que simplemente —como un hombre en un burdel, o un niño fumando su primer puro, o un turista recorriendo una galería de cuadros— se estaba *diciendo* a sí mismo que estaba disfrutando, y comportándose como había planeado comportarse en los días en que estaba indefenso.

Es absurdo culpar a cualquier judío alemán o austríaco por vengarse de los nazis. Dios sabe qué cuentas habrá tenido que saldar este hombre en particular; muy probablemente toda su familia había sido asesinada y, después de todo, incluso una patada gratuita a un prisionero es algo muy insignificante comparado con los ultrajes cometidos por el régimen de Hitler. Pero lo que esta escena, y muchas otras que vi en Alemania, me hicieron comprender es que la idea de venganza y castigo es una ensoñación infantil. Hablando con propiedad, la venganza no existe. La venganza es un acto que se desea cometer cuando se es impotente y porque se es impotente: en cuanto desaparece la sensación de impotencia, se evapora también el deseo.

¿Quién no habría saltado de alegría, en 1940, ante la idea de ver a oficiales de las SS pateados y humillados? Pero cuando la cosa se hace posible, resulta simplemente patética y repugnante. Se cuenta que cuando el cadáver de Mussolini fue expuesto en público, una anciana sacó un revólver y le disparó cinco tiros, exclamando: «¡Esos son por mis cinco hijos!». Es el tipo de historia que se inventan los periódicos, pero podría ser cierta. Me pregunto cuánta satisfacción obtuvo de esos cinco disparos que, sin duda, había soñado años antes con hacer. La condición para poder acercarse a Mussolini y dispararle era que fuera un cadáver.

En la medida en que el gran público de este país es responsable del monstruoso acuerdo de paz que ahora se impone a Alemania, se debe a la incapacidad de ver de antemano que castigar a un enemigo no produce ninguna satisfacción. Consentimos crímenes como la expulsión de todos los alemanes de Prusia Oriental —crímenes que en algunos casos no pudimos evitar, pero contra los que, al menos, podríamos haber protestado— porque los alemanes nos habían enfurecido y asustado y, por lo tanto, estábamos seguros que cuando cayeran no sentiríamos compasión por ellos. Persistimos en estas políticas, o dejamos que otros persistan en ellas en nuestro nombre, por un vago sentimiento que, habiéndonos propuesto castigar a Alemania, debemos seguir adelante y hacerlo. En realidad, queda poco odio agudo hacia Alemania en este país, y aún menos, esperaría encontrar, en el ejército de ocupación. Solo una minoría de sádicos, que deben tener sus «atrocidades» de una fuente u otra, se interesan por la caza de criminales de guerra y *quislings*. Si le preguntas al hombre corriente de qué delito se acusará a Göring, Ribbentrop y los demás en su juicio, no podrá decírtelo. De alguna manera, el castigo de estos monstruos deja de parecer atractivo cuando se hace posible: de hecho, una vez encerrados bajo llave, casi dejan de ser monstruos.

Desgraciadamente, a menudo es necesario algún incidente concreto antes de poder descubrir el verdadero estado de los sentimientos. He aquí otro recuerdo de Alemania. Pocas horas después de la toma de Stuttgart por parte del ejército francés, un periodista belga y yo entramos en la ciudad, que todavía estaba un poco desordenada. El belga había trabajado durante toda la guerra para el Servicio Europeo de la BBC y, como casi todos los franceses o belgas, tenía una actitud mucho más dura hacia los *boches** que la que habría tenido un inglés o un americano. Todos los puentes principales de la ciudad habían sido volados y tuvimos que entrar por un pequeño puente peatonal que, evidentemente, los alemanes se habían esforzado en defender. Un soldado alemán muerto yacía tendido boca abajo al pie de la escalinata. Tenía la cara de color amarillo céreo. Sobre su pecho alguien había depositado un ramo de lilas que florecían por todas partes.

El belga apartó la cara mientras pasábamos. Cuando ya habíamos cruzado el puente, me confesó que era la primera vez que veía un muerto. Supongo que tendría treinta y cinco años y que llevaba cuatro haciendo propaganda de guerra por radio. Durante varios días, su actitud fue muy diferente de la que había tenido antes. Contempló con repugnancia la ciudad destrozada por las bombas y la humillación que sufrían los alemanes, e incluso en una ocasión intervino para impedir un saqueo especialmente grave. Cuando se marchó, entregó el resto del café que habíamos traído a los alemanes con los que estábamos alojados. Una semana antes probablemente se habría escandalizado ante la idea de regalar café a un *boche*. Pero sus sentimientos, me dijo, habían cambiado al ver *a ce pauvre mort* ('a este pobre muerto') junto al puente: de repente había comprendido el significado de la guerra. Y, sin embargo, si hubiéramos entrado en la ciudad por otra ruta, se habría ahorrado la experiencia de ver un cadáver de los —quizá— veinte millones que ha producido la guerra.

---

* Término despectivo para un alemán o una persona de origen alemán que fue utilizado por los franceses y belgas de la Primera Guerra Mundial hasta años después del fin de la segunda. Su uso, que hoy se ha vuelto raro, puede considerarse insultante y debe ser aceptado solo dentro de un marco de cita o referencia histórica.

El espíritu deportivo (1945)

Ahora que la breve visita del equipo de fútbol Dynamo ha llegado a su fin, es posible decir públicamente lo que muchas personas pensantes decían en privado antes de la llegada del Dynamo. Es decir, el deporte es una causa infalible de mala voluntad, y si una visita como esta tuvo algún efecto en las relaciones anglo-soviéticas, solo pudo ser el de empeorarlas ligeramente.

Incluso los periódicos han sido incapaces de ocultar el hecho de que al menos dos de los cuatro partidos disputados dieron lugar a muchas malas sensaciones. En el partido del Arsenal, me dice alguien que estuvo allí, un jugador británico y otro ruso llegaron a las manos y el público abucheó al árbitro. El partido de Glasgow, me informa otra persona, fue simplemente una batalla campal desde el principio. Y también hubo polémica, típica de nuestra época nacionalista, sobre la composición del equipo del Arsenal. ¿Era realmente un equipo de toda Inglaterra, como afirmaban los rusos, o simplemente un equipo de liga, como afirmaban los británicos? ¿Terminó el Dynamo su gira de forma abrupta para evitar jugar contra un equipo de toda Inglaterra? Como de costumbre, cada cual responde a estas preguntas según sus predilecciones políticas. Pero no todo el mundo. Observé con interés, como ejemplo de las pasiones despiadadas que provoca el fútbol, que el corresponsal deportivo del rusófilo *News Chronicle* adoptó la línea antirrusa y mantuvo que el

Arsenal *no* era un equipo de toda Inglaterra. Sin duda, la polémica seguirá resonando durante años en las notas a pie de página de los libros de historia. Mientras tanto, el resultado de la gira del Dynamo, en la medida en que haya tenido algún resultado, habrá sido crear una nueva animosidad en ambos bandos.

¿Y cómo podría ser de otro modo? Siempre me asombro cuando escucho a la gente decir que el deporte crea buena voluntad entre las naciones, y que, si tan solo los pueblos comunes del mundo pudieran encontrarse en el fútbol o el críquet, no tendrían ninguna inclinación a encontrarse en el campo de batalla. Incluso si uno no supiera por ejemplos concretos (los Juegos Olímpicos de 1936, por ejemplo) que las competiciones deportivas internacionales conducen a orgías de odio, podría deducirlo de principios generales.

Casi todos los deportes que se practican hoy en día son competitivos. Se juega para ganar, y el juego tiene poco sentido si no se hace todo lo posible por ganar. En el campo del pueblo, donde se eligen bandos y no hay ningún sentimiento de patriotismo local de por medio, es posible jugar simplemente por diversión y ejercicio: pero tan pronto como surge la cuestión del prestigio, tan pronto como sientes que tú y alguna unidad mayor serán deshonrados si pierdes, se despiertan los instintos combativos más salvajes. Cualquiera que haya jugado incluso en un partido de fútbol escolar lo sabe. En el plano internacional, el deporte es francamente una imitación de la guerra. Pero lo significativo no es el comportamiento de los jugadores, sino la actitud de los espectadores: y, detrás de los espectadores, de las naciones que se enfurecen con estas absurdas competiciones y creen seriamente —al menos durante breves periodos— que correr, saltar y patear una pelota son pruebas de virtud nacional. Incluso un juego tranquilo como el críquet, que exige más gracia que fuerza, puede causar mucha mala voluntad, como vimos en la controversia sobre los bolos en línea y sobre las tácticas bruscas del equipo australiano que visitó Inglaterra en 1921. El fútbol, un deporte en el que todo el mundo se lesiona y cada nación tiene su propio estilo de juego, que parece injusto para los extranjeros, es mucho peor. Lo peor de todo es el boxeo. Uno de los espectáculos más horribles del mundo es un combate entre boxeadores blancos y de color ante un público mixto. Pero el público del boxeo es siempre repugnante, y el comportamiento de las mujeres, en particular, es tal que el ejército, creo, no les permite asistir a sus competiciones. En cualquier caso, hace dos o tres años, cuando la Guardia Nacional y las tropas regulares estaban celebrando un torneo de boxeo, me pusieron de guardia en la puerta de la sala, con órdenes de mantener a las mujeres fuera.

En Inglaterra, la obsesión por el deporte ya es bastante mala, pero se despiertan pasiones aún más feroces en los países jóvenes, donde el juego y el nacionalismo son dos fenómenos recientes. En países como la India o Birmania, en los partidos de fútbol es necesario disponer de fuertes cordones policiales para impedir que el público invada el campo. En Birmania, he visto a hinchas de un equipo romper el cordón policial e inutilizar al arquero del equipo contrario en un momento crítico. El primer gran partido de fútbol que se jugó en España hace unos quince años desembocó en unos disturbios incontrolables. En cuanto se despiertan fuertes sentimientos de rivalidad, siempre desaparece la noción de jugar según las reglas. La gente quiere ver a un bando en la cima y al otro humillado, y se olvida que la victoria obtenida mediante trampas o gracias a la intervención del público carece de sentido. Incluso cuando los espectadores no intervienen físicamente, intentan influir en el juego animando a los suyos y «sacudiendo» a los jugadores contrarios con abucheos e insultos. El deporte serio no tiene nada que ver con el juego limpio. Está ligado al odio, los celos, la jactancia, el desprecio de todas las reglas y el placer sádico de presenciar la violencia: en otras palabras, es la guerra pero sin los disparos. En lugar de parlotear sobre la limpia y sana rivalidad del campo de fútbol y el gran papel que desempeñan los Juegos Olímpicos en la unión de las naciones, es más útil preguntarse cómo y por qué surgió este culto moderno al deporte. La mayoría de los juegos que practicamos actualmente son de origen antiguo, pero el deporte no parece haberse tomado muy en serio entre la época romana y el siglo XIX. Incluso en las escuelas públicas inglesas, el culto al juego no comenzó hasta finales del siglo pasado. El doctor Arnold, considerado generalmente como el fundador de la escuela pública moderna, consideraba los juegos como una simple pérdida de tiempo. Después, sobre todo en Inglaterra y Estados Unidos, los juegos se convirtieron en una actividad fuertemente financiada, capaz de atraer a grandes multitudes y despertar pasiones salvajes; infección que se extendió de un país a otro. Los deportes más violentos y combativos, el fútbol y el boxeo, son los que más se han extendido. No cabe duda de que todo esto está relacionado con el auge del nacionalismo, es decir, con el lunático hábito moderno de identificarse con grandes unidades de poder y verlo todo en términos de prestigio competitivo. Además, es más probable que los juegos organizados florezcan en las comunidades urbanas, donde el ser humano medio lleva una vida sedentaria o, al menos, confinada, y no tiene muchas oportunidades para el trabajo creativo. En una comunidad rústica, un niño o un joven gasta buena parte de su energía excedente caminando, nadando, jugando a las bolas de nieve, trepando a los árboles, montando a caballo y practicando diversos deportes que implican crueldad con los animales, como la pesca, las peleas de gallos y la caza de ratas. En una gran ciudad, uno debe entregarse a actividades de grupo si quiere dar salida a su fuerza física o a sus impulsos sádicos. Los juegos se toman en serio en Londres y Nueva York, y se tomaban en serio en Roma y Bizancio: en la Edad Media se jugaba, y probablemente se jugaba con mucha brutalidad física, pero no se mezclaban con la política ni eran causa de odios de grupo.

Si se quisiera aumentar el vasto fondo de rencor existente en el mundo en este momento, difícilmente se podría hacer mejor que con una serie de partidos de fútbol entre judíos y árabes, alemanes y checos, indios y británicos, rusos y polacos, e italianos y yugoslavos, cada partido presenciado por un público mixto de 100.000 espectadores. No estoy sugiriendo, por supuesto, que el deporte sea una de las principales causas de la rivalidad internacional; el deporte, a gran escala, es en sí mismo, creo, simplemente otro efecto de las causas que han producido el nacionalismo. Sin embargo, se empeoran las cosas enviando a un equipo de once hombres, etiquetados como campeones nacionales, a luchar contra algún equipo rival, y permitiendo que en todos los bandos se sienta que la nación que sea derrotada «perderá prestigio».

Espero, por lo tanto, que no sigamos la visita del Dynamo enviando un equipo británico a la URSS. Si tenemos que hacerlo, enviemos entonces un equipo de segunda categoría que, con toda seguridad, será derrotado y que no puede pretender representar a Gran Bretaña en su conjunto. Ya hay bastantes causas reales de problemas, y no necesitamos aumentarlas animando a los jóvenes a darse patadas en las espinillas en medio de los rugidos de los enfurecidos espectadores.

Usted y la bomba atómica (1945)

Teniendo en cuenta lo probable que es que todos volemos en pedazos con ella en los próximos cinco años, la bomba atómica no ha suscitado tantas discusiones como podría haberse esperado. Los periódicos han publicado numerosos diagramas, no muy útiles para el hombre corriente, de protones y neutrones haciendo de las suyas, y se ha reiterado mucho la inútil afirmación que la bomba «debería ponerse bajo control internacional». Pero curiosamente poco se ha dicho, al menos en la prensa, sobre la cuestión que es de interés más urgente para todos nosotros, a saber: ¿Qué tan difícil es fabricar estas cosas?

La información que nosotros —es decir, el gran público— poseemos sobre este tema nos ha llegado de una forma bastante indirecta, a propósito de la decisión del presidente Truman de no entregar ciertos secretos a la URSS. Hace algunos meses, cuando la bomba no era más que un rumor, existía la creencia generalizada que la división del átomo no era más que un problema para los físicos y que, cuando lo resolvieran, un arma nueva y devastadora estaría al alcance de casi todo el mundo. (En cualquier momento, según corría el rumor, algún lunático solitario en un laboratorio podría hacer volar la civilización en pedazos, tan fácilmente como encender un fuego artificial.)

De haber sido cierto, toda la tendencia de la historia se habría alterado bruscamente. La distinción entre grandes

Estados y pequeños Estados habría desaparecido, y el poder del Estado sobre el individuo se habría debilitado enormemente. Sin embargo, de las declaraciones del presidente Truman, y de diversos comentarios que se han hecho al respecto, se desprende que la bomba es fantásticamente cara y que su fabricación exige un enorme esfuerzo industrial, como solo tres o cuatro países en el mundo son capaces de hacer. Este punto es de capital importancia, porque puede significar que el descubrimiento de la bomba atómica, lejos de invertir la historia, no hará sino intensificar las tendencias que se han puesto de manifiesto desde hace una docena de años.

Es un lugar común que la historia de la civilización es, en gran medida, la historia de las armas. En particular, se ha señalado una y otra vez la conexión entre el descubrimiento de la pólvora y el derrocamiento del feudalismo por la burguesía. Y aunque no dudo que se puedan presentar excepciones, creo que la siguiente regla es generalmente cierta: las épocas en las que el arma dominante es cara o difícil de fabricar tenderán a ser épocas de despotismo, mientras que cuando el arma dominante es barata y sencilla, la gente común tiene una oportunidad. Así, por ejemplo, acorazados y aviones de bombardeo son armas inherentemente tiránicas, mientras que fusiles, mosquetes, arcos largos y granadas de mano son armas inherentemente democráticas. Un arma compleja hace más fuerte al fuerte, mientras que un arma simple —siempre que no tenga respuesta— da garras al débil.

La gran época de la democracia y de la autodeterminación nacional fue la época del mosquete y del fusil. Después de la invención de la pistola de cerradura de pedernal y antes de la invención del casquillo de percusión, el mosquete era un arma bastante eficaz y, al mismo tiempo, tan sencilla que podía fabricarse casi en cualquier parte. Esta combinación de cualidades hizo posible el éxito de las revoluciones americana y francesa, y convirtió una insurrección popular en un asunto más serio de lo que podría ser en nuestros días. Después del mosquete llegó el fusil de retrocarga. Se trataba de algo relativamente complejo, pero podía fabricarse en decenas de países, y era barato, fácil de contrabandear y económico en munición. Incluso la nación más atrasada siempre podía conseguir fusiles de una u otra fuente, de modo que bóers, búlgaros, abisinios, marroquíes —incluso tibetanos— podían luchar por su independencia, a veces con éxito. Pero a partir de entonces, todos los avances de la técnica militar han favorecido al Estado frente al individuo, y al país industrializado frente al atrasado. Cada vez hay menos focos de poder. Ya en 1939 solo había cinco Estados capaces de librar una guerra a gran escala, y ahora solo hay tres; al final, quizá solo dos. Esta tendencia es evidente desde hace años, y fue señalada por algunos observadores incluso antes de 1914. Lo único que podría invertirla es el descubrimiento de un arma —o, para decirlo más ampliamente, de un método de lucha— que no dependa de enormes concentraciones de instalaciones industriales.

De diversos síntomas se puede deducir que los rusos no poseen todavía el secreto de la fabricación de la bomba atómica; por otra parte, el consenso de opinión parece ser que lo poseerán dentro de pocos años. Así pues, tenemos ante nosotros la perspectiva de dos o tres monstruosos superestados, cada uno de ellos poseedor de un arma con la que pueden aniquilarse millones de personas en pocos segundos, repartiéndose el mundo entre ellos. Se ha asumido precipitadamente que esto significa guerras mayores y más sangrientas, y quizá el fin real de la civilización de las máquinas. ¿Pero supongamos —y esto es realmente lo más probable— que las grandes naciones supervivientes llegan a un acuerdo tácito para no utilizar nunca la bomba atómica unas contra otras? ¿Supongamos que solo la utilizan, o amenazan con utilizarla, contra personas que no pueden tomar represalias? En ese caso, estamos donde estábamos antes, con la única diferencia que el poder está concentrado en menos manos y que las perspectivas para los pueblos sometidos y las clases oprimidas son aún más desesperanzadoras.

Cuando James Burnham escribió *The Managerial Revolution*, a muchos estadounidenses les parecía probable que los alemanes ganaran el final europeo de la guerra y, por lo tanto, era natural suponer que Alemania, y no Rusia, dominaría la masa terrestre euroasiática, mientras que Japón seguiría siendo el amo de Asia Oriental. Esto fue un error de cálculo, pero no afecta al argumento principal. Pues la imagen geográfica del nuevo mundo de Burnham ha resultado ser correcta. Es cada vez más evidente que la superficie de la Tierra se está dividiendo en tres grandes imperios, cada uno de ellos independiente y aislado del contacto con el mundo exterior, y cada uno gobernado, bajo un disfraz u otro, por una oligarquía autoelegida. El regateo sobre el trazado de las fronteras continúa y continuará durante algunos años, y el tercero de los tres superestados —Asia Oriental, dominada por China— es aún potencial más que real. Pero la tendencia general es inequívoca y todos los descubrimientos científicos de los últimos años la han acelerado.

En un tiempo se nos dijo que el avión había «abolido las fronteras»; en realidad, solo desde que el avión se convirtió en un arma seria las fronteras se han vuelto definitivamente infranqueables. Se esperaba que la radio promoviera la comprensión y la cooperación internacionales; ha resultado ser un medio de aislar a una nación de otra. La bomba atómica puede completar el proceso despojando a las clases y pueblos explotados de todo poder de rebelión y, al mismo tiempo, colocando a los poseedores de la bomba en pie de igualdad militar. Incapaces de conquistarse mutuamente, es probable que sigan gobernando el mundo entre ellos, y es difícil ver cómo puede romperse el equilibrio, salvo por lentos e impredecibles cambios demográficos.

Desde hace cuarenta o cincuenta años, el señor H. G. Wells y otros nos vienen advirtiendo que el hombre corre el peligro de destruirse a sí mismo con sus propias armas, dejando que las hormigas o alguna otra especie gregaria tomen el relevo. Cualquiera que haya visto las ciudades en ruinas de Alemania encontrará esta noción al menos pensable. Sin embargo, observando el mundo en su conjunto, la tendencia desde hace muchas décadas no es hacia la anarquía, sino hacia la reimposición de la esclavitud. Es posible que no estemos abocados a un colapso general, sino a una época tan horriblemente estable como los imperios esclavistas de la antigüedad. La teoría de James Burnham ha sido muy discutida, pero poca gente ha considerado sus implicaciones ideológicas, es decir, el tipo de visión del mundo, el tipo de creencias y la estructura social que probablemente prevalecerían en un Estado que fuera a la vez *inconquistable* y estuviera en un estado permanente de «guerra fría» con sus vecinos.

Si la bomba atómica hubiera resultado ser algo tan barato y fácil de fabricar como una bicicleta o un despertador, bien podría habernos sumido de nuevo en la barbarie, pero, por otro lado, podría haber significado el fin de la soberanía nacional y del Estado policial altamente centralizado. Si, como parece ser el caso, se trata de un objeto raro y costoso, tan difícil de producir como un acorazado, es más probable que ponga fin a las guerras a gran escala a costa de prolongar indefinidamente una «paz que no es paz».

263

Algunas reflexiones sobre el sapo común (1946)

Antes que la golondrina, antes que el narciso y no mucho más tarde que la campanilla de invierno, el sapo común saluda la llegada de la primavera a su manera, que consiste en salir de un agujero en el suelo, donde ha permanecido enterrado desde el otoño anterior, y arrastrarse lo más rápidamente posible hacia la fuente de agua más cercana. Algo —algún tipo de temblor en la tierra, o quizá simplemente un aumento de unos pocos grados en la temperatura— le ha dicho que es hora de despertarse: aunque algunos sapos parecen dormir todo el tiempo y se pierden un año de vez en cuando, en cualquier caso, más de una vez los he desenterrado, vivos y aparentemente bien, en pleno verano.

En este periodo, tras su largo ayuno, el sapo tiene un aspecto muy espiritual, como el de un estricto anglo-católico al final de la Cuaresma. Sus movimientos son lánguidos pero decididos, su cuerpo está encogido y, por contraste, sus ojos parecen anormalmente grandes. Esto permite darse cuenta, lo que quizá no se percibiría en otro momento, de que el sapo tiene los ojos más hermosos de todos los seres vivos. Es como el oro o, más exactamente, es como la piedra semipreciosa de color dorado que a veces se ve en los anillos de sello, y que creo que se llama crisoberilo.

Durante unos días, después de meterse en el agua, el sapo se concentra en recuperar fuerzas comiendo pequeños insectos. Al poco tiempo, ha recuperado su tamaño normal, y luego atraviesa una fase de intensa excitación. Lo único que sabe, al menos si es un sapo macho, es que quiere abrazar algo, y si le ofreces un palo, o incluso el dedo, se aferrará a ello con una fuerza sorprendente y tardará mucho en descubrir que no es una hembra. Con frecuencia, uno se encuentra con masas informes de diez o veinte sapos que ruedan una y otra vez en el agua, uno aferrado a otro sin distinción de sexo. Poco a poco, sin embargo, se van formando parejas, con el macho debidamente sentado sobre el lomo de la hembra. Ahora se pueden distinguir los machos de las hembras, porque el macho es más pequeño, más oscuro y se sienta encima, con los brazos firmemente agarrados al cuello de la hembra. Tras un par de días, los huevos se depositan en largas hileras que se enroscan entre los juncos y pronto se vuelven invisibles. En unas pocas semanas más, el agua se llenará de masas de diminutos renacuajos que crecerán rápidamente, les brotarán patas traseras, luego delanteras y finalmente mudarán la cola. Hacia mediados del verano, la nueva generación de sapos, más pequeños que la uña del pulgar, pero perfectos en todos sus detalles, sale del agua para comenzar de nuevo el juego.

Menciono el desove de los sapos porque es uno de los fenómenos primaverales que más me atraen, y porque el sapo, a diferencia de la alondra y la prímula, nunca ha tenido mucho protagonismo por parte de los poetas. Pero soy consciente de que a mucha gente no le gustan los reptiles ni los anfibios, y no sugiero que para disfrutar de la primavera haya que interesarse por los sapos. También están el azafrán, el zorzal común, el cuco, el endrino, etc. La cuestión es que los placeres de la primavera están al alcance de todos y son gratuitos. Incluso en la calle más sórdida, la llegada de la primavera se dejará notar con alguna señal, ya sea un azul más brillante entre las chimeneas o el verde intenso de un saúco que brota en un lugar arrasado. De hecho, es notable cómo la Naturaleza sigue existiendo extraoficialmente, por así decirlo, en el mismísimo corazón de Londres. He visto un cernícalo sobrevolando la fábrica de gas de Deptford y he escuchado una actuación de primera de un mirlo en Euston Road. Debe de haber cientos de miles, sino millones, de aves viviendo en un radio de seis kilómetros, y es bastante gratificante pensar que ninguna de ellas paga ni medio penique de alquiler.

En cuanto a la primavera, ni siquiera las estrechas y sombrías calles que rodean el Banco de Inglaterra logran excluirla. Se filtra por todas partes, como uno de esos nuevos gases venenosos que atraviesan todos los filtros. La primavera se conoce comúnmente como «un milagro», y durante los últimos cinco o seis años esta manida expresión ha cobrado nueva vida. Después de los inviernos que hemos tenido que soportar últimamente, la primavera parece milagrosa, porque cada vez es más difícil creer que realmente vaya a suceder. Cada febrero, desde 1940, me he encontrado pensando que esta vez el invierno será permanente. Pero Perséfone, como los sapos, siempre resucita aproximadamente al mismo tiempo. De repente, hacia finales de marzo, ocurre el milagro y el barrio marginal en ruinas donde vivo se transfigura. En la plaza, los ligustros cubiertos de hollín se han vuelto de un verde brillante, las hojas de los castaños se están volviendo más densas, los narcisos han florecido, los alhelíes están brotando, la túnica del policía luce un agradable tono azul, el pescadero saluda a sus clientes con una sonrisa e incluso los gorriones tienen un color muy diferente, ya que han sentido la suavidad del aire y se han animado a darse un baño, el primero desde el pasado mes de septiembre.

¿Es perverso disfrutar de la primavera y otros cambios estacionales? Para ser más precisos, ¿es políticamente reprensible, mientras todos gemimos, o al menos deberíamos gemir, bajo las ataduras del sistema capitalista, señalar que la vida a menudo vale más la pena vivirla gracias al canto de un mirlo, un olmo amarillo en octubre o algún otro fenómeno natural que no cuesta dinero ni tiene lo que los editores de periódicos de izquierda llaman una perspectiva de clase? Sin duda, mucha gente piensa así. Sé por experiencia que una referencia favorable a la «Naturaleza» en uno de mis artículos puede generarme cartas ofensivas, y aunque la palabra clave en estas cartas suele ser «sentimental», dos ideas parecen mezclarse en ellas. Una es que cualquier placer en el proceso mismo de la vida fomenta una especie de quietismo político. La gente, según se piensa, debería estar descontenta, y es nuestra tarea multiplicar nuestras necesidades y no simplemente aumentar el disfrute de las cosas que ya tenemos. La otra idea es que vivimos en la era de las máquinas y que detestarlas, o incluso querer limitar su dominio, es retrógrado, reaccionario y ligeramente ridículo. Esto suele respaldarse con la afirmación de que el amor por la naturaleza es una debilidad de las personas urbanizadas que desconocen cómo es realmente. Quienes realmente tienen que lidiar con la tierra, según se argumenta, no la aman y no sienten el más mínimo interés por los pájaros ni las flores, salvo desde un punto de vista estrictamente utilitario. Para amar el campo hay que vivir en la ciudad, simplemente dando un paseo ocasional de fin de semana en las épocas más cálidas del año.

Esta última idea es manifiestamente falsa. La literatura medieval, por ejemplo, incluyendo las baladas populares, está llena de un entusiasmo casi georgiano por la naturaleza, y el arte de pueblos agrícolas, como los chinos y los japoneses, siempre gira en torno a árboles, pájaros, flores, ríos y montañas. La otra idea me parece errónea de una manera más sutil. Ciertamente deberíamos estar descontentos, no deberíamos simplemente buscar maneras de sacar el máximo provecho de un mal trabajo, y, sin embargo, si eliminamos todo placer en el proceso mismo de la vida, ¿qué futuro nos estamos preparando? Si un hombre no puede disfrutar del regreso de la primavera, ¿por qué debería ser feliz en una utopía que ahorra trabajo? ¿Qué hará con el ocio que le brindará la máquina? Siempre he sospechado que si nuestros problemas económicos y políticos se resuelven realmente, la vida se simplificará en lugar de complicarse, y que el placer que se obtiene al encontrar la primera prímula será mayor que el placer que se obtiene al comer un helado al son de un Wurlitzer.* Creo que al conservar el amor infantil por cosas como los árboles, los peces, las mariposas y, para volver a mi primer ejemplo, los sapos, uno hace un poco más probable un futuro pacífico y decente, y que al predicar la doctrina de que nada debe ser admirado excepto el acero y el hormigón, uno simplemente hace un poco más seguro que los seres humanos no tendrán salida para su energía excedente excepto en el odio y la adoración a los líderes.

En cualquier caso, la primavera ya está aquí, incluso en Londres, y no pueden impedir que la disfrutes. Es una reflexión satisfactoria. Cuántas veces me he quedado observando cómo se apareaban los sapos, o cómo un par de liebres se peleaban a puñetazos entre las plantas jóvenes de maíz, y he pensado en todas las personas importantes que me impedirían disfrutar de esto si pudieran. Pero, por suerte, no pueden. Mientras no estés realmente enfermo, hambriento, asustado o encerrado en una prisión o un campamento de verano, la primavera sigue siendo primavera. Las bombas atómicas se acumulan en las fábricas, la policía ronda las ciudades, las mentiras fluyen por los altavoces, pero la Tierra sigue girando alrededor del Sol, y ni los dictadores ni los burócratas, por muy profundamente que desaprueben el proceso, pueden impedirlo.

---

* El piano eléctrico Wurlitzer es uno de una serie de pianos eléctricos manufacturados y lanzados al mercado por la compañía Rudolph Wurlitzer Company, Corinth, Misisipi, Estados Unidos.

La prevención de la literatura (1946)

Hace aproximadamente un año asistí a una reunión del Pen Club, con motivo del tricentenario de *Aeropagitica* de Milton, un panfleto, como se recordará, en defensa de la libertad de prensa. La famosa frase de Milton sobre el pecado de «matar» un libro estaba impresa en los folletos que anunciaban la reunión y que habían circulado con antelación. Había cuatro oradores en la plataforma. Uno de ellos pronunció un discurso que sí abordó la libertad de prensa, pero solo en relación con la India; otro dijo, vacilante y en términos muy generales, que la libertad era algo bueno; un tercero atacó las leyes relativas a la obscenidad en la literatura. El cuarto dedicó la mayor parte de su discurso a defender las purgas rusas. De los discursos pronunciados desde el centro de la sala, algunos volvieron sobre la cuestión de la obscenidad y las leyes que la regulan, otros fueron simplemente elogios a la Rusia soviética. La libertad moral —la libertad de discutir cuestiones sexuales con franqueza en la prensa— pareció ser generalmente aprobada, pero la libertad política no se mencionó. De este grupo de varios cientos de personas, quizá la mitad de las cuales estaban directamente relacionadas con el sector literario, no hubo ni una sola que pudiera señalar que la libertad de prensa, si es que significa algo, significa la libertad de criticar y oponerse. Significativamente, ningún orador citó el panfleto que supuestamente se conmemoraba. Tampoco se mencionó la cantidad de libros que fueron «eliminados» en Inglaterra y Estados Unidos durante la guerra. En resumen, la reunión fue una manifestación a favor de la censura.*

No había nada particularmente sorprendente en esto. En nuestra época, la idea de la libertad intelectual se ve atacada desde dos frentes. Por un lado, están sus enemigos teóricos, los apologistas del totalitarismo, y por otro, sus enemigos inmediatos y prácticos: el monopolio y la burocracia. Cualquier escritor o periodista que desee conservar su integridad se ve frustrado por la deriva general de la sociedad, más que por una persecución activa. Los factores que actúan en su contra son la concentración de la prensa en manos de unos pocos ricos, el monopolio de la radio y el cine, la reticencia del público a gastar dinero en libros, lo que obliga a casi todos los escritores a ganarse la vida, en parte, con trabajos improvisados; la intromisión de organismos oficiales como el Ministerio del Interior y el British Council, que ayudan al escritor a sobrevivir, pero también le hacen perder el tiempo y le dictan sus opiniones; y la continua atmósfera de guerra de los últimos diez años, de cuyos efectos distorsionadores nadie ha podido escapar. En nuestra época, todo conspira para convertir al escritor, y también a cualquier otro tipo de artista, en un funcionario menor, trabajando sobre temas dictados desde arriba y sin decir jamás lo que a él le parece la verdad completa. Pero al luchar contra este destino, no recibe ayuda de su propio bando; es decir, no existe un amplio cuerpo de opinión que le asegure que tiene razón. En el pasado, al menos a lo largo de los siglos protestantes, la idea de rebelión y la de integridad intelec-

* Cabe decir que las celebraciones del Pen Club, que duraron una semana o más, no siempre mantuvieron el mismo nivel. Casualmente, tuve un mal día. Pero un análisis de los discursos (publicados bajo el título «Libertad de expresión») muestra que casi nadie en nuestra época es capaz de expresarse tan abiertamente a favor de la libertad intelectual como Milton puedo hacerlo hace 300 años, y esto a pesar de que Milton escribía en plena Guerra Civil. (*Nota del autor.*)

tual se confundían. Un hereje —político, moral, religioso o estético— era aquel que se negaba a ultrajar a su propia conciencia. Su perspectiva se resumía en las palabras del himno revivalista:

> Atrévete a ser un Daniel
> Atrévete a estar solo
> Atrévete a tener un propósito firme
> Atrévete a hacerlo saber.*

Para actualizar este himno, habría que añadir un «No» al principio de cada verso. Pues es peculiar de nuestra época que quienes se rebelan contra el orden existente, al menos los más numerosos y característicos, también se rebelan contra la idea de la integridad individual. «Atreverse a permanecer solo» es ideológicamente criminal, además de peligroso en la práctica. La independencia del escritor y del artista se ve erosionada por fuerzas económicas imprecisas, y, al mismo tiempo, socavada por quienes deberían ser sus defensores. Es este segundo proceso el que me interesa aquí.

La libertad de pensamiento y de prensa suelen ser atacadas con argumentos que no merecen la pena. Cualquiera con experiencia en conferencias y debates los conoce al dedillo. No pretendo abordar aquí la afirmación habitual de que la libertad es una ilusión, ni la de que hay más libertad en los países totalitarios que en los democráticos, sino la proposición, mucho más sostenible y peligrosa, de que la libertad es indeseable y que la honestidad intelectual es una forma de egoísmo antisocial. Aunque otros aspectos de la cuestión suelen estar en primer plano, la controversia sobre la libertad de expresión y de prensa es, en el fondo, una controversia sobre la conveniencia, o no, de mentir. Lo que realmente está en juego es el derecho a informar sobre los

---

* *Dare to be a Daniel / Dare to stand alone / Dare to have a purpose firm / Dare to make it known.*

acontecimientos contemporáneos con veracidad, o con la veracidad que sea compatible con la ignorancia, los prejuicios y el autoengaño que todo observador necesariamente padece. Al decir esto, podría parecer que estoy afirmando que el «reportaje» directo es la única rama de la literatura que importa; pero intentaré demostrar más adelante que en todos los niveles literarios, y probablemente en todas las artes, la misma cuestión surge de forma más o menos sutil. Mientras tanto, es necesario despojarnos de las irrelevancias en las que suele envolverse esta controversia.

Los enemigos de la libertad intelectual siempre intentan presentar su caso como un alegato a favor de la disciplina frente al individualismo. La cuestión de la verdad frente a la mentira se mantiene, en la medida de lo posible, en segundo plano. Aunque el énfasis puede variar, el escritor que se niega a vender sus opiniones siempre es tildado de egoísta. Se le acusa, es decir, de querer encerrarse en una torre de marfil, de exhibir su propia personalidad de forma exhibicionista, o de resistirse a la inevitable corriente de la historia en un intento de aferrarse a privilegios injustificados. El católico y el comunista coinciden en asumir que un oponente no puede ser honesto e inteligente a la vez. Ambos afirman tácitamente que «la verdad» ya ha sido revelada, y que el hereje, si no es simplemente un necio, conoce secretamente «la verdad» y simplemente se resiste a ella por motivos egoístas. En la literatura comunista, el ataque a la libertad intelectual suele enmascararse con discursos sobre el «individualismo pequeñoburgués», las «ilusiones del liberalismo decimonónico», etc., y respaldarse con términos insultantes como «romántico» y «sentimental» que, al no tener un significado común, son difíciles de refutar. De esta manera, la controversia se desvía de su verdadero problema. Se puede aceptar, y la mayoría de las personas ilustradas lo harían, la tesis comunista de que la libertad pura solo existirá en una sociedad sin clases, y que uno se acerca más a la libertad cuando trabaja para lograr dicha sociedad. Pero con esto se introduce la afirmación, completamente infundada, de que el propio Partido Comunista aspira al establecimiento de una sociedad sin clases, y que en la URSS este objetivo está en vías de hacerse realidad. Si se permite que la primera afirmación implique la segunda, prácticamente no hay atentado contra el sentido común y la decencia que no pueda justificarse. Pero mientras tanto, se ha eludido el verdadero punto. La libertad intelectual significa la libertad de relatar lo que se ha visto, oído y sentido, sin verse obligado a inventar hechos y sentimientos imaginarios. Las conocidas diatribas contra el «escapismo», el «individualismo», el «romanticismo», etc., son simplemente un recurso forense cuyo objetivo es hacer que la perversión de la historia parezca respetable.

Hace quince años, cuando se defendía la libertad intelectual, había que defenderla de los conservadores, de los católicos y, en cierta medida —pues no eran muy importantes en Inglaterra— de los fascistas. Hoy hay que defenderla de los comunistas y sus «compañeros de viaje». No se debe exagerar la influencia directa del pequeño Partido Comunista Inglés, pero es indudable el efecto nocivo del mito ruso en la vida intelectual inglesa. Debido a él, se suprimen y distorsionan hechos conocidos hasta tal punto que se duda que pueda escribirse alguna vez una verdadera historia de nuestro tiempo. Permítanme citar solo un ejemplo entre los cientos que podrían citarse. Cuando Alemania se derrumbó, se descubrió que un gran número de rusos soviéticos —en su mayoría, sin duda, por motivos no políticos— habían cambiado de bando y luchaban por los alemanes. Además, una pequeña, pero no despreciable, proporción de prisioneros y desplazados rusos se negó a regresar a la URSS, y al menos algunos fueron repatriados contra su voluntad. Estos hechos, conocidos por muchos periodistas *in situ*, pasaron prácticamente desapercibidos en la prensa británica, mientras que, al mismo tiempo, los publicistas rusófilos en Inglaterra seguían justificando las purgas y deportaciones de 1936-1938 afirmando que la URSS «no tenía traidores». La nube de mentiras y desinformación que rodea temas como la hambruna en Ucrania, la Guerra Civil española, la política rusa en Polonia, etc., no se debe enteramente a una deshonestidad consciente, sino que cualquier escritor o periodista que simpatice plenamente con la URSS —es decir, tal como los propios rusos desearían que lo hiciera— tiene que aceptar la falsificación deliberada de asuntos importantes. Tengo ante mí lo que debe ser un panfleto muy raro, escrito por Maksim Litvínov en 1918, que describe los recientes acontecimientos de la Revolución rusa. No menciona a Stalin, pero elogia a Trotski, así como a Zinóviev, Kámenev y otros. ¿Cuál podría ser la actitud, incluso del comunista más escrupuloso intelectualmente, ante semejante panfleto? En el mejor de los casos, la actitud oscurantista de decir que es un documento indeseable y que es mejor silenciarlo. Y si por alguna razón se decidiera publicar una versión distorsionada del panfleto, denigrando a Trotski e insertando referencias a Stalin, ningún comunista fiel a su partido podría protestar. Falsificaciones casi tan flagrantes como esta se han cometido en los últimos años. Pero lo significativo no es que ocurran, sino que, incluso cuando se conocen, no provocan ninguna reacción de la intelectualidad de izquierda en su conjunto. El argumento de que decir la verdad sería «inoportuno» o «le haría el juego» a alguien se considera irrefutable, y a pocas personas les preocupa la perspectiva de que las mentiras que ellos toleran salgan de los periódicos y aparezcan en los libros de historia.

La mentira organizada practicada por los estados totalitarios no es, como a veces se afirma, un recurso temporal de la misma naturaleza que el engaño militar. Es algo inherente al totalitarismo, algo que continuaría incluso si los campos de concentración y las fuerzas de policía secreta hubieran dejado de ser necesarios. Entre los comunistas inteligentes corre la leyenda clandestina de que, si bien el Gobierno ruso se ve obligado ahora a recurrir a la propaganda mentirosa, los juicios amañados, etc., registra en secreto la verdad y la publicará en el futuro. Creo estar completamente seguro de que no es así, porque la mentalidad que implica tal acción es la de un historiador liberal que cree que el pasado es inalterable y que un conocimiento correcto de la historia es intrínsecamente valioso. Desde la perspectiva totalitaria, la historia es algo que se crea, no se aprende. Un estado totalitario es, en efecto, una teocracia, y su casta gobernante, para mantener su posición, debe considerarse infalible. Pero como, en la práctica, nadie es infalible, con frecuencia es necesario reorganizar los acontecimientos pasados para demostrar que tal o cual error no se cometió, o que tal o cual triunfo imaginario realmente ocurrió. Por otra parte, todo cambio importante en política exige un cambio de doctrina correspondiente y la revelación de figuras históricas prominentes. Este tipo de cosas suceden en todas partes, pero es claramente más probable que conduzcan a una falsificación absoluta en sociedades donde solo se permite una opinión en un momento dado. El totalitarismo exige, de hecho, la alteración continua del pasado y, a la larga, probablemente exija la incredulidad en la existencia misma de la verdad objetiva. Los partidarios del totalitarismo en este país suelen argumentar que, dado que la verdad absoluta es inalcanzable, una gran mentira no es peor que una pequeña. Se señala que todos los registros históricos son sesgados e inexactos, o, por otro lado, que la física moderna ha demostrado que lo que nos parece el mundo real es una ilusión, por lo que creer en la evidencia de los sentidos es simplemente filisteísmo vulgar. Una sociedad totalitaria que lograra perpetuarse probablemente establecería un sistema de pensamiento esquizofrénico, en el que las leyes del sentido común se aplicarían a la vida cotidiana y a ciertas ciencias exactas, pero podrían ser ignoradas por políticos, historiadores y sociólogos. Ya hay innumerables personas que considerarían escandaloso falsificar un libro de texto científico, pero no verían nada malo en falsificar un hecho histórico. Es en el punto de encuentro entre la literatura y la política donde el totalitarismo ejerce su mayor presión sobre el intelectual. Las ciencias exactas, a día de hoy, no se ven amenazadas en la misma medida. Esto explica en parte que, en todos los países, a los científicos les resulte más fácil que a los escritores alinearse con sus respectivos gobiernos.

Para mantener el asunto en perspectiva, permítanme repetir lo que dije al principio de este ensayo: que en Inglaterra los enemigos inmediatos de la veracidad, y por ende de la libertad de pensamiento, son los magnates de la prensa, los magnates del cine y los burócratas, pero que, a largo plazo, el debilitamiento del deseo de libertad entre los propios intelectuales es el síntoma más grave de todos. Podría parecer que todo este tiempo he estado hablando de los efectos de la censura, no en la literatura en su conjunto, sino simplemente en un sector del periodismo político. Dado que la Rusia soviética constituye una especie de zona prohibida en la prensa británica, dado que temas como Polonia, la Guerra Civil española, el pacto ruso-alemán, etc., están excluidos del debate serio, y que si se posee información que contradice la ortodoxia imperante se espera que se distorsione o se guarde silencio al respecto; dado todo esto, ¿por qué debería verse afectada la literatura en sentido amplio? ¿Es todo escritor un político, y todo libro es necesariamente una obra de «reportaje» directo? Incluso bajo la dictadura más férrea, ¿no puede el escritor individual permanecer libre en su propia mente y destilar o disfrazar sus ideas heterodoxas de tal manera que las autoridades sean demasiado estúpidas para reconocerlas? Y, en cualquier caso, si el propio escritor está de acuerdo con la ortodoxia imperante, ¿por qué debería esto limitarlo?

¿Acaso la literatura, o cualquier otra arte, no tiene más probabilidades de florecer en sociedades donde no existen grandes conflictos de opinión ni una distinción nítida entre el artista y su público? ¿Hay que asumir que todo escritor es un rebelde, o incluso que un escritor como tal es una persona excepcional? Siempre que se intenta defender la libertad intelectual contra las pretensiones del totalitarismo, uno se topa con estos argumentos de una u otra forma. Se basan en una completa incomprensión de qué es la literatura y cómo —quizá debería decirse por qué— surge. Asumen que un escritor es un mero artista o un escritor corrupto que puede cambiar de una línea de propaganda a otra con la misma facilidad con la que un organillero cambia de melodía. Pero, al fin y al cabo, ¿cómo se escriben los libros? Por encima de un nivel bastante bajo, la literatura es un intento de influir en el punto de vista de los contemporáneos mediante el registro de la experiencia. Y en cuanto a la libertad de expresión, no hay mucha diferencia entre un simple periodista y el escritor imaginativo más apolítico. El periodista no es libre, y es consciente de su falta de libertad, cuando se ve obligado a escribir mentiras o a suprimir lo que le parece una noticia importante; el escritor imaginativo no es libre cuando tiene que falsificar sus sentimientos subjetivos, que desde su punto de vista son hechos. Puede distorsionar y caricaturizar la realidad para aclarar su significado, pero no puede tergiversar el panorama de su propia mente; no puede decir con convicción que le gusta lo que le disgusta o que cree en lo que no cree. Si se ve obligado a hacerlo, el único resultado es que sus facultades creativas se agotarán. Tampoco puede resolver el problema manteniéndose alejado de temas controvertidos. No existe una literatura genuinamente apolítica, y menos aún en una época como la nuestra, cuando los miedos, odios y lealtades de índole directamente política están a flor de piel en la conciencia de todos. Incluso un solo tabú puede tener un efecto devastador en la mente, porque siempre existe el peligro de que cualquier pensamiento libremente seguido conduzca al pensamiento prohibido. De ello se deduce que la atmósfera de totalitarismo es mortal para cualquier prosista, aunque un poeta, al menos un poeta lírico, podría encontrarla respirable. Y en cualquier sociedad totalitaria que sobreviva durante más de un par de generaciones, es probable que la literatura en prosa, del tipo que ha existido durante los últimos cuatrocientos años, deba llegar a su fin.

La literatura ha florecido en ocasiones bajo regímenes despóticos, pero, como se ha señalado a menudo, los despotismos del pasado no fueron totalitarios. Su aparato represivo siempre fue ineficaz, sus clases dirigentes solían ser corruptas, apáticas o de mentalidad semiliberal, y las doctrinas religiosas imperantes solían ir en contra del perfeccionismo y la noción de la infalibilidad humana. Aun así, es bastante cierto que la literatura en prosa ha alcanzado sus cotas más altas en periodos de democracia y libre especulación. Lo novedoso del totalitarismo es que sus doctrinas no solo son incuestionables, sino también inestables. Deben aceptarse bajo pena de condenación, pero, por otro lado, siempre están sujetas a cambios repentinos. Considérese, por ejemplo, las diversas actitudes, completamente incompatibles entre sí, que un comunista inglés o un «compañero de viaje» tuvo que adoptar ante la guerra entre Gran Bretaña y Alemania. Durante años, antes de septiembre de 1939, se esperaba que estuviera en un estado de constante agitación por los «horrores del nazismo» y que tergiversara todo lo que escribía para convertirlo en una denuncia contra Hitler. Después de septiembre de 1939, durante veinte meses, tuvo que creer que Alemania era más víctima que culpable, y la palabra «nazi», al menos en lo que respecta a la prensa escrita, tuvo que desaparecer por completo de su vocabulario. Inmediatamente después de escuchar el noticiero de las ocho de la mañana del 22 de junio de 1941, tuvo que volver a creer que el nazismo era el mal más atroz que el mundo jamás había visto. Ahora bien, para el político es fácil hacer tales cambios; para un escritor, el caso es algo diferente. Para cambiar de bando en el momento justo, debe mentir sobre sus sentimientos subjetivos o reprimirlos por completo. En cualquier caso, ha destruido su dinamo. No solo las ideas se negarán a acudir a él, sino que las propias palabras que utiliza parecerán endurecerse bajo su tacto. La escritura política de nuestra época consiste, casi en su totalidad, en frases prefabricadas ensambladas como las piezas de un juego de Meccano para niños. Es el resultado inevitable de la autocensura. Para escribir con un lenguaje sencillo y vigoroso, hay que pensar sin miedo, y si se piensa sin miedo no se puede ser políticamente ortodoxo. Podría ser diferente en una «era de fe», cuando la ortodoxia imperante lleva mucho tiempo establecida y no se toma demasiado en serio. En ese caso, sería posible, o podría ser posible, que amplias áreas de la mente de una persona permanecieran inalteradas por lo que oficialmente creía. Aun así, cabe destacar que la literatura en prosa casi desapareció durante la única era de fe que ha disfrutado Europa. A lo largo de toda la Edad Media, casi no hubo literatura en prosa imaginativa y muy poca escritura histórica; y los líderes intelectuales de la sociedad expresaron sus pensamientos más serios en una lengua muerta que apenas se alteró durante mil años.

El totalitarismo, sin embargo, no promete tanto una era de fe como una era de esquizofrenia. Una sociedad se vuelve totalitaria cuando su estructura se vuelve flagrantemente artificial: es decir, cuando su clase dirigente ha perdido su función, pero logra aferrarse al poder por la fuerza o el fraude. Una sociedad así, por mucho que persista, jamás podrá permitirse la tolerancia ni la estabilidad intelectual. Jamás podrá permitir ni el registro veraz de los hechos ni la sinceridad emocional que exige la creación literaria. Pero para ser corrompido por el totalitarismo no es necesario vivir en un país totalitario. La mera prevalencia de ciertas ideas puede propagar una especie de veneno que imposibilita el desarrollo de un tema tras otro para fines literarios. Dondequiera que exista una ortodoxia impuesta —o incluso dos ortodoxias, como suele ocurrir—, la buena escritura se detiene. Esto quedó bien ilustrado por la Guerra Civil española. Para muchos intelectuales ingleses, la guerra fue una experiencia profundamente conmovedora, pero no una experiencia sobre la que pudieran escribir con sinceridad. Solo había dos cosas que se podían decir, y ambas eran mentiras palpables: como resultado, la guerra produjo hectáreas de material impreso, pero casi nada que valiera la pena leer.

No es seguro que los efectos del totalitarismo en el verso sean tan letales como en la prosa. Hay toda una serie de razones convergentes por las que es algo más fácil para un poeta que para un prosista sentirse a gusto en una sociedad autoritaria. Para empezar, los burócratas y otros hombres «prácticos» suelen despreciar demasiado al poeta como para interesarse mucho en lo que dice. En segundo lugar, lo que el poeta dice —es decir, lo que su poema «significa» al traducirlo a prosa— es relativamente poco importante, incluso para él mismo. La idea contenida en un poema es siempre simple, y no es el propósito principal del poema, como la anécdota no lo es de la pintura. Un poema es una combinación de sonidos y asociaciones, como una pintura es una combinación de pinceladas. De hecho, en fragmentos cortos, como en el estribillo de una canción, la poesía puede incluso prescindir por completo del significado. Por lo tanto, es bastante fácil para un poeta mantenerse alejado de temas peligrosos y evitar proferir herejías; e incluso cuando las pronuncia, pueden pasar desapercibidas. Pero, sobre todo, la buena poesía, a diferencia de la buena prosa, no es necesariamente un producto individual. Ciertos tipos de poemas, como las baladas o, por otro lado, formas de verso muy artificiales, pueden ser compuestos cooperativamente por grupos de personas. Se discute si las antiguas baladas inglesas y escocesas fueron originalmente producidas por individuos o por el pueblo en general; pero, en cualquier caso, no son individuales en el sentido de que cambian constantemente al pasar de boca en boca. Incluso impresas, no hay dos versiones de una balada que sean exactamente iguales. Muchos pueblos primitivos componen versos en comunidad. Alguien comienza a improvisar, probablemente acompañándose con un instrumento musical, alguien más interviene con un verso o una rima cuando el primer cantante falla, y así el proceso continúa hasta que surge una canción o balada completa sin autor identificable. En prosa, este tipo de colaboración íntima es completamente imposible. La prosa seria, en cualquier caso, debe componerse en soledad, mientras que la emoción de formar parte de un grupo facilita ciertos tipos de versificación. El verso —y quizá el buen verso en su género, aunque no sería el más elevado— podría sobrevivir incluso bajo el régimen más inquisitorial. Incluso en una sociedad donde la libertad y la individualidad se hubieran extinguido, seguirían siendo necesarios cantos patrióticos y baladas heroicas que celebraran victorias, o elaborados ejercicios de adulación; y estos son los tipos de poemas que pueden escribirse por encargo o componerse en comunidad, sin que necesariamente carezcan de valor artístico. La prosa es un asunto diferente, ya que el prosista no puede limitar el alcance de sus pensamientos sin matar su inventiva. Pero la historia de las sociedades totalitarias, o de los grupos que han adoptado la perspectiva totalitaria, sugiere que la pérdida de la libertad es perjudicial para todas las formas de literatura. La literatura alemana casi desapareció durante el régimen de Hitler, y la situación no fue mucho mejor en Italia. La literatura rusa, a juzgar por las traducciones, se ha deteriorado notablemente desde los primeros días de la revolución, aunque algunos poemas parecen ser mejores que la prosa. Pocas novelas rusas, si es que hay alguna, que se puedan tomar en serio se han traducido en los últimos quince años. En Europa occidental y América, amplios sectores de la intelectualidad literaria han pasado por el Partido Comunista o han simpatizado con él, pero este movimiento de izquierda ha producido muy pocos libros que merezca la pena leer. El catolicismo ortodoxo, de nuevo, parece tener un efecto devastador sobre ciertas formas literarias, especialmente la novela. Durante trescientos años, ¿cuántas personas han sido a la vez buenos novelistas y buenos católicos? Lo cierto es que ciertos temas no pueden celebrarse con palabras, y la tiranía es uno de ellos. Nadie ha escrito jamás un buen libro en elogio de la Inquisición. La poesía podría sobrevivir en una era totalitaria, y ciertas artes o semiartes, como la arquitectura, podrían incluso encontrar beneficiosa la tiranía, pero el prosista no tendría opción entre el silencio o la muerte. La literatura en prosa, tal como la conocemos, es producto del racionalismo, de los siglos protestantes, del individuo autónomo. Y la destrucción de la libertad intelectual paraliza al periodista, al sociólogo, al historiador, al novelista, al crítico y al poeta, en ese orden. En el futuro es posible que surja un nuevo tipo de literatura, que no involucre el sentimiento individual ni la observación veraz, pero tal cosa no es imaginable actualmente. Parece mucho más probable que si la cultura liberal en la que hemos vivido desde el Renacimiento llega a su fin, el arte literario perezca con ella.

Por supuesto, la prensa escrita seguirá usándose, y es interesante especular qué tipo de material de lectura sobreviviría en una sociedad rígidamente totalitaria. Es de suponer que los periódicos seguirán existiendo hasta que la tecnología televisiva alcance un nivel superior, pero, al margen de los periódicos, es dudoso incluso ahora que la gran mayoría de la población de los países industrializados sienta la necesidad de cualquier tipo de literatura. En cualquier caso, no están dispuestos a gastar en lectura ni de lejos tanto como gastan en otras actividades recreativas. Probablemente, las novelas y los cuentos serán completamente reemplazados por producciones cinematográficas y radiofónicas. O tal vez sobreviva algún tipo de ficción sensacionalista de baja calidad, producida mediante una especie de proceso en cadena que reduce la iniciativa humana al mínimo.

Probablemente no estaría fuera del alcance del ingenio humano escribir libros con máquinas. Pero ya se puede observar una especie de proceso de mecanización en el cine y la radio, en la publicidad y la propaganda, y en los estratos más bajos del periodismo. Las películas de Disney, por ejemplo, se producen mediante lo que es esencialmente un proceso de fábrica, donde el trabajo se realiza en parte mecánicamente y en parte por equipos de artistas que deben subordinar su estilo individual. Los reportajes radiofónicos suelen ser escritos por escritores cansados a quienes el tema y la forma de tratamiento les son dictados de antemano: aun así, lo que escriben es simplemente una especie de materia prima que productores y censores deben cortar y moldear. Lo mismo ocurre con los innumerables libros y panfletos encargados por los departamentos gubernamentales. Aún más mecánica es la producción de cuentos, seriales y poemas para las revistas más económicas. Periódicos como *The Writer* abundan en anuncios de escuelas literarias, todas ellas ofreciendo tramas ya preparadas por unos pocos chelines. Algunas, junto con la trama, proporcionan las frases iniciales y finales de cada capítulo. Otros te proporcionan una especie de fórmula algebraica con la que puedes construir tus propias tramas. Otros tienen barajas de cartas marcadas con personajes y situaciones, que solo hay que barajar y repartir para producir historias ingeniosas automáticamente. Probablemente así se produciría la literatura de una sociedad totalitaria, si aún se considerara necesaria. La imaginación —e incluso la consciencia, en la medida de lo posible— se eliminaría del proceso de escritura. Los libros serían planificados a grandes rasgos por burócratas y pasarían por tantas manos que, una vez terminados, no serían más un producto individual que un coche Ford al final de la cadena de montaje. Huelga decir que cualquier cosa así producida sería basura; pero cualquier otra basura pondría en peligro la estructura del Estado. En cuanto a la literatura superviviente del pasado, tendría que ser suprimida o, al menos, reescrita concienzudamente.

Mientras tanto, el totalitarismo no ha triunfado plenamente en ninguna parte. Nuestra sociedad sigue siendo, en términos generales, liberal. Para ejercer la libertad de expresión hay que luchar contra la presión económica y contra fuertes sectores de la opinión pública, pero no, todavía, contra una fuerza policial secreta. Se puede decir o publicar casi cualquier cosa, siempre que se esté dispuesto a hacerlo de forma clandestina. Pero lo siniestro, como dije al principio de este ensayo, es que los enemigos conscientes de la libertad son aquellos para quienes esta debería significar más. Al público en general le da igual el asunto. No está a favor de perseguir al hereje y no se esforzará por defenderlo. Son a la vez demasiado cuerdos y demasiado estúpidos para adoptar la perspectiva totalitaria. El ataque directo y consciente a la decencia intelectual proviene de los propios intelectuales.

Es posible que la intelectualidad rusófila, de no haber sucumbido a ese mito en particular, hubiera sucumbido a otro muy similar. Pero, en cualquier caso, el mito ruso sigue ahí, y la corrupción que provoca apesta. Cuando uno ve a hombres con una alta formación observando con indiferencia la opresión y la persecución, uno se pregunta qué despreciar más, su cinismo o su miopía. Muchos científicos, por ejemplo, son admiradores acríticos de la URSS. Parecen pensar que la destrucción de la libertad carece de importancia mientras su propia línea de trabajo no se vea afectada por el momento. La URSS es un país grande y en rápido desarrollo que tiene una gran necesidad de científicos y, en consecuencia, los trata con generosidad. Siempre que eviten temas peligrosos como la psicología, los científicos son personas privilegiadas. Los escritores, en cambio, son perseguidos con saña. Es cierto que prostitutas literarias como Iliá Ehrenburg o Alekséi Tolstói cobran enormes sumas de dinero, pero lo único que tiene valor para el escritor como tal —su libertad de expresión— le es arrebatado. Al menos algunos de los científicos ingleses que hablan con tanto entusiasmo de las oportunidades que disfrutan los científicos en Rusia son capaces de comprender esto. Pero su reflexión parece ser: «En Rusia se persigue a los escritores. ¿Y qué? Yo no soy escritor».

No ven que cualquier ataque a la libertad intelectual y al concepto de verdad objetiva amenaza a largo plazo a todas las ramas del pensamiento. Por el momento, el estado totalitario tolera al científico porque lo necesita. Incluso en la Alemania nazi, los científicos, salvo los judíos, eran relativamente bien tratados y la comunidad científica alemana, en su conjunto, no ofreció resistencia a Hitler. En esta etapa de la historia, incluso el gobernante más autocrático se ve obligado a tener en cuenta la realidad física, en parte por la persistencia de hábitos de pensamiento liberales, en parte por la necesidad de prepararse para la guerra. Mientras la realidad física no pueda ignorarse por completo, mientras dos y dos sean cuatro al dibujar, por ejemplo, el plano de un avión, el científico cumple su función, e incluso se le puede permitir cierta libertad. Su despertar llegará más tarde, cuando el estado totalitario esté firmemente establecido. Mientras tanto, si quiere salvaguardar la integridad de la ciencia, es su labor desarrollar algún tipo de solidaridad con sus colegas literarios y no ignorarla con indiferencia cuando los escritores son silenciados o llevados al suicidio, y los periódicos son falsificados sistemáticamente.

Pero sea cual sea el caso de las ciencias físicas, la música, la pintura y la arquitectura, es cierto —como he intentado demostrar— que la literatura está condenada al fracaso si perece la libertad de pensamiento. No solo está condenada en cualquier país que conserve una estructura totalitaria; sino que cualquier escritor que adopte la perspectiva totalitaria, que encuentre excusas para la persecución y la falsificación de la realidad, se destruye a sí mismo como escritor. No hay salida. Ninguna diatriba contra el «individualismo» y la «torre de marfil», ninguna obviedad piadosa que diga que «la verdadera individualidad solo se alcanza mediante la identificación con la comunidad», puede superar el hecho de que una mente comprada es una mente corrompida. A menos que la espontaneidad entre en algún momento, la creación literaria es imposible y el lenguaje mismo se convierte en algo totalmente diferente de lo que es ahora. Podemos aprender a separar la creación literaria de la honestidad intelectual. Por ahora solo sabemos que la imaginación, como ciertos animales salvajes, no se reproduce en cautiverio. Cualquier escritor o periodista que niegue ese hecho —y casi todos los elogios actuales a la Unión Soviética contienen o implican tal negación— está, en realidad, exigiendo su propia destrucción.

Por qué escribo (1946)

Desde muy temprana edad, quizá a los cinco o seis años, supe que de mayor sería escritor. Entre los diecisiete y los veinticuatro años intenté abandonar esta idea, pero lo hice consciente de que estaba ultrajando mi verdadera naturaleza y de que tarde o temprano tendría que sentar cabeza y escribir libros.

Yo era el mediano de tres hermanos, pero había una diferencia de cinco años entre ambos, y apenas vi a mi padre antes de cumplir ocho. Por esta y otras razones, me sentía un poco solo, y pronto desarrollé modales desagradables que me hicieron impopular durante mi época escolar. Tenía la costumbre del niño solitario de inventar historias y mantener conversaciones con personas imaginarias, y creo que desde el principio mis ambiciones literarias se mezclaron con la sensación de aislamiento e infravaloración. Sabía que tenía facilidad de palabra y capacidad para afrontar las situaciones desagradables, y sentía que esto creaba una especie de mundo privado en el que podía vengarme de mis fracasos cotidianos. Sin embargo, el volumen de escritos serios —es decir, con intenciones serias— que produje durante toda mi infancia y adolescencia no alcanzaría medio centenar de páginas. Escribí mi primer poema a los cuatro o cinco años, y mi madre lo transcribió según mis dictados. No recuerdo nada al respecto, salvo que trataba sobre un tigre y que este tenía «dientes como sillas» —una frase bastante buena, pero me imagino que el poema era un plagio de «Tigre, Tigre» de Blake—. A los once años, cuando estalló la guerra de 1914-1918, escribí un poema patriótico que se publicó en el periódico local, al igual que otro, dos años después, sobre la muerte de Kitchener. De vez en cuando, cuando era un poco mayor, escribía «poemas sobre la naturaleza» malos y, por lo general, inacabados, al estilo georgiano. También intenté escribir un cuento que fue un fracaso estrepitoso. Esa fue la totalidad de las obras que, en teoría, serían serias y que finalmente plasmé en papel durante todos esos años.

Sin embargo, durante este tiempo sí me dediqué, en cierto sentido, a actividades literarias. Para empezar, estaba el material por encargo, que producía con rapidez, facilidad y sin mucho placer. Además de las tareas escolares, escribía *vers d'occasion*, poemas semicómicos que podía producir a una velocidad que ahora me parece asombrosa —a los catorce años escribí una obra de teatro con rimas, imitando a Aristófanes, en aproximadamente una semana— y ayudaba a editar revistas escolares, tanto impresas como manuscritas. Estas revistas eran el material burlesco más lamentable que se pueda imaginar, y me tomaba mucho menos trabajo con ellas que ahora con el periodismo más barato. Pero, paralelamente a todo esto, durante quince años o más, llevaba a cabo un ejercicio literario de un tipo muy distinto: se trataba de crear una «historia» continua sobre mí mismo, una especie de diario que solo existía en la mente. Creo que es un hábito común de niños y adolescentes. De pequeño, solía imaginarme, por ejemplo, como Robin Hood, y me imaginaba como el héroe de emocionantes aventuras, pero muy pronto mi «historia» dejó de ser narcisista y cruda para convertirse cada vez más en una mera descripción de lo que hacía y de lo que veía. Durante minutos, este tipo de cosas me rondaban la cabeza: «Empujó la puerta y entró en la habitación. Un rayo de sol amarillo, filtrándose a través de las cortinas de muselina, se proyectaba oblicuamente sobre la mesa, donde una caja de cerillas, entreabierta, yacía junto al tintero. Con la mano derecha en el bolsillo, se acercó a la ventana. Abajo, en la calle, un gato carey perseguía una hoja seca», etc. Este hábito persistió hasta los veinticinco años, durante mis años no literarios. Aunque tenía que buscar, y buscaba, las palabras adecuadas, parecía realizar este esfuerzo descriptivo casi contra mi voluntad, bajo una especie de compulsión externa. Supongo que la «historia» debe haber reflejado los estilos de los diversos escritores que admiré en diferentes edades, pero hasta donde recuerdo, siempre tuvo la misma calidad descriptiva meticulosa.

Cuando tenía unos dieciséis años, descubrí de repente el placer de las simples palabras, es decir, los sonidos y las asociaciones de palabras. Los versos de *Paraíso Perdido*,

Así que con dificultad y duro esfuerzo
Siguió adelante: con dificultad y esfuerzo.*

Lo cual ya no me parece tan maravilloso, me dio escalofríos; y escribir «hee» en lugar de «he» fue un placer añadido. En cuanto a la necesidad de describir cosas, ya lo sabía todo. Así que está claro qué tipo de libros quería escribir, si es que podía decirse que quería escribir libros en aquel entonces. Quería escribir enormes novelas naturalistas con finales tristes, llenas de descripciones detalladas y símiles cautivadores, y también llenas de pasajes rimbombantes en los que las palabras se usaran en parte por su propio sonido. Y, de hecho, mi primera novela completa, *Días de Birmania*, que escribí a los treinta años pero que proyecté mucho antes, es más bien ese tipo de libro.

Ofrezco toda esta información de fondo porque no creo que se puedan evaluar las motivaciones de un escritor sin conocer algo de su desarrollo temprano. Su temá-

* *So hee with difficulty and labour hard / Moved on: with difficulty and labour hee.*

tica estará determinada por la época en que viva —al menos esto es cierto en épocas tumultuosas y revolucionarias como la nuestra—, pero antes de que empiece a escribir, habrá adquirido una actitud emocional de la que nunca escapará por completo. Es su trabajo, sin duda, disciplinar su temperamento y evitar estancarse en una etapa inmadura, en un estado de ánimo perverso; pero si escapa por completo de sus influencias tempranas, habrá aniquilado su impulso de escribir. Dejando a un lado la necesidad de ganarse la vida, creo que hay cuatro grandes motivos para escribir, al menos para escribir prosa. Existen en diferentes grados en cada escritor, y en cada uno de ellos las proporciones variarán con el tiempo, según el entorno en el que viva. Son:

— *Puro egoísmo.* Deseo de parecer inteligente, de que hablen de ti, de ser recordado después de la muerte, de vengarse de los adultos que te despreciaron en la infancia, etc. Es una farsa pretender que este no es un motivo, y uno muy fuerte. Los escritores comparten esta característica con científicos, artistas, políticos, abogados, soldados, empresarios exitosos; en resumen, con toda la élite de la humanidad. La gran mayoría de los seres humanos no son profundamente egoístas. Después de los treinta años, casi abandonan por completo el sentido de individualidad y viven principalmente para los demás, o simplemente se ven sofocados por la monotonía. Pero también existe la minoría de personas talentosas y voluntariosas que están decididas a vivir sus vidas hasta el final, y los escritores pertenecen a esta clase. Los escritores serios, diría yo, son en general más vanidosos y egocéntricos que los periodistas, aunque les interesa menos el dinero.

— *Entusiasmo estético.* Percepción de la belleza en el mundo exterior o, por otro lado, en las palabras y su correcta disposición. Placer en el impacto de un sonido sobre otro, en la firmeza de la buena prosa o en el ritmo de una buena historia. Deseo de compartir una experiencia que se considera valiosa y que no debe perderse. La motivación estética es muy débil en muchos escritores, pero incluso un panfletista o autor de libros de texto tendrá palabras y frases favoritas que le atraen por razones no utilitarias; o puede tener una fuerte afición por la tipografía, el ancho de los márgenes, etc. Más allá del nivel de una guía ferroviaria, ningún libro está completamente libre de consideraciones estéticas.

— *Impulso histórico.* Deseo de ver las cosas tal como son, de descubrir hechos verdaderos y conservarlos para la posteridad.

— *Propósito político.* Usando la palabra «político» en el sentido más amplio posible. Deseo de impulsar el mundo en una dirección determinada, de cambiar la idea que otros tienen del tipo de sociedad que deberían aspirar. Una vez más, ningún libro está genuinamente libre de sesgos políticos. La opinión de que el arte no debería tener nada que ver con la política es en sí misma una actitud política.

Se puede ver cómo estos diversos impulsos deben luchar entre sí y cómo deben fluctuar de persona a persona y de un momento a otro. Por naturaleza —considerando tu «naturaleza» el estado alcanzado al llegar a la adultez— soy una persona en la que los tres primeros motivos prevalecen sobre el cuarto. En una época de paz, podría haber escrito libros recargados o meramente descriptivos, y podría haber permanecido casi inconsciente de mis lealtades políticas. En la actualidad, me he visto obligado a convertirme en una especie de panfletista. Primero pasé cinco años en una profesión inadecuada (la Policía Imperial India, en Birmania), y luego sufrí la pobreza y la sensación de fracaso. Esto incrementó mi odio natural a la autoridad y me hizo, por primera vez, plenamente consciente de la existencia de las clases trabajadoras, y el trabajo en Birmania me había dado cierta comprensión de la naturaleza del imperialismo; pero estas experiencias no fueron suficientes para darme una orientación política precisa. Luego llegaron Hitler, la Guerra Civil española, etcétera. A finales de 1935, aún no había tomado una decisión firme. Recuerdo un pequeño poema que escribí en esa fecha, expresando mi dilema:

Podría haber sido un vicario feliz
Hace doscientos años
Predicar sobre la perdición eterna
Y ver crecer mis nueces;

Pero nací, por desgracia, en un tiempo malo,
Extrañé ese agradable refugio,
Porque me ha crecido pelo en el labio superior
Y todo el clero está bien afeitado.

Y más tarde aún los tiempos fueron buenos,
Éramos tan fáciles de complacer,
Mecimos nuestros pensamientos perturbados para
[dormirnos.
En el seno de los árboles.

Todos los ignorantes nos atrevimos a reconocerlo
Las alegrías que ahora disimulamos;
El verderón en la rama del manzano
Podría hacer temblar a mis enemigos.

Pero vientres de niña y albaricoques,
Cucaracha en un arroyo sombreado,
Caballos, patos en vuelo al amanecer,
Todo esto es un sueño.

Está prohibido volver a soñar;
Mutilamos nuestras alegrías o las ocultamos:
Los caballos están hechos de acero cromado.
Y los hombrecitos gordos los montarán.

Yo soy el gusano que nunca se giró,
El eunuco sin harén;
Entre el sacerdote y el comisario
Yo camino como Eugene Aram;

Y el comisario me está diciendo la fortuna.
Mientras suena la radio,
Pero el sacerdote ha prometido un Austin Seven,
Porque Duggie siempre paga.

Soñé que vivía en salones de mármol,
Y desperté y descubrí que era verdad;
Yo no nací para una edad como esta;
¿Era Smith? ¿Era Jones? ¿Eras tú?*

---

* *A happy vicar I might have been / Two hundred years ago, / To preach upon eternal doom / And watch my walnuts grow. / / But born, alas, in an evil time, / I missed that pleasant haven, / For the hair has grown on my upper lip / And the clergy are all clean-shaven. / / And later still the times were good, / We were so easy to please, / We rocked our troubled thoughts to sleep / On the bosoms of the trees. / / All ignorant we dared to own / The joys we now dissemble; / The greenfinch on the apple bough / Could make my enemies tremble. / / But girls' bellies and apricots, / Roach in a shaded stream, / Horses, ducks in flight at dawn, / All these are a dream. / / It is forbidden to dream again; / We maim our joys or hide them; / Horses are made of chromium steel / And little fat men shall ride them. / / I am the worm who never turned, / The eunuch without a harem; / Between the priest and the commissar / I walk like Eugene Aram; / / And the commissar is telling my fortune / While the radio plays, / But the priest has promised an Austin Seven, / For Duggie always pays. / / I dreamt I dwelt in marble halls, / And woke to find it true; / I wasn't born for an age like this; / Was Smith? Was Jones? Were you?*

La guerra de España y otros acontecimientos de 1936-1937 cambiaron la balanza y, a partir de entonces, supe cuál era mi postura. Cada obra seria que he escrito desde 1936 se ha escrito, directa o indirectamente, *contra* el totalitarismo y *a favor* del socialismo democrático, tal como lo entiendo. Me parece absurdo, en una época como la nuestra, pensar que se puede evitar escribir sobre estos temas. Todo el mundo escribe sobre ellos de una forma u otra. Es simplemente cuestión de qué lado se toma y qué enfoque se sigue. Y cuanto más consciente sea uno de su sesgo político, más posibilidades tendrá de actuar políticamente sin sacrificar su integridad estética e intelectual. Lo que más he deseado durante los últimos diez años es convertir la escritura política en un arte. Mi punto de partida siempre es un sentimiento de partidismo, una sensación de injusticia. Cuando me siento a escribir un libro, no me digo: «Voy a producir una obra de arte». Lo escribo porque hay alguna mentira que quiero exponer, algún hecho sobre el que quiero llamar la atención, y mi principal preocupación es ser escuchado. Pero no podría escribir un libro, ni siquiera un largo artículo de revista, si no fuera también una experiencia estética. Cualquiera que se moleste en examinar mi obra verá que, incluso cuando es pura propaganda, contiene mucho que un político a tiempo completo consideraría irrelevante. No puedo, ni quiero, abandonar por completo la visión del mundo que adquirí en la infancia. Mientras siga vivo y sano, seguiré sintiendo un fuerte interés por el estilo de la prosa, amando la superficie de la tierra y disfrutando de los objetos sólidos y los fragmentos de información inútil. De nada sirve intentar suprimir esa faceta de mí. El trabajo consiste en reconciliar mis gustos y disgustos arraigados con las actividades esencialmente públicas y no individuales a las que esta era nos obliga a todos.

No es fácil. Plantea problemas de construcción y de lenguaje, y plantea de una forma nueva el problema de la veracidad. Permítanme dar solo un ejemplo de la dificultad más cruda que surge. Mi libro sobre la Guerra Civil española, *Homenaje a Cataluña*, es, por supuesto, un libro francamente político, pero en general está escrito con cierto distanciamiento y respeto por la forma. Me esforcé mucho en contar toda la verdad sin violar mis instintos literarios. Pero, entre otras cosas, contiene un largo capítulo, lleno de citas periodísticas y similares, en defensa de los trotskistas acusados de conspirar con Franco. Claramente, un capítulo así, que después de un año o dos perdería su interés para cualquier lector común, debe arruinar el libro. Un crítico a quien respeto me dio una conferencia sobre el tema. «¿Por qué has incluido todo eso? —me dijo—. Has convertido lo que podría haber sido un buen libro en periodismo.» Lo que decía era cierto, pero no podía haber hecho otra cosa. Supe, algo que a muy poca gente en Inglaterra se le había permitido saber, que se acusaba falsamente a hombres inocentes. Si no me hubiera enfadado, jamás habría escrito el libro.

De una forma u otra, este problema vuelve a surgir. El problema del lenguaje es más sutil y sería demasiado extenso analizarlo. Solo diré que en los últimos años he intentado escribir de forma menos pintoresca y más precisa. En cualquier caso, me doy cuenta de que, cuando uno perfecciona cualquier estilo de escritura, siempre lo supera. *Rebelión en la granja* fue el primer libro en el que intenté, con plena conciencia de lo que hacía, fusionar el propósito político y el artístico en un todo. No he escrito una novela en siete años, pero espero escribir pronto otra. Está destinado al fracaso, todo libro es un fracaso, pero tengo bastante claro qué tipo de libro quiero escribir.

Al repasar las últimas páginas, veo que he dado la impresión de que mis motivos al escribir eran puramente de celo público. No quiero que esa sea la impresión final. Todos los escritores son vanidosos, egoístas y perezosos, y en el fondo de sus motivos reside un misterio. Escribir un libro es una lucha horrible y agotadora, como un largo episodio de una enfermedad dolorosa. Uno nunca emprendería algo así si no estuviera impulsado por un demonio al que no puede resistir ni comprender. Que sepamos, ese demonio es simplemente el mismo instinto que hace que un bebé grite para llamar la atención. Y, sin embargo, también es cierto que no se puede escribir nada legible a menos que se luche constantemente por borrar la propia personalidad. La buena prosa es como un cristal. No puedo decir con certeza cuáles de mis motivos son los más fuertes, pero sé cuáles merecen ser seguidos. Y al repasar mi obra, veo que invariablemente fue cuando carecí de un propósito *político* cuando escribí libros sin vida y caí en la trampa de los pasajes grandilocuentes, las frases sin sentido, los adjetivos decorativos y, en general, las tonterías.

Obras mencionadas

Alcott, Louisa May (2019), *Mujercitas*, Austral, Barcelona.

Aldington, Richard (1946), *La muerte del héroe*, Luis de Caralt, Barcelona.

Barbusse, Henri (2009), *El fuego*, Montesinos, Barcelona.

Barrie, J. M. (2024), *Peter Pan*, Edhasa, Barcelona.

Brontë, Emily (2026), *Cumbres borrascosas*, Ediciones Invisibles, Barcelona.

Carroll, Lewis (2022), *Alicia a través del espejo*, Alma, Barcelona.

Céline, Louis-Ferdinand (2001), *Viaje al fin de la noche*, Edhasa, Barcelona.

Connolly, Cyril (1991), *Enemigos de la promesa*, Versal, Barcelona.

Eliot, George (2019), *El molino del Floss*, Alba, Barcelona.

Eliot, T. S. (2015), *La canción de amor de J. Alfred Prufrock*, Universidad Autónoma de Nuevo León, Nuevo León.

—(2023), *Teatro completo*, Visor, Madrid.

Gibbon, Edward (2006), *Historia de la decadencia y caída del Imperio romano*, Turner, Madrid.

Graves, Robert (2010), *Adiós a todo eso*, RBA, Barcelona.

Green, Julien (1979), *Medianoche*, Plaza & Janes, Barcelona.

Hemingway, Ernest (2026), *Adiós a las armas*, Alma, Barcelona.

Huxley, Aldous (2003), *Un mundo feliz*, Debolsillo, Barcelona.

Joyce, James (2022), *Ulises*, Navona, Barcelona.

Kipling, Rudyard (2019), *Si / If*, Errata Naturae, Madrid.

London, Jack (2024), *El talón de hierro*, Akal, Madrid.

Miller, Henry (1979), *El mundo del sexo y Max y los fagocitos blancos*, Alfaguara, Madrid.

—(2003), *Trópico de Cáncer*, Edhasa, Barcelona.

—(2003), *Trópico de Capricornio*, Edhasa, Barcelona.

—(2008), *Primavera Negra*, Edhasa, Barcelona.

ORWELL, George (2011), *Días de Birmania*, Debolsillo, Barcelona.

—(2013), *Homenaje a Cataluña*, Debolsillo, Barcelona.

—(2013), *Rebelión en la granja*, Debolsillo, Barcelona.

POE, Edgar Allan (2016), *Cuentos completos*, Penguin Clásicos, Barcelona.

REMARQUE, Erich Maria (2022), *Sin novedad en el frente*, Navona, Barcelona.

SASSOON, Siegfried (2002), *Memorias de un oficial de infantería*, Turner, Madrid.

SHAKESPEARE, William (2019), *Hamlet*, Austral, Barcelona.

SOMMERSET MAUGHAN, William (2002), *Servidumbre humana*, Debolsillo, Barcelona.

WAUGH, Evelyn (2012), *Izad más banderas*, RBA, Barcelona.

WELLS, H. G. (1942), *El esquema de los tiempos futuros*, Zig-Zag, Santiago.

—,(1952), *Esquema de la historia universal*, Ediciones Anaconda, Buenos Aires.

WHITMAN, Walt (2019), *Hojas de hierba*, Alianza, Madrid.